Arthur E. Powell: Der Kausalkörper

Arthur E. Powell

DER KAUSALKÖRPER

Die unsterbliche Individualität und ihre Lebensfelder

Aquamarin Verlag

ISBN 978-3-89427-642-3

1. Auflage 2013

Titel der Originalausgabe:
The Causal Body

Voglherd 1 • D-85567 Grafing
Deutsche Übersetzung von Dr. Edith Zorn
Umschlaggestaltung: Annette Wagner
Druck: C.H. Beck • Nördlingen

INHALT

WIDMUNG

Wie seine drei Vorgänger, ist auch dieses Buch mit Dankbarkeit und Hochachtung all denen gewidmet, die durch ihre mühevolle Arbeit und Forschung das Material zusammengetragen haben, aus dem es entstanden ist.

EINFÜHRUNG

Dieses Buch bildet den vierten und letzten Teil einer Zusammenstellung, die sich mit den einzelnen Körpern des Menschen befasst. Allen Büchern liegt dieselbe Arbeitsmethode zugrunde. Zahlreiche theosophische Bücher, zumeist aus der Feder von Dr. Annie Besant und Charles W. Leadbeater, wurden sorgfältig auf Angaben zum Kausalkörper durchforstet. Diese Angaben wurden systematisch geordnet und für die Leser in einer Form zusammengestellt, die so kohärent und aufeinanderfolgend aufgebaut ist, wie es dem Verfasser nur möglich war.

Die Werke von H. P. Blavatsky wurden für dieses Buch nicht berücksichtigt, weil die erforderlichen Recherchen der *Geheimlehre* und anderer Schriften eine unerschöpfliche Aufgabe bedeutet hätten. Die Schuld, in der ich H. P. Blavatsky gegenüber stehe, ist größer, als es je durch Zitate aus ihren monumentalen Werken zum Ausdruck kommen könnte. Hätte sie uns nicht als Erste den Weg gebahnt, spätere Forscher hätten kaum je den Pfad ausfindig machen können.

Der Leser sei bei der Lektüre der Bücher aus dieser Reihe noch auf Folgendes hingewiesen:

1. „Ego" bezeichnet hier die sich wiederverkörpernde Individualität und nicht, wie in der modernen Psychologie, die vergängliche Persönlichkeit.

2. Die Begriffe „Atom", „atomar", „subatomar" und „Molekül" werden in einem besonderen Sinn verwendet und bezeichnen nicht das chemische Atom oder Molekül. Dasselbe gilt für „Äther" und „ätherisch".

In dieser Reihe wird an keiner Stelle versucht, die getroffenen Aussagen zu beweisen oder auch nur zu begründen, sowcit sie das nicht durch ihre eigene, ihnen inhärente Evidenz und Logik selbst tun. In Anbetracht der unanfechtbaren Glaubwürdigkeit der zitierten Forscher und Lehrer werden die Ergebnisse ihrer Forschung und Lehre hier ohne jegliche Umschweife oder Vorbehalte so weit als möglich mit ihren eigenen Worten wiedergegeben und nur da etwas überarbeitet und gekürzt, wo es die geordnete und schlüssige Darstellung des Themas erfordert.

Die Frage nach dem *Beweis* ist eine völlig andere, und noch dazu eine von großer Tragweite. Der Versuch, diese Aussagen zu bestreiten oder zu beweisen, liefe dem vorrangigen Ziel dieses Buches zuwider, das doch darin besteht, dem ernsthaften Leser eine konzentrierte Synthese der Lehren über die höheren Körper des Menschen und die Ebenen oder Welten, zu denen sie gehören, zur Verfügung zu stellen. Wer Beweise wünscht, muss sie woanders suchen.

A.E.P.

KAPITEL 1

Allgemeine Beschreibung

In den drei vorangegangenen Bänden dieser Serie – *Ätherkörper, Astralkörper* und *Mentalkörper* – wurde auf die Lebensgeschichte der niederen Träger des Menschen eingegangen. Dabei genügte es, jeden einzelnen Körper so zu betrachten, wie wir ihn tatsächlich im Menschen vorfinden und seine Funktionsweise, die Gesetze seines Wachstums, seinen Tod und die danach erfolgende Bildung neuer Körper derselben Art zu untersuchen, die aus dem von den „permanenten Atomen" und der Mentalzelle zur Verfügung gestellten Kern hervorgehen, damit die Entwicklung des Menschen auf den drei niederen Ebenen fortgeführt werden kann.

Die Betrachtung des Kausalkörpers führt uns zu einer neuen Arbeitsweise und bedarf eines weitaus umfassenderen Blickwinkels menschlicher Evolution. Während der Äther-, Astral- und Mentalkörper nur für eine einzige Inkarnation des Menschen existiert, daher also *sterblich* ist, bleibt der Kausalkörper im Laufe der gesamten Evolution des Menschen, also während vieler Inkarnationen, bestehen und ist daher relativ *unsterblich.* Wir sprechen absichtlich von *relativ* unsterblich, da es einen Punkt geben wird, an dem ein Mensch, der seine *normale* menschliche Entwicklung abgeschlossen hat, seine *supernormale* menschliche Entwicklung beginnt und seinen Kausalkörper, in dem er während der vorangegangenen Wachstumsepochen gelebt und sich entwickelt hat, tatsächlich verliert.

Wenn wir also den Kausalkörper des Menschen betrachten, befinden wir uns nicht mehr im Inneren der Persönlichkeit, blicken nicht mehr auf ihre einzelnen Träger und sehen von deren jeweiliger Warte aus, wie sie der Evolution des eigentlichen Menschen dienen. Statt dessen sollten wir uns außerhalb des Menschen begeben, indem wir *von oben* auf die Träger der Persönlichkeit blicken und in ihnen, wie in vielen anderen Dingen, nur vorübergehende Werkzeuge sehen, die sich der Mensch zunutze macht und die abgelegt werden, sobald sie ihren Zweck erfüllt haben und unbrauchbar geworden sind.

Um unsere Betrachtung intellektuell befriedigend abzurunden, müssen wir auf den Ursprung und die Entstehung des Kausalkörpers eingehen, also herausfinden, wie er überhaupt gebildet wurde. Da er einen Anfang *besaß*, erkennen wir sofort, dass er nicht nur ein Ende haben, sondern es auch noch irgendeine andere Form von Bewusstsein geben muss, das den Kausalkörper in einer ähnlichen Weise benutzt, wie das Ego im Kausalkörper sich der Persönlichkeit als Werkzeug bedient. Bei dieser anderen Bewusstseinsform handelt es sich natürlich um die menschliche Monade. Um die Rolle, die der Kausalkörper in der gewaltigen Geschichte menschlicher Evolution spielt, vollkommen begreifen zu können, müssen wir uns auch mit der Monade befassen.

Bei der Frage nach der Entstehung oder Bildung des Kausalkörpers stoßen wir unweigerlich auf das recht schwierige Thema der Gruppenseelen. Die Suche nach dem Ursprung von Gruppenseelen führt uns Stufe um Stufe zurück zu den drei großen Ausgießungen göttlichen Lebens, aus denen alle Formen manifestierten Lebens hervorgehen. Bei der Betrachtung der drei Ausgießungen sollte auch die Entstehung der materiellen Welt, in die sie fließen, bis zu einem gewissen Ausmaß mit einbezogen werden.

Zu einer umfassenden Studie des Kausalkörpers gehören, wenn auch nur in groben Zügen beschrieben, folgende Aspekte: Die Entstehung des Evolutionsfeldes, das Einfließen der großen Lebensströme in dieses Feld, das Hervortreten der Monaden, die Bildung der zahlreichen Lebensreiche und das Eintauchen der Monaden in das materielle Universum mit Unterstützung der „permanenten Atome“ sowie die allmähliche Entwicklung des Lebens in den Gruppenseelen, bis schließlich nach Äonen der Existenz der Punkt der Individualisierung erreicht worden ist und der Kausalkörper zum ersten Mal in Erscheinung tritt.

Danach wird unsere Betrachtung den gleichen Richtlinien folgen wie in den drei ersten Bänden dieser Serie. Wir werden uns mit den Funktionen des Kausalkörpers beschäftigen sowie mit seiner Zusammensetzung und Struktur; mit dem Wesen des kausalen Denkens; mit der Entwicklung und den Eigenschaften des Kausalkörpers; mit jenem Teil des Lebens nach dem Tode, der im Kausalkörper in den höheren Welten verbracht wird.

Anschließend werden wir zu einer eingehenden Untersuchung jenes Aspektes des so genannten Egos übergehen, das den Kausalkörper bewohnt und benutzt, indem es Persönlichkeit um Persönlichkeit daraus in den Reinkarnationszyklus entsendet. Wir werden die Bedeutung von Trishnâ, dem Verlangen nach Wiedergeburt, untersuchen müssen; ebenso die permanenten Atome und den Mechanismus der Reinkarnation; das Verhalten des Egos im Hinblick auf den gesamten Reinkarnationsprozess und die Persönlichkeiten, die es in die niederen Welten entsendet.

Die gesamte Beziehung des Egos zur Persönlichkeit, seine Verbindung und die Art, in der es mit ihr umgeht, bedürfen eingehender Betrachtung. Bestimmte rituelle Vorgänge zur Stärkung und Förderung des Bandes zwischen Ego und Persönlichkeit sowie das Grundprinzip der Erinnerung an frühere Leben finden ihre Behandlung in einem jeweils gesonderten Kapitel.

Im weiteren Verlauf werden wir das Leben des Egos auf seiner eigenen Ebene möglichst ausführlich beschreiben, was uns zur Einweihung in die Bruderschaft des Lichtes führen wird, wenn der Kausalkörper vorübergehend wegfällt. Der Darstellung des buddhischen Bewusstseins wird eine Schilderung der zweiten und der höheren Einweihungen folgen.

Die Beziehung des Egos zu seinem „Vater im Himmel“, der Monade, soll unsere Abhandlung beschließen.

Der Bereich, den dieses Buch behandelt, ist weitaus umfassender als die Themen der drei vorangegangenen Bände. Wir hoffen, dass der Leser ein weitreichendes Gesamtbild der wundervollen menschlichen Evolution erlangen und die jeweilige Rolle der vier feinstofflichen Körper des Menschen – des ätherischen, astralen, mentalen und kausalen – im richtigen Licht sehen wird.

KAPITEL 2

Das Evolutionsfeld

Unter „Evolutionsfeld" verstehen wir das materielle Universum, in dem die Evolution stattfinden soll. Genau genommen handelt es sich bei den Begriffen *Leben*, *Geist* oder *Materie* in Wirklichkeit nicht um voneinander getrennte, eigenständige Existenzen, sondern eher um entgegengesetzte Pole eines einzigen Seins. Zum Zwecke der intellektuellen Analyse und Untersuchung erweist es sich jedoch als nützlich, diese beiden Aspekte oder Pole unabhängig voneinander zu betrachten, vergleichbar mit einem Baumeister, der sich die Pläne und Abschnitte seines Bauwerks gesondert vornimmt, obwohl diese nur Teilbereiche eines Ganzen – des Gebäudes selbst – darstellen.

In unserem Sonnensystem besteht das Evolutionsfeld aus sieben Ebenen oder Welten, die drei Gruppen bilden: (1) das Feld reiner Manifestation des Logos; (2) das Feld der super-normalen Evolution; (3) das Feld der normalen Menschen-, Tier-, Mineral- und Elementarevolution. (Siehe die Tabelle auf Seite 16)

Die *Âdî*- und die *Anupâdaka*-Ebenen stelle man sich bereits vor Entstehung des Sonnensystems als existent vor. Die *Âdî*-Ebene besteht aus derjenigen Menge an Raummaterie (punktiert dargestellt), die der Logos als materielle Grundlage des Systems, das er hervorzubringen gedenkt, bestimmt.

Die *Anupâdaka*-Ebene, dargestellt durch Linien, besteht aus derselben Materie, modifiziert oder gefärbt durch Sein individuelles Leben, Sein alles beseelendes Bewusstsein, wodurch sie sich in gewisser Weise von der entsprechenden Ebene in einem anderen Sonnensystem unterscheidet. Diese Vorstellungen lassen sich in groben Zügen folgendermaßen wiedergeben.

Zahl		Name		Evolutionsfeld
Gruppe	Serie	Sanskrit	Deutsch	
I.	1 2	Âdî Anupâdaka	(a) (b)	Logos
II.	3 4	Âtmâ Buddhi	Geist Intuition	super-normale Menschen („Eingeweihte“)
III	5 6 7	Manas Kâmâ Sthûla	Verstand Emotionen physische Aktivität	normale Wesen ausdem Tier-, Pflanzen-Mineral- und Elementarreich

a) Keine deutsche Entsprechung: *Âdî* heißt wörtlich übersetzt „erst“.

b) Keine deutsche Entsprechung: *Anupâdaka* heißt wörtlich übersetzt „hüllenlos“.

Erste Stufe	Der Logos grenzt Sein Universum auf der *Âdî*-Ebene ab.	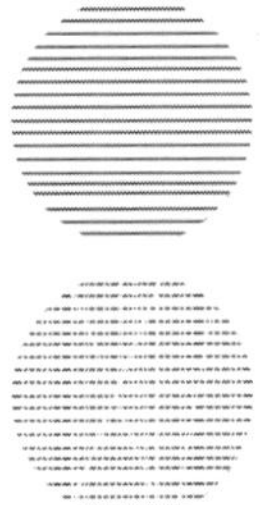
Zweite Stufe	Auf der *Anupâdaka*-Ebene modifiziert der Logos diese Materie durch Sein eigenes individuelles Leben.	

Abbildung I – Der Beginn des Universums

Diese Vorbereitungsarbeit lässt sich noch auf eine andere Weise wiedergeben, und zwar durch zwei Anordnungen von Symbolen, von denen die eine die dreifache Manifestation des Bewusstseins des Logos darstellt und die andere die dreifache Veränderung der Materie, die dem dreifachen Bewusstseinswandel entspricht.

Betrachten wir zunächst die Manifestation des Bewusstseins, nachdem die Lage des Universums bestimmt wurde (Abbildung II): (1) Der Logos selbst erscheint als Punkt innerhalb des

Kreises; (2) der Logos entfaltet sich von diesem Punkt aus in drei Richtungen zum Kugel- oder Kreisumfang der Materie; (3) das Bewusstsein des Logos kehrt in sich selbst zurück und manifestiert an jedem Berührungspunkt mit der Kreislinie einen der drei grundlegenden Bewusstseinsaspekte, auch bekannt als Wille, Weisheit und Aktivität. Die Verbindung der drei Manifestationsaspekte oder -phasen an ihren äußeren Kontaktpunkten mit dem Kreis lässt das zu Grunde liegende Berührungsdreieck mit der Materie entstehen. Zusammen mit den drei Dreiecken, die durch die Linien entstanden sind, die der Punkt gezeichnet hat, bildet dieses Dreieck die „göttliche Vier", die bisweilen auch die „kosmische Vierheit" genannt wird.

Die Lage wird bestimmt	Der Logos erscheint als Punkt	Der Logos ergeht sich in drei Richtungen	Das Bewusstsein kehrt in sich selbst zurück

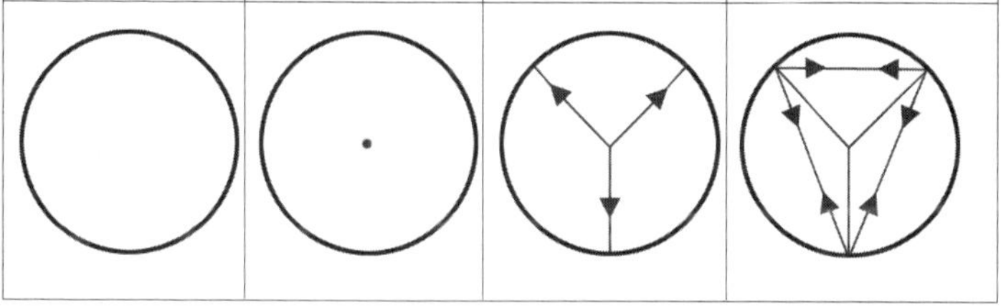

Abbildung II – Manifestation des Bewusstseins des Logos

Betrachten wir nun die Veränderungen, die der Manifestation des Bewusstseins entsprechend in der universellen Materie ablaufen, haben wir in der kugelförmigen Ursubstanz die unberührte Materie des Raumes vorliegen (Abbildung III):

(1) Der Logos erscheint als Punkt, der die Materiekugel durchlichtet, (2) der Punkt vibriert zwischen Zentrum und Kreislinie und bildet auf diese Weise die Linie, die das Auseinanderziehen von Geist und Materie kennzeichnet; (3) der Punkt und die sich mit ihm drehende Linie schwingen rechtwinklig zu der vorhergehenden Schwingung – und es entsteht das Urkreuz im Kreis.

Es heißt, das Kreuz „schreitet“ vom Vater (dem Punkt) zum Sohn (dem Durchmesser) und repräsentiert den dritten Aspekt des Logos, den Schöpfergeist, die göttliche Aktivität, die bereit ist, sich als Schöpfer zu manifestieren.

Unberührte Materie des Raumes	Der Logos erscheint als Punkt in der Materiekugel	Der Punkt schwingt zwischen Zentrum und Kreisumfang	Der Punkt und die Linie schwingen im rechten Winkel zu der vorhergehenden Schwingung

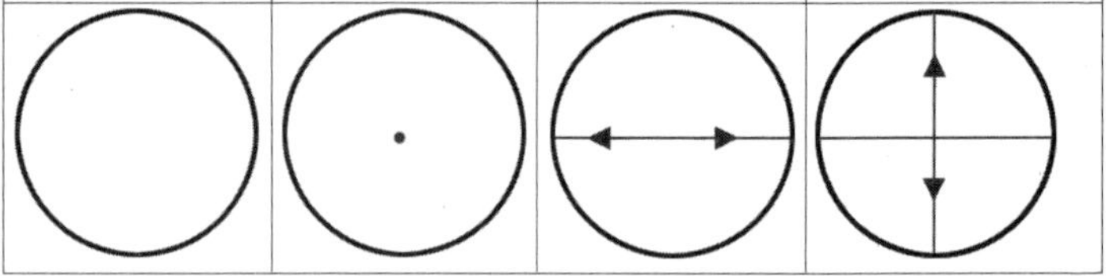

Abbildung III – Die Antwort der Materie

KAPITEL 3

Das Hervortreten der Monaden

Bevor wir uns der schöpferischen Tätigkeit des Dritten Logos und den genauen Vorbereitungen des Evolutionsfeldes zuwenden, müssen wir auf die Schaffung der Monaden oder Bewusstseinskerne eingehen, für deren Entwicklung innerhalb der Materie das Feld eines Universums vorbereitet wird. In einem späteren Kapitel werden wir uns eingehend mit diesem Feld befassen.

Myriaden dieser Bewusstseinskerne, die sich in dem kommenden Universum entwickeln sollen, entstehen innerhalb des göttlichen Lebens, bevor das für sie gedachte Evolutionsfeld entsteht. Über dieses Hervortreten heißt es: „So soll es sein: Ich werde mich vervielfältigen und geboren werden." (*Chandogya-Upanishad VI, 2, 3*) Durch diesen Willensakt erheben sich die Vielen aus dem Einen. Es ist der Willensakt des Ersten Logos, des ungeteilten Herrn, des Vaters.

Die Monaden werden als Funken des höchsten Feuers beschrieben, als „göttliche Partikel". In dem in der *Geheimlehre* (Bd. I., S. 145) zitierten alten Kommentar heißt es: „Schau nach oben, Lanu. Siehst du über dir, am dunklen Himmel der Mitternacht, ein einziges nur oder zahllose Lichter strahlen?" „Ich nehme eine Flamme wahr, Gurudeva, und in ihr sehe ich das Leuchten zahlloser miteinander verbundener Funken." Die Flamme ist *Ishvara* in seiner Manifestation als der Erste Logos; die miteinander verbundenen Funken sind die Monaden, menschliche und andere. Die Ausdrucksweise „miteinander verbundene Funken" sollte beachtet werden, da sie darauf hinweist, dass die Monaden der Logos selbst *sind*.

Die Monade kann demnach als Splitter göttlichen Lebens bezeichnet werden, der durch einen hauchdünnen Materiefilm als individuelles Wesen abgetrennt wird, durch einen solch zarten Materieschleier, der jedem Splitter seine eigene Form gibt, ohne dadurch ein Hindernis für die freie gegenseitige Verbindung eines auf diese Weise eingeschlossenen Lebens mit dem es umgebenden ähnlichen Leben zu bilden.

Eine Monade ist nicht reines Bewusstsein, reines Selbst, *samvit.* Das ist Theorie. Im konkreten Universum gibt es immer das Selbst und seine Hüllen, so fein diese Hüllen auch sein mögen, so dass ein Bewusstseinskern nicht losgelöst von der Materie existiert. Bei einer Monade handelt es sich demnach um Bewusstsein *plus* Materie.

In der Theosophie ist die Monade der *Jîvâtmâ* der indischen Philosophie, der *Purusha* des *Sâmkhya*, das spezifizierte Selbst des *Vedânta.*

Da die Monaden aus dem Ersten Logos hervorgegangen sind, kann man sie als Söhne des Vaters bezeichnen, so wie der Zweite Logos selbst der Sohn des Vaters ist. Die Monaden sind jedoch jüngere Söhne, deren göttliche Kräfte in keiner Materie zum Tragen kommen, die dichter als ihre eigene Ebene – die *Anupâdaka* – ist, wohingegen der Zweite Logos nach Zeitaltern der Entwicklung bereit ist, Seine göttlichen Kräfte auszuüben. Er ist „der Erstgeborene unter vielen Brüdern".

Während ihre Lebenswurzeln in die *Âdî*-Ebene reichen, befinden sich die Monaden selbst auf der *Anupâdaka*-Ebene, doch noch ohne Träger, durch die sie sich zum Ausdruck bringen können. Sie warten auf den Tag der „Manifestation der Söhne Gottes". Dort verweilen sie, während der Dritte Logos mit der äußeren Arbeit der Manifestation beginnt, indem er die Materie des objektiven Universums gestaltet.

Abbildung IV gibt die Monaden wieder, die auf ihrer eigenen Ebene warten, während die Welt, in der sie sich entwickeln sollen, geformt wird.

Diese Bewusstseinskerne oder Monaden werden als die Söhne beschrieben, die von Anbeginn einer Schöpfungsphase im „Herzen des Vaters“ ruhen und noch nicht „vervollkommnet sind durch Leiden“. Im „Athanasianischen-Glaubensbekenntnis“ heißt es, jede „reicht an die Göttlichkeit des Vaters, nicht aber an das Menschtum des Vaters“. Jede soll in die Materie eintreten, um alle „ihr unterworfenen Dinge zu übergeben“ (1. Korintherbrief 15,28). Sie wird „gesät in Schwachheit“, damit sie „auferweckt werde in Kraft“ (ebd. 15,43). Aus einem statischen Zustand hervorgehend, alle göttlichen Anlagen entwickelnd, wird sie dynamisch werden und alle göttlichen Kräfte entfalten.

Auf ihrer eigenen Ebene – der *Anupâdaka* – allwissend und allgegenwärtig, ist die Monade auf allen anderen Ebenen unbewusst, gewissermaßen empfindungslos. Sie wird ihre Herrlichkeit in Materie hüllen, die sie blendet, damit sie auf allen Ebenen allwissend und allgegenwärtig werde. Sie wird fähig, auf *alle* göttlichen Schwingungen im Universum zu reagieren, nicht nur auf die der höchsten Ebenen.

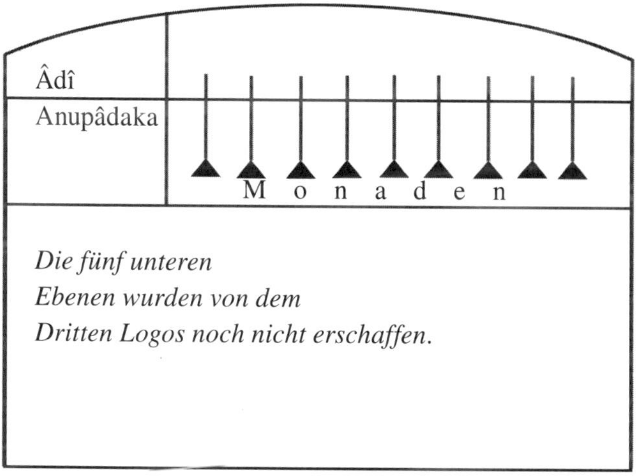

Abbildung IV – Das Hervortreten der Monaden

Da die Monaden aus dem Ersten Logos entstehen, ist Sein Wille zu manifestieren auch ihr Wille. Bei dem gesamten Evolutionsprozess des individuellen „Ich“ handelt es sich daher um eine von den Monaden selbst gewählte Aktivität. Wir befinden uns hier in den materiellen Welten, weil wir als Monaden den Willen zum Ausdruck gebracht haben zu leben. Dies geschah aus eigenem Antrieb, aus eigenem Entschluss.

Diesen göttlichen Impuls, der unablässig nach einer immer vollkommener werdenden Manifestation des Lebens strebt, kann man überall in der Natur beobachten; man spricht auch vom Lebenswillen. Er entfaltet sich im Samen, der seine wachsenden Spitzen hinauf zum Licht reckt, in der Blütenknospe, die ihr Gefängnis sprengt und sich im Sonnenlicht ausdehnt. Er ist der schöpferische Genius im Maler, Dichter, Musiker und Handwerker. Die leiseste Freude, das feinste Empfinden höchsten Entzückens entspringen diesem inneren Drang zu erschaffen. Alle Dinge sind äußerst lebendig, wenn sie sich durch die Erschaffung vervielfältigen. Sich auszudehnen und zu wachsen, entspringt dem Willen zu leben. Die Erfüllung ist die Glückseligkeit zu leben, die Freude, lebendig zu sein.

KAPITEL 4

Die Bildung der fünf Ebenen

Der Dritte Logos, der universelle Geist, arbeitet an der Materie des Raumes – *Mûlaprakriti*, der himmlischen Jungfrau Maria – indem er seine drei Eigenschaften *Tamas* (Trägheit), *Rajas* (Beweglichkeit) und *Sattva* (Rhythmus) aus dem unveränderlichen in das veränderliche Gleichgewicht schleudert, was zu einer unaufhörlichen Bewegung in Beziehung zueinander führt.

Auf diese Weise erschafft der Dritte Logos die Atome der fünf unteren Ebenen – *Âtmâ*, *Buddhi*, *Manas*, *Kâma* und *Sthûla*: „*Fohat* sprüht ins Leben und trennt die Ursubstanz oder prägenetische Materie in Atome."

Die Bildung dieser Atome umfasst drei Stufen:

Die Festlegung der Grenze, innerhalb derer das Leben des Logos schwingen wird, bekannt als das „göttliche Maß" oder *Tanmâtra*, wörtlich „das Maß von jenem", wobei mit „jenem" der Gottesgeist gemeint ist.

Die Markierung der Wachstumsachse des Atoms, die Linien, die seine Gestalt bestimmen. Sie entsprechen den Kristallachsen.

Das Schwingungsmaß und das rechtwinklige Verhältnis der Achsen zueinander bestimmen die Oberfläche oder die Wand des Atoms.

Unter der richtungsweisenden Aktivität des Dritten Logos erwachen die Atome jeder Ebene zu neuen Kräften und Möglichkeiten der Anziehung und Abstoßung, so dass sie sich zu Molekülen anhäufen und einfache Moleküle und Molekülverbindungen bilden, bis auf jeder der fünf Ebenen sechs Unterebenen entstanden sind, was insgesamt zu sieben Unterebenen auf jeder Ebene führt.

Bei der Materie der auf diese Weise entstandenen Unterebenen handelt es sich jedoch nicht um die jetzt existierende Materie, sondern vielmehr um stark anziehende oder kohäsive Energien des Zweiten Logos, des Aspektes der Weisheit oder Liebe, der die weitere Integration der uns bekannten Materieformen bewirkt.

Die als Spirillen bezeichneten Ströme, die in den Atomen wirbeln, werden *nicht* durch den Dritten Logos, sondern von den Monaden selbst hervorgerufen. Im Verlauf der Evolution entfalten die Spirillen ihre gesamten Wirkkräfte, normalerweise in jeder Runde jeweils eine Kraft.

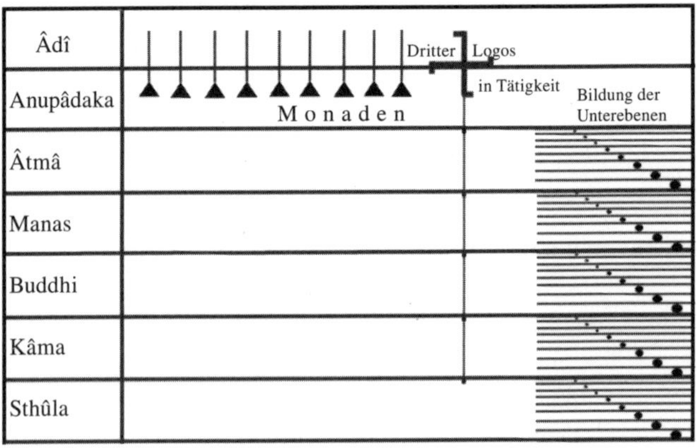

Abbildung V – Bildung der fünf niederen Ebenen

Gewisse Yoga-Praktiken sollen eine schnellere Entwicklung der Spirillen herbeiführen.

Jedes Atom enthält zahlreiche Möglichkeiten, auf die drei Bewusstseinsaspekte zu reagieren, und diese Fähigkeiten werden im Laufe der Evolution im Atom entwickelt.

Das Wirken des Dritten Logos wird auch als die erste Lebenswoge oder Ausgießung bezeichnet, was Abbildung V darstellen soll.

Im Folgenden werden wir auf diesen Vorgang näher eingehen, uns mit der zweiten Ausgießung beschäftigen und uns dem Aufstieg des Zweiten Logos zuwenden.

KAPITEL 5

Die Lebensreiche

Die zweite große Woge göttlichen Lebens, die dem Zweiten Logos oder der zweiten Person der Trinität entspringt, steigt in die vom Dritten Logos belebte Materie hinab; man spricht auch von der „zweiten Ausgießung". Auf diese Weise nimmt die zweite Person der Trinität nicht nur aus der „jungfräulichen" oder unfruchtbaren Materie Form an, sondern auch aus der bereits durch die dritte Person belebten Substanz, so dass sowohl das Leben als auch die Materie sie umhüllen. Im christlichen Glaubensbekenntnis heißt es daher zu Recht, er ist „Fleisch geworden durch den Hl. Geist *und* die Jungfrau Maria".

Unaufhaltsam fließt dieser Lebensstrom allmählich in die verschiedenen Ebenen und Reiche hinab und verweilt dort jeweils für die Zeitperiode einer vollständigen Inkarnation einer „Planetarischen Kette", die viele Millionen von Jahren umfasst. (Eine planetarische Kette besteht aus sieben Materiekugeln unterschiedlicher Art, die der Strom sich entwickelnder Leben sieben Mal vollständig umkreist.)

Das Leben der zweiten Ausgießung trägt auf den einzelnen Stufen seines Abstiegs unterschiedliche Namen. Als Ganzes betrachtet, spricht man häufig von der monadischen Essenz, obwohl der Begriff jenem Teil vorbehalten bleiben sollte, der sich lediglich in die *atomare* Substanz der jeweiligen Ebene kleidet. Ursprünglich wurde diese Bezeichnung gewählt, weil es den Monaden permanente Atome bereitzustellen vermag.

Wenn es jedoch die Materie der niederen Unterebenen jeder Ebene beseelt, zum Beispiel alle Unterebenen, die unterhalb der atomaren Ebene liegen und aus Molekularsubstanz bestehen, spricht man von Elementaressenz. Dieser Begriff ist den Schriften mittelalterlicher Esoteriker entnommen, die darunter die Substanz verstanden, aus denen sich die Körper der Naturgeister zusammensetzen. Sie nannten sie „Elementarwesen“ und ordneten sie den jeweiligen „Elementen“ Feuer, Luft, Wasser und Erde zu.

Wenn die Ausgießung oder göttliche Lebenswoge – die in einem vorangegangenen Zeitalter ihre absteigende Entwicklung durch die buddhische Ebene beendet hat – sich auf die höchste Stufe der Mentalebene ergießt, beseelt sie große Mengen atomarer Mentalsubstanz. In diesem, ihrem einfachsten Zustand, fügt sie die Atome aber nicht zu Molekülen zusammen, um einen Körper für sich zu bilden, sondern übt aufgrund ihrer Anziehungskraft einen gewaltigen Druck auf sie aus.

Wenn die nach unten stürzende Kraft diese Ebene zum ersten Mal berührt, wird es ihr zunächst nicht gelingen, auf die ihr völlig fremden Schwingungen zu reagieren. Im Laufe des Zeitalters, das sie dort verweilt, besteht ihre Entwicklung darin, sich daran zu gewöhnen, in Einklang mit allen dort möglichen Schwingungen zu schwingen, so dass sie jederzeit jede beliebige Materiekombination dieser Ebene beseelen und sich ihrer bedienen kann. Während dieser langen Evolutionsperiode wird sie alle Materieverbindungen der drei *Arûpa-* (formlos) oder Kausalebenen angenommen haben, um schließlich zur atomaren Ebene zurückzukehren – natürlich nicht so, wie sie am Anfang war, sondern alle gewonnenen Fähigkeiten in sich tragend.

Nachdem die Lebenswoge die Materie der Kausalebene zusammengezogen hat, bildet sie daraus eine Kombination, die auf dieser Ebene den Substanzen entspricht, und gestaltet daraus Formen, die sie bewohnt. Man nennt es das erste Elementarreich.

Für die monadische Essenz auf ihrem abwärts weisenden Bogen bedeutet Fortschritt den Abstieg in die Materie, für uns hingegen den Aufstieg zu den höheren Ebenen. Diese Essenz ist daher selbst auf kausaler Ebene geringer entwickelt, als wir es sind. Sie ist, genauer gesagt weniger *in*-volviert, da ihre *E*-volution im wahrsten Sinne des Wortes noch nicht begonnen hat.

Im ersten Elementarreich gibt es sieben Unterabteilungen. Die höchste entspricht der ersten Unterebene; die zweite, dritte und vierte entsprechen der zweiten Unterebene; die fünfte, sechste und siebte der dritten Unterebene.

Nachdem sich eine Lebenswoge, die beständig abwärts drängt, während der gesamten Zeitperiode auf dieser Ebene durch verschiedene Formen entwickelt hat, identifiziert sie sich so vollkommen mit jenen Formen, dass sie diese dauerhaft zu halten vermag und sie ein Teil ihrer selbst werden lässt, anstatt sie nur zu besetzen und sich periodisch von ihnen zurückzuziehen. Sobald diese Stufe erreicht ist, kann sie zur vorübergehenden Besetzung von Formen einer noch niedereren Ebene voranschreiten. Folglich nimmt sie Form an auf den nieder mentalen oder *Rûpa-* (Form) Ebenen der Mentalebene und wird dann als zweites Elementarreich bezeichnet. Der Schüler sollte beachten, dass das beseelende Leben auf der höher mentalen oder Kausalebene angesiedelt ist, während die Träger, durch die es sich manifestiert, auf der nieder mentalen Ebene liegen.

Das zweite Elementarreich unterteilt sich in sieben Unterabteilungen. Die höchste Unterabteilung entspricht den vier Unterebenen; die zweite und dritte Unterabteilung der fünften Unterebene, die sechste und siebte Unterabteilung der siebten Unterebene.

Die folgende Tabelle veranschaulicht das erste und zweite Elementarreich.

Ebene	Unterebene	Elementar	
		Unterabteilungen	Reiche
Höher	1	1	ERSTES
Mental	2	2/ 3/ 4	
	3	5/ 6/ 7	
Nieder	4	1	ZWEITES
Mental	5	2/ 3	
	6	4/ 5	
	7	6/ 7	

Der fortwährende Druck nach unten führt zu einer Wiederholung des Vorgangs, nachdem die Lebenswoge eine ganze Periode lang auf dieser Stufe verweilt hat. Das Leben hat sich erneut mit seinen Formen identifiziert und auf den niederen Mentalebenen niedergelassen. Dann kleidet es sich in Astralmaterie und wird das dritte Elementarreich.

Wie wir im *Astralkörper* und im *Mentalkörper* bereits gesehen haben, sind die mentale und die astrale Elementaressenz eng mit dem Menschen verbunden und weitgehend an der Gestaltung seiner Träger beteiligt.

Nachdem es eine ganze Periode lang im dritten Elementarreich zugebracht hat, identifiziert sich das Leben wieder mit jenen Formen und vermag so den ätherischen Anteil des Mineralreichs zu beseelen, indem es die Kraft wird, die dieses Reich belebt.

Im Verlauf der Entwicklung des Minerals veranlasst der nach unten gerichtete Druck das Leben erneut, sich mit den ätherischen Formen zu identifizieren und daraus die dichtere Materie derjenigen Minerale zu beleben, die wir mit unseren Sinnen wahrnehmen.

Neben den so genannten Mineralen gehören auch Flüssigkeiten, Gase und zahlreiche andere Äthersubstanzen, die der orthodoxen Wissenschaft des Westens noch unbekannt sind, zu diesem Mineralreich.

Bisweilen wird das Leben im Mineralreich auch „Mineralmonade“ genannt, so wie man auf späteren Stufen von der „Pflanzenmonade“ und der „Tiermonade“ spricht. Diese Bezeichnungen sind irreführend, da sie vermuten lassen, dass eine einzige große Monade das gesamte Reich belebt, was nicht zutrifft, denn obwohl die monadische Essenz zuerst im ersten Elementarreich vor uns erscheint, handelt es sich bereits nicht nur um eine, sondern um sehr viele Monaden, nicht um einen einzigen Lebensstrom, sondern viele parallel verlaufende Ströme, von denen ein jeder seine eigenen Merkmale besitzt.

Sobald die Ausgießung das Zentrum des Mineralreichs erreicht hat, hört der nach unten gerichtete Druck auf, und an seine Stelle tritt ein Aufwärtsstreben. Das „Ausatmen“ ist beendet, und das „Einatmen“ oder Einziehen hat begonnen.

Gäbe es nur eine Ausgießung des Lebens, die von einem Reich zum nächsten überginge, bedeutete dies, dass nur jeweils ein Reich existierte. Dies ist aber, wie wir wissen, nicht der Fall. Der Logos sendet eine unaufhörliche Aufeinanderfolge von Lebenswogen aus, so dass immer mehrere wirksam sind. Wir selbst stellen eine dieser Wogen dar. Die unmittelbar danach folgende Woge beseelt jetzt das Tierreich; die anschließend folgende wirkt im Pflanzenreich; eine vierte befindet sich im Mineralzustand, während eine fünfte, sechste und siebte durch die drei Elementarreiche repräsentiert werden. Bei allen handelt es sich um aufeinanderfolgende Wellen derselben großen Ausgießung des Zweiten Logos.

Das Ganze strebt beständig nach Differenzierung; die von einem Reich ins nächste herabsteigenden Ströme unterteilen und verzweigen sich immer mehr. Vielleicht gibt es vor Beginn der Evolution einen Punkt, an dem die große Ausgießung einheitlich gewesen ist, aber das weiß man nicht.

Die Unterteilung findet so lange statt, bis sie am Ende der ersten großen Evolutionsstufe zur Individualität führt, zum Beispiel zu den Menschen, wobei jeder Mensch eine gesonderte und eigenständige Seele aufweist, wenn auch zunächst eine unentwickelte.

Betrachtet man das Wirken der zweiten Lebenswoge oder zweiten Ausgießung in seiner Gesamtheit, erkennt man, dass sie während ihrer Abwärtsbewegung mit der Bildung von Urgewebe beschäftigt ist, aus dem zur gegebenen Zeit feinstoffliche und grobe Körper entstehen. In gewissen alten Schriften wird dieser Vorgang auch als „Weben“ bezeichnet.

Die durch den Dritten Logos vorbereiteten Substanzen webt der zweite Aspekt des Logos zu Fäden und Stoffen, aus denen zukünftige Hüllen, wie Körper, geformt werden.

Der Dritte Logos gleicht einem Chemiker, der in seinem Labor arbeitet; den Zweiten Logos mag man sich als den Weber vorstellen, der in seiner Fabrik tätig ist. So bildhaft diese Vergleiche auch sein mögen, sie dienen dem Verständnis.

Der Zweite Logos „webt" unterschiedliche Tucharten, auch diejenigen, aus denen später der Kausal- und der Mentalkörper entstehen. Aus dem Gewebe der Astralsubstanz, dem Begierdestoff, wird der Astralkörper des Menschen gebildet.

In gleicher Weise entstehen die Gewebe für die Tätigkeit des Bewusstseins, indem die Merkmale jeder Materialklasse durch den Aggregationszustand der Teilchen – Struktur, Farbe, Dichte und so fort – bestimmt werden.

Die gesamte Abwärtsbewegung der Lebenswoge durch die Ebenen, die den verschiedenen Materiegraden Eigenschaften verleiht, dient als Vorbereitung für die Evolution und wird oft treffender als *Involution* bezeichnet.

Nachdem die tiefste Stufe des Eintauchens in die Materie erreicht worden ist, wenden sich die erste *und* die zweite Ausgießung aufwärts und beginnen ihren langen Aufstieg durch die Ebenen- und man spricht von *Evolution.*

Abbildung VI zeigt den Versuch einer graphischen Darstellung der ersten Ausgießung des Dritten Logos, der die Substanz der fünf unteren Ebenen bildet, und der zweiten Ausgießung, die den vom Dritten Logos belebten Stoff so gestaltet und beseelt, dass die drei Elementarreiche und das Mineralreich und danach, zur gegebenen Zeit, das Pflanzen- und Tierreich entstehen.

Die Abbildung zeigt ebenfalls die dritte Ausgießung des Ersten Logos, jene Ausgießung, aus der die einzelnen Wesen oder Menschen hervorgehen. Diesen Vorgang werden wir an späterer Stelle eingehender betrachten.

Der Schüler sollte auf die genaue Stellung der Figuren achten, die die jeweiligen Reiche wiedergeben. Im dichteren Teil der physischen Ebene zeigt sich das Mineralreich in voller Breite, was bedeutet, dass das Leben, so wie es ist, die grobstoffliche

Materie vollkommen beherrscht. Zu den ätherischen Unterebenen aufsteigend, wird der Streifen jedoch zunehmend schmaler; die Beherrschung der Äthersubstanz ist noch nicht vollständig entwickelt.

Die winzige Spitze, die in die Astralebene reicht, weist darauf hin, dass ein wenig Bewusstsein durch die Astralsubstanz wirkt. Dieses Bewusstsein ist der Beginn der Begierde, die sich im Mineralreich als stofflich-chemische Verwandtschaft zum Ausdruck bringt. Im Rahmen der Mineral-Gruppenseelen werden wir näher darauf eingehen.

Der Streifen, der das Pflanzenreich darstellt, umfasst auf der gesamten physischen Ebene, der grobstofflichen wie der ätherischen, die ganze Breite. Der Teil, der das Astralbewusstsein wiedergibt, zeigt sich natürlich sehr viel größer, weil im Pflanzenreich die Begierde stärker entwickelt ist als im Mineralreich. Diejenigen, die sich mit dem Pflanzenleben beschäftigen, wissen, dass zahlreiche Angehörige des Pflanzenreichs großen Einfallsreichtum und Scharfsinn an den Tag legen, um ihre Ziele zu erreichen, wenn diese aus unserer Sicht gesehen auch recht begrenzt zu sein scheinen.

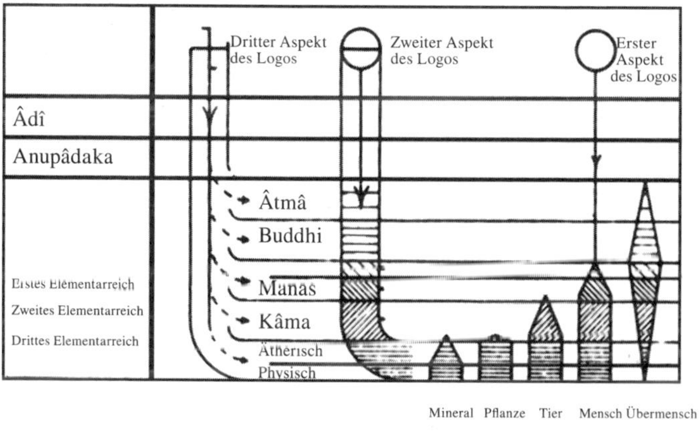

Abbildung VI

Der Streifen im Tierreich zeigt die vollständige Entwicklung auf der niedrigsten astralen Unterebene; das Tier ist fähig, seine niederen Begierden in vollen Ausmaß zu erleben. Der auf den höheren Unterebenen schmäler werdende Streifen weist darauf hin, dass die Fähigkeit zur Erfahrung höheren Begehrens stark eingeschränkt ist. Dennoch existiert sie, und in seltenen Ausnahmefällen kann es geschehen, dass das Tier eine tiefe Zuneigung und Hingabe zum Ausdruck bringt.

Der Streifen, der das Tier versinnbildlicht, lässt ebenfalls erkennen, dass sich bereits eine gewisse Intelligenz entwickelt hat, die der Mentalsubstanz bedarf, um sich ausdrücken zu können. Inzwischen ist es allgemein anerkannt, dass einige Haus- und wilde Tiere die Fähigkeit besitzen, logisch zu folgern, auch wenn sich diese Fähigkeit in engen Grenzen hält und sich noch nicht sehr ausgebildet zeigt.

Da der Streifen auf der Zeichnung das Durchschnittstier darzustellen beabsichtigt, dringt die Spitze nur bis zur niedrigsten Unterebene der Mentalebene vor; bei einem hochentwickelten Haustier mag sie ohne weiteres sogar bis zur höchsten der vier niederen Ebenen reichen, obwohl sie natürlich nur ein Punkt bleibt und keineswegs die gesamte Breite einnimmt.

Da wir hier die relativen Bewusstseinsgrade der einzelnen Reiche betrachten, wollen wir auch in etwa die Stufe erwähnen und markieren, die der Mensch erreicht hat. Der das Menschenreich darstellende Streifen zeigt seine gesamte Breite bis hinauf zur niedrigsten Stufe der Mentalebene, was bedeutet, dass seine Vernunft bis dorthin voll entwickelt ist. In den höheren Unterabteilungen der niederen Mentalebene ist das Denken noch unterentwickelt, wie die Verjüngung des Streifens zeigt.

Ein völlig neuer Faktor ergibt sich, wenn die Spitze auf der höher mentalen oder Kausalebene liegt, denn der Mensch besitzt einen Kausalkörper und ein sich immer wieder inkarnierendes Ego.

Bei den meisten Menschen reicht das Bewusstsein nicht

über die dritte mentale Unterebene hinaus. Erst im Laufe seiner Entwicklung erlangt das Ego allmählich die Fähigkeit, sich auf die zweite oder erste mentale Unterebene zu erheben.

Der Streifen ganz rechts auf der Abbildung stellt einen überdurchschnittlich entwickelten Menschen dar. In diesem Falle handelt es sich um einen hoch geistigen Menschen, dessen Bewusstsein jenseits seines Kausalkörpers angesiedelt ist, so dass er ungehindert auf der buddhischen Ebene wirken kann und – zumindest außerhalb seines Körpers – Bewusstsein auf der *Âtmâ*-Ebene besitzt.

Sein Bewusstseinszentrum, das durch den breitesten Teil des Streifens angedeutet wird, liegt nicht, wie im Falle der meisten Menschen, auf physischer und astraler, sondern zwischen der höher mentalen und der buddhischen Ebene. Die höheren Mental- und Astralbereiche zeigen sich sehr viel stärker entwickelt als die niederen. Obwohl er noch in seinem irdischen Körper weilt, wird dies nur punktuell dargestellt, da dieser lediglich dazu dient, in ihm zu wirken, keineswegs weil seine Gedanken und Wünsche darin verankert sind. Ein solcher Mensch hat alles Karma, das ihn an die Wiedergeburt binden könnte, transzendiert, so dass er die niederen Körper nur annimmt, um zum Wohle der Menschheit zu arbeiten und Kräfte auf diese Ebenen auszugießen, die ansonsten nicht so tief hinuntersteigen könnten.

Nach dieser notwendigen Abschweifung, die die jeweiligen von den einzelnen Naturreichen zu erlangenden Bewusstseinsgrade zu erklären versuchte, ist es wichtig zu erkennen, dass der *E*volutionsprozess, der das *in*volvierte Bewusstsein zum Ausdruck bringt, durch Kontaktaufnahme mit seinem äußersten Träger beginnt, das heißt, er muss auf der physischen Ebene anfangen. Das Bewusstsein kann sich eines Außenbereichs nur durch einen Aufprall auf sein eigenes Äußeres bewusst werden. Bis dahin träumt es in sich selbst, obgleich das schwache innere Zittern, das unaufhörlich aus der Monade hervorquillt, im *Jîvâtmâ* (*Âtmâ-Buddhi-Manas*) einen leichten Druck verursacht, vergleichbar mit einer unterirdischen Wasserquelle, die einen Ausgang sucht.

Diesen aufsteigenden Prozess und die dritte Ausgießung, die zur Bildung des Kausalkörpers des Menschen führt, werden wir in späteren Kapiteln behandeln.

Auf die zweite Ausgießung zurückkommend, muss erwähnt werden, dass sie sich nicht nur in zahllose Grade aufspaltet, sondern sich auch zu differenzieren scheint, so dass sie durch Millionen Kanäle auf jede Ebene und Unterebene strömt. Auf buddhischer Ebene erscheint sie als das Christus-Prinzip im Menschen; in seinem Mental- und Astralkörper belebt sie unterschiedliche Substanzschichten und zeigt sich im höheren Astralbereich als edles Gefühl und im Niederastralen lediglich als stürmische Lebenskraft, die der Substanz dieses Körpers Energie verleiht. In ihrer niedrigsten Form schießt sie vom Astralkörper in die Chakras oder Energiezentren der Ätherhülle, wo sie auf die aus dem Inneren des menschlichen Körpers aufsteigende Kundalini trifft.

Die emporströmende Kundalini gehört zur ersten Ausgießung und existiert auf allen Ebenen, die wir kennen. Die Kundalini unterscheidet sich vom *Prâna* oder der Lebenskraft, die zur zweiten Ausgießung gehört, und auch von *Fohat*, von allen Formen physischer Energie, wie Elektrizität, Licht, Hitze und so fort.

Die Kundalini im menschlichen Körper entstammt dem „Labor des Hl. Geistes“, tief im Erdinnern, wo immer noch neue chemische Elemente hergestellt werden und sich eine wachsende Vielfalt an Formen zeigt, deren inneres Leben und Aktivitäten zunehmend energiereicher werden.

Bei der Kundalini handelt es sich *nicht* um jenen Teil der ersten Ausgießung, die sich an der Bildung chemischer Elemente beteiligt; sie gleicht eher einer Weiterentwicklung jener Kraft, die im lebendigen Inneren von Elementen, wie etwa dem Radium, vorliegt. Die Kundalini ist ein Teil der ersten Ausgießung, *nachdem* diese ihren tiefsten Punkt beim Eintauchen in die Materie erreicht hat und sich wieder zu den Höhen erhebt, aus denen sie kam.

Wie bereits erwähnt, ruft die Lebenswoge im Laufe ihres Abstiegs durch die materiellen Welten eine zunehmende Differenzierung hervor. Bei ihrer nach oben gerichteten Rückkehr hingegen führt sie zu einer Wiedereingliederung in die Einheit.

KAPITEL 6

Atome und Monaden

Höhere Triade

Die zweite Ausgießung strömt nicht nur in die fünf Ebenen und ruft dabei das Elementarreich und andere Reiche ins Leben, sondern aktiviert die Monaden, die bereit sind, ihre Evolution zu beginnen und die auf der *Anupâdaka*-Ebene gewartet haben, bis die Materie der einzelnen Ebenen für sie vorbereitet wurden.

Zu sagen, die Monaden „treten hervor", wäre nicht völlig korrekt. Sie leuchten vielmehr hervor und senden ihre Lebensstrahlen hinaus. Sie selbst bleiben „stets im Herzen des Vaters", während ihre Lebensstrahlen in das Meer der Materie strömen und sich dort die für ihre Entwicklung auf den unteren Ebenen notwendigen Substanzen aneignen.

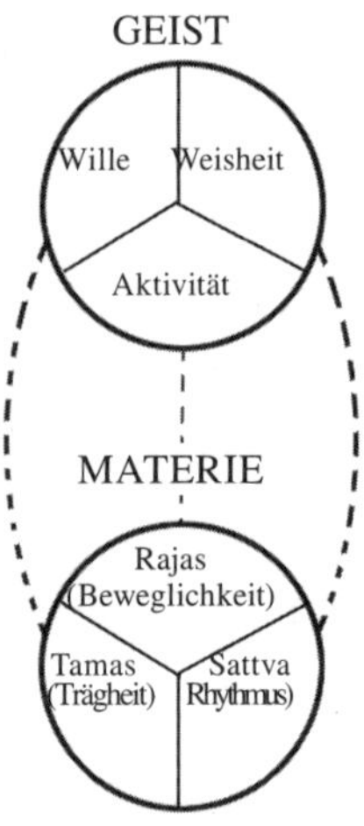

Abbildung VII – Bewusstseinsaspekte und Materieeigenschaften

H. P. Blavatsky hat das Hervorleuchten der Monaden anschaulich beschrieben: „Sobald sich die kosmische Trinität (die Monade mit ihren drei Aspekten Wille, Weisheit und Aktivität) im *himmlischen Menschen* (*Âtmâ-Buddhi-Manas*) widergespiegelt hat, verschwindet das höchste der niederen Sieben und kehrt in *die Stille der Dunkelheit* zurück."

Die Monaden selbst verbleiben immer jenseits des fünffachen Universums und sind sozusagen Beobachter. Sie haben ihren Sitz jenseits der fünf Materieebenen. Sie sind das Selbst,

selbst-bewusst und selbst-bestimmend. Sie herrschen in unveränderlichem Frieden und leben ewig. Aber sie machen sich Materie zu eigen, indem sie Atome aus den verschiedenen Ebenen annehmen.

Es gibt sieben verschiedene Arten oder *Strahlen* von Monaden, wie es sieben unterschiedliche Arten oder Strahlen von Materie gibt. Die sieben Arten ergeben sich folgendermaßen: Die drei Bewusstseinsaspekte des Logos oder universellen Selbst sind Wille (*Ichchâ*), Weisheit (*Jnânam*) und Aktivität (*Kriyâ*). Die drei entsprechenden Eigenschaften der Materie sind Trägheit (*Tamas*), Beweglichkeit (*Rajas*) und Rhythmus (*Sattva*).

Es besteht folgender Zusammenhang: Der Willensaspekt zwingt der Materie die Eigenschaft der Trägheit oder *Tamas*, die Kraft des Widerstands, der Stabilität, der Ruhe auf.

Der Aktivitätsaspekt verleiht der Materie die Fähigkeit des Handelns, die Beweglichkeit oder *Rajas*.

Der Weisheitsaspekt verleiht der Materie Rhythmus, Harmonie oder *Sattva*.

Jede Monade besitzt diese drei Bewusstseinsaspekte, deren Proportionen in den einzelnen Monaden auf siebenfache Weise variieren können.

Vorherrschender Aspekt	Zweitrangiger Aspekt	Drittrangiger Aspekt
Wille	Weisheit	Aktivität
Wille	Aktivität	Weisheit
Weisheit	Wille	Aktivität
Weisheit	Aktivität	Wille
Aktivität	Wille	Weisheit
Aktivität	Weisheit	Wille

Bei der siebten Variante sind die drei Aspekte gleichrangig.

Die sieben Materiearten werden aufgrund der unterschiedlichen Proportionen der drei Qualitäten *Tamas*, *Rajas* und *Sattva* gleichartig gestaltet. Der als zweite Ausgießung bekannte Lebensstrom setzt sich in Wirklichkeit aus sieben Strömen zusammen, von denen jeder eine der sieben Materiezusammensetzungen enthält.

Abbildung VIII soll die sieben Monade-Typen mit den sieben entsprechenden Materiearten wiedergeben.

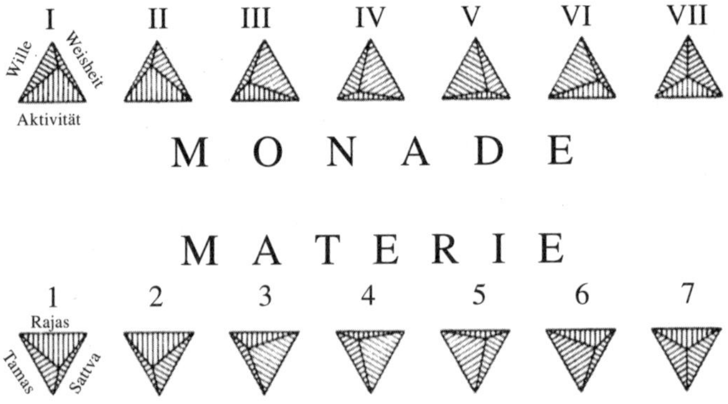

Abbildung VIII – Die sieben Monade-Typen und die sieben Materiearten

Die Tatsache, dass jede Monade einem der sieben Strahlen angehört, lässt sich auch in anderer Weise beschreiben, indem man verdeutlicht, dass sie ursprünglich durch einen der sieben Logoi, die Kraftzentren innerhalb des Solaren Logos, die Kanäle, durch die die Kraft des Sonnenlogos sich ergießt, hervorkam.

Obwohl jede Monade im Grunde genommen nur *einem* Strahl angehört, trägt sie etwas von allen sieben Strahlen in sich. Es gibt keine einzige Unze an Kraft, keine einzige Spur von Materie in ihr, die nicht auch Teil eines der sieben planetarischen Logoi ist. Sie wird aus Ihrer Substanz zusammengesetzt, also nicht nur aus einer, sondern aus allen, obwohl immer eine vorherrscht. Die geringste Bewegung eines dieser erhabenen Sternenengel beeinflusst bis zu einem gewissen Ausmaß jede Monade, denn sie sind

Gebein aus Ihrem Gebein, Fleisch aus Ihrem Fleisch, Geist aus Ihrem Geist. Hierin liegt die wahre Grundlage der Astrologie.

Die Körper der Monaden, die ursprünglich durch einen bestimmten planetarischen Logos hervortraten, werden während ihrer gesamten Evolution hauptsächlich die Partikel dieses Logos in sich tragen, und somit kann der Mensch in erster Linie dem einen oder anderen der sieben Strahlen oder Logoi zugeordnet werden.

Obwohl eine Monade im Allgemeinen im Laufe ihrer gesamten Entwicklung auf demselben Strahl bleibt, so dass sie schließlich durch denselben planetarischen Engel zurückkehrt, durch den sie ursprünglich kam, gibt es einige wenige Ausnahmen. Eine Monade kann ihren Strahl wechseln, so dass sie durch einen anderen planetarischen Engel zurückkehrt als denjenigen, durch den sie emportauchte. Solche Übergänge finden gewöhnlich zum ersten oder zweiten Strahl statt, da es auf den niederen Entwicklungsstufen verhältnismäßig wenige Personen auf diesen beiden Strahlen gibt.

Bevor wir die Art und Weise beschreiben können, in der sich die Atome an die Monade binden, müssen wir uns zunächst einem anderen Faktor zuwenden.

Außer der Bildung der Elementar- und anderer Reiche führt die zweite Ausgießung fortgeschrittene Wesen mit sich, die auf verschiedenen Entwicklungsstufen stehen, die die normalen und typischen Bewohner der drei Elementarreiche gestalten. Der Logos hat diese Wesen aus einer vorangegangenen Evolution mitgebracht. Sie werden jetzt ausgesandt, um diejenige Ebene zu bewohnen, die ihrer Entwicklung entsprechen. Im allgemeinen Evolutionsplan unterstützen sie die Arbeit des Logos und später die des Menschen. Von ihnen erhält der Mensch seine vergänglichen Körper.

In einigen Religionen werden sie als Engel bezeichnet, die Hindus nennen sie Devas, was wörtlich übersetzt *Lichtwesen* bedeutet. Platon spricht von den „geringeren Göttern“. Die

Übersetzung des Wortes „Deva" als „Götter" hat dazu geführt, dass die Denkweise des Ostens sehr oft missverstanden worden ist. Bei den „dreihundertdreißig Millionen Göttern" handelt es sich nicht um Götter im westlichen Sinne, sondern um Devas oder Lichtwesen.

Es gibt zahlreiche Abstufungen unter ihnen, einschließlich der Vertreter auf jeder der fünf niederen Ebenen, auf *Âtmâ, Buddhi, Manas, Kâma* und auf dem ätherischen Teil der physischen Ebene.

Ihre farbig schillernden Körper bestehen aus der Elementaressenz des Reiches, zu dem sie gehören und verändern ihre Form entsprechend dem Willen der Wesenheit selbst. Die große, unermüdlich tätige Schar arbeitet an der Elementaressenz, um deren Eigenschaft zu verbessern, indem sie ihre eigenen Körper daraus formt, sie wieder abstößt und sich anderer Bereiche bedient, um deren Empfindsamkeit zu steigern.

Im ersten Elementarreich, auf der höher mentalen oder Kausalebene, bereiten sie Substanzen zur Umhüllung abstrakter Gedanken vor. Im zweiten Elementarreich, auf der niederen Mentalebene, beschäftigen sie sich mit Substanzen, die konkrete Gedanken umkleiden sollen. Im dritten Elementarreich, auf der Astralebene, bereiten sie Substanzen zur Umhüllung von Wünschen vor.

Auf der Stufe, die wir im Augenblick betrachten, besteht ihre einzige Arbeit darin, die Elementaressenz zu verbessern. Später sind sie auch unaufhörlich mit der Gestaltung von Formen beschäftigt und stehen dem Ego des Menschen auf seinem Weg in die Inkarnation zur Seite. Sie bilden seine neuen Körper, indem sie die erforderlichen Substanzarten herbeischaffen und bei deren Zusammensetzung mitwirken. Je weniger fortgeschritten das Ego, desto größer die richtungsweisende Arbeit der Devas. Bei Tieren obliegt ihnen nahezu die gesamte und bei Pflanzen und Mineralen praktisch alle Arbeit. Sie sind die tätigen Beauftragten des Logos, indem sie die Einzelheiten seines Weltplans ausführen und den unzähligen, sich entwickelnden Leben helfen, die nötigen Substanzen zu finden, um sich darin zu kleiden und sich ihrer zu bedienen. Zu ihnen gehören die zahllosen Angehörigen des Naturreichs, bekannt als Naturgeister, Trolle, Gnome und unter vielen anderen Namen.

In den Büchern *Der Astralkörper* und *Der Mentalkörper* werden diese Scharen von Wesen vielfach behandelt. Es bedarf also keiner weiteren Beschreibungen. Im Augenblick interessiert uns nur ihr Ursprung und ihre Rolle, die sie spielen, um den Monaden zu helfen, ihre Evolution auf den niederen Ebenen zu beginnen.

Der Begriff *Deva* umfasst nicht alle lebenden Wirkkräfte, die im Zusammenhang mit den Monaden und deren langer Pilgerreise durch die niederen Ebenen tätig sind. Diese Arbeit wird von nicht weniger als sieben Rangordnungen von Wesenheiten, bekannt als die kreativen Hierarchien, ausgeführt, wobei die Monaden selbst eine der sieben bilden.

Der Einfachheit halber wollen wir alle diese Wirkkräfte vorerst unter dem Begriff *Devas* zusammenfassen. Ein späteres Kapitel wird die sieben kreativen Hierarchien bis zu einem gewissen Ausmaß ausführlicher behandeln und, insoweit bekannt, Namen und Funktionen besprechen.

Bevor irgendein verkörpertes Bewusstsein, mit Ausnahme von dem des Logos und seinen kreativen Hierarchien, auftreten oder in irgendeiner Weise tätig sein konnte, bedurfte es einer ungeheuren Vorarbeit, den „Formanteil" des Evolutionsfeldes vorzubereiten.

Bei der Bindung der Atome an die Monaden sind drei Faktoren zu beachten: (1) die Atome der einzelnen Ebenen; (2) die Bereitschaft der Monaden selbst, die sich auf der *Anupâdaka-* Ebene befinden; (3) die Unterstützung der Devas, ohne die die Monaden allein machtlos wären, ihre Entwicklung durchzuführen.

Eine Monade besitzt drei Bewusstseinsaspekte, von denen jeder, wenn die Zeit naht, den Entwicklungsprozess zu beginnen, eine Schwingung hervorruft, die die atomare Substanz der Ebenen *Âtmâ*, *Buddhi* und *Manas*, die sie umgeben, zum Schwingen bringt.

Devas aus einem früheren Universum, die eine ähnliche Erfahrung gemacht haben, führen die Schwingung vom Willensaspekt der Monade zu einem Atom der *Âtmâ*-Ebene, das sich auf diese Weise an die Monade „bindet“ und zu ihrem âtmischen permanenten Atom wird, so genannt, weil es während des gesamten Evolutionsprozesses bei der Monade verbleibt.

Ähnlich verhält es sich mit der Schwingung des Weisheitsaspekts der Monade, die die Devas zu einem Atom der *Buddhi*-Ebene leiten, das zum buddhischen permanenten Atom wird. In gleicher Weise wird die Schwingung des Aktivitätsaspekts der Monade von den Devas geführt und an ein Atom der *Manas*-Ebene gebunden, das dann zum dritten permanenten Atom wird. Auf diese Weise wird *Âtmâ-Buddhi-Manas* gebildet, oft auch als Strahl der Monade bezeichnet.

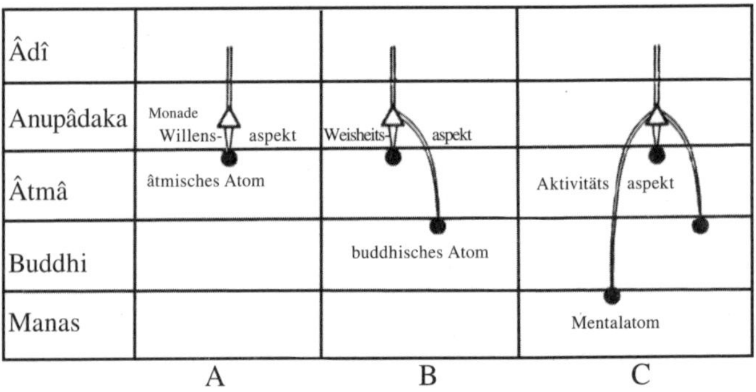

Abbildung IX – Bindung der âtmischen, buddhischen und mentalen permanenten Atome

Aus dem leuchtenden Meer von *Âtmâ* tritt ein winziger, hauchdünn mit buddhischer Materie umhüllter Lichtfaden hervor; daran hängt ein Funke, der in ein eiförmiges Gehäuse aus Materie eingeschlossen wird, die zu den formlosen Ebenen der

Mentalebene gehört. „Der Funke hängt am feinsten Faden von Fohat aus der Flamme.“ (*The Book of Dzyan*, VII,5.)

Diese an die Monaden gehefteten Atome werden zu den so genannten „permanenten Atomen“. H. P. Blavatsky nannte sie „Lebens-Atome“ (*Die Geheimlehre*). Die restlichen, *nicht* an Monaden gebundenen Atome der einzelnen Ebenen werden weiterhin als die monadische Essenz jeder Ebene bezeichnet. Der Begriff mag ein wenig irreführend sein, wurde aber in erster Linie geprägt, weil sich die Essenz auf dieser Stufe dazu *eignet*, sich teilweise als permanente Atome an die Monaden zu heften.

Âtmâ-Buddhi-Manas, der Strahl der Monade, wird auch mit zahlreichen anderen Namen belegt, wie der himmlische Mensch, der geistige Mensch, die geistige oder höhere Triade, das höhere Selbst, das eigenständige Selbst und so fort. Manchmal spricht man auch von *Jîvâtmâ*, wörtlich *Lebens-Selbst*, ein Ausdruck, der natürlich auch auf die Monade zutrifft. Unter diesem Begriff versteht man auch das „Menschentum“ des Gottessohnes des ersten Logos, beseelt durch die Gottheit, also die Monade. Man kann den Strahl der Monade auch als ein Gefäß betrachten, in das die Monade ihr Leben gießt.

Es ist das Mysterium des Wächters, des Beobachters, des nicht tätigen *Âtmâ*, der Monade, die immer in ihrem höchsten Wesen auf ihrer eigenen Ebene weilt und durch ihren Strahl (*Âtmâ-Buddhi-Manas*) in der Welt lebt, der seinerseits seine „Schatten“, die Erdenleben oder Inkarnationen des niederen Selbst, mit Leben erfüllt.

Âtmâ-Buddhi-Manas, die höhere Triade, besitzt dieselbe Natur wie die Monade, im Grunde genommen ist sie die Monade, wenngleich aufgrund der sie umhüllenden Materieschleier mit verminderter Kraft. Trotz dieser geringeren Kraft dürfen wir die Wesensgleichheit nicht übersehen, denn das menschliche Bewusstsein ist eine Einheit, auch wenn seine Manifestationen variieren, was darauf beruht, welcher seiner Aspekte überwiegt

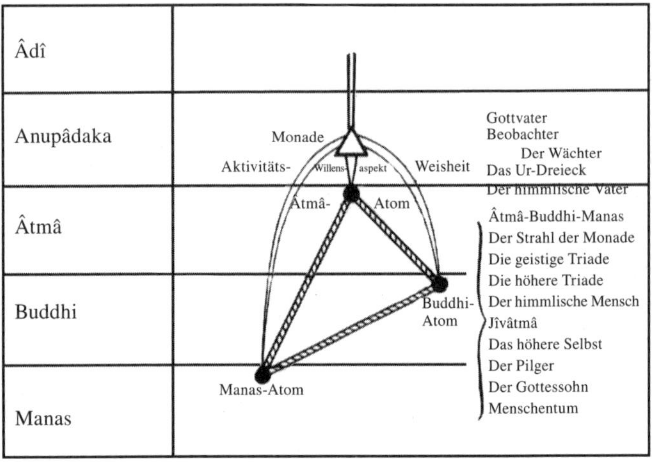

Abbildung X – Die Monade und das höhere Dreieck

und wie dicht die jeweiligen Substanzen sind, in denen ein Aspekt zu einem bestimmten Zeitpunkt tätig ist.

Die Monade, die sich diese drei Atome zu eigen gemacht hat, um sich ihrer zu bedienen, hat ihre Arbeit begonnen. Sie selbst vermag nicht tiefer als die *Anupâdaka*-Ebene hinabzusteigen; aus diesem Grunde heißt es, sie verweile in der „Stille der Dunkelheit“, nämlich unmanifestiert. Sie lebt und wirkt in und durch die Atome, die sie verwendet.

Obwohl die Monade *auf ihrer eigenen Ebene*, der *Anupâdaka*, im Hinblick auf ihr *inneres* Leben stark, bewusst und fähig ist, zeigt sie sich auf den niederen Ebenen, mit deren Begrenzungen von Raum und Zeit, nur als Keim, als Embryo, machtlos, empfindungslos und hilflos. Obgleich die Materie der niederen Ebenen sie zunächst versklavt, wird sie diese langsam und unbeirrbar formen, um sich selbst zum Ausdruck zu bringen. Das alles erhaltende und bewahrende Leben des Zweiten Logos behütet und unterstützt sie dabei, bis sie schließlich in den niederen Welten ebenso gänzlich zu leben vermag wie in den höheren und selbst zum kreativen Logos wird und ein Universum aus sich heraus erschafft. Denn ein Logos erschafft nicht aus dem Nichts: Er entwickelt alles aus sich selbst.

Die vollkommene Manifestation der durch die Monade zum Ausdruck gebrachten drei Bewusstseinsaspekte findet in derselben Reihenfolge statt wie die Manifestation des dreifachen Logos im Universum. Der dritte Aspekt, die Aktivität, offenbart als der schöpferische Geist, als der Sammler von Wissen, ist der erste, der seine Träger vervollkommnet. Der zweite Aspekt, die Weisheit, offenbart als die reine und mitfühlende Vernunft oder Intuition, leuchtet als zweiter hervor. Das ist der Krishna, der Christus im Menschen. Der dritte Aspekt, der Wille, die göttliche Macht des Selbst, des *Âtmâ*, offenbart sich als letzter.

KAPITEL 7

Atome und Monaden

II. Niedere Triade

Nachdem die Bildung der geistigen Triade, *Âtmâ-Buddhi-Manas*, abgeschlossen wurde, erwacht in ihr der wärmende Lebensstrom des Logos, und schwaches Leben beginnt sich zu regen. Nach langer Vorbereitung entspringt der Triade ein winziger Faden, vergleichbar mit einem Würzelchen, ein goldfarbener, in buddhische Substanz gehüllter Lebensfaden.

Manchmal wird dieser Faden *Sûtrâtmâ*, das Faden-Selbst, genannt, weil er mit seinen aufgereihten permanenten Partikeln einer Perlenschnur gleicht. Diese Bezeichnung findet unterschiedliche Anwendung, immer jedoch in der Bedeutung eines Fadens, der einzelne Teilchen miteinander verbindet. So versteht man darunter auch das sich reinkarnierende Ego, also einen Faden, auf dem sich die einzelnen Leben aneinanderreihen, oder aber den Zweiten Logos, einen Faden, der die Wesen seines Universums miteinander verbindet. Der Begriff beinhaltet demnach eine Funktion, weniger ein besonderes Wesen oder eine Klasse von Wesen.

Aus jeder geistigen Triade geht ein solcher Faden hervor, der sich zunächst unbestimmt in den sieben großen Lebensströmen hin und her bewegt. Wie im Falle der höheren Triade, verankern ihn dann die Devas mit einem Mentalmolekül oder einer Mentaleinheit, wie es gewöhnlich heißt, einem Teilchen der vierten Unterebene der Mentalebene, der höchsten Stufe der niederen Mentalebene.

Um diese Mentaleinheit häuft sich vorübergehend Elementaressenz aus dem zweiten Elementarreich an, die sich immer wieder zerstreut und erneut ansammelt. Mit der Zeit lösen die Schwingungen dieser Essenz in der Mentaleinheit schwache Reaktionen aus, die zaghaft zu dem Bewusstseinskeim in der Triade empor laufen und darin unbestimmte Bewegungen hervorrufen.

Die Mentalcinheit wird nicht immer von einer ihr eigenen Form umgeben; manchmal tauchen mehrere oder viele Mentaleinheiten in eine bestimmte Essenzanhäufung, während andere Ansammlungen nur eine einzige oder überhaupt keine Mentaleinheit aufweisen.

Unvorstellbar langsam werden sie die Träger bestimmter Eigenschaften, gewinnen also die Kraft, in bestimmter, mit dem Denken in Verbindung stehender Weise zu schwingen, was auf einer späteren Entwicklungsstufe den Gedankenaufbau ermöglicht.

Dieser Prozess wird von den Devas des zweiten Elementarreichs gefördert, indem sie die Schwingungen auf die Mentaleinheiten lenken, die allmählich darauf zu reagieren beginnen und sie mit der Elementaressenz umgeben, die sie von ihrem eigenen Körper abstreifen.

Jede der sieben typischen Gruppen wird von den anderen durch eine zarte Wand monadischer Essenz – der durch den zweiten Aspekt des Logos beseelten atomaren Substanz – getrennt, was den Anfang der Gruppenseelenwand bildet.

Der gleiche Vorgang wiederholt sich anschließend auf der nächst niederen Ebene. Der in buddhische Substanz gehüllte Lebensfaden, an dem die Mentaleinheit hängt, stößt in die Astralebene vor, auf der in ähnlicher Weise ein Astralatom an ihm befestigt wird. Um dieses permanente Astralatom gruppiert sich Elementaressenz aus dem dritten Elementarreich an, die auseinanderstiebt und sich wieder ansammelt.

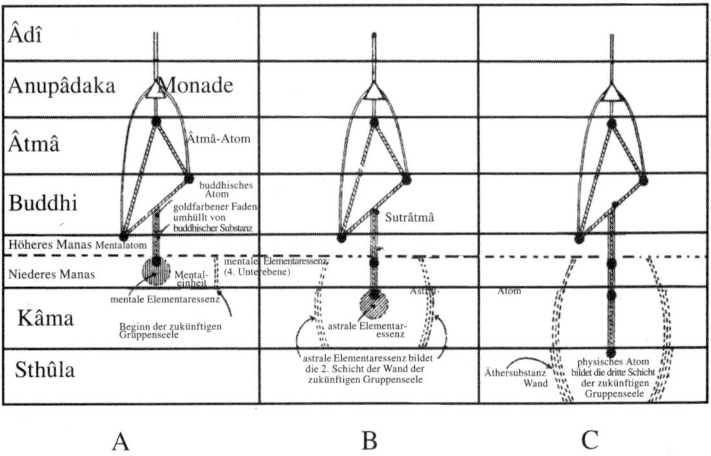

Abbildung XI – Verbindung von Mentaleinheit und permanentem Astral- und physischen Atom

Dies hat zur Folge, dass die Astralatome allmählich zu reagieren beginnen, was in die Bewusstseinsquelle übertragen wird und darin undeutliche Bewegungen hervorruft. Die Art der Schwingung, zu der die permanenten Astralatome nun fähig sind, steht in Zusammenhang mit dem Empfinden und entwickelt sich auf einer späteren Stufe zum Empfindungsvermögen. Der Vorgang wird durch das Wirken der Devas des dritten Elementarreichs unterstützt.

Die jeweilige Trennwand der sieben Gruppen erhält eine zweite, aus astral monadischer Essenz gebildete Schicht und nähert sich damit der Gruppenseelenwand um einen weiteren Schritt.

Der gesamte Prozess wiederholt sich erneut, sobald die große Lebenswoge zur physischen Ebene vorangeschritten ist. Der in buddhische Substanz gehüllte Lebensfaden mit der ihm anhaftenden Mentaleinheit und dem an ihm befestigten permanenten Astralatom stößt hinaus und bindet ein physisches permanentes Atom an sich. Auch dieses Atom wird von Substanz umgeben.

Die schwere, physische Materie ist kohärenter als die feinere der höheren Ebenen, was zu einer sehr viel längeren Lebensdauer führt.

Wenn dann die Ätherformen der Protometalle und später die Protometalle, Metalle, Nichtmetalle und Minerale gebildet werden, tauchen die Devas der ätherischen Unterebenen die physischen permanenten Atome in eine der sieben Ätherarten, zu denen sie jeweils gehören. Damit beginnt die lange Evolution des permanenten Atoms auf der Erde.

Auch auf der atomaren Unterebene des Physischen wird der Trennwand, der werdenden Hülle der zukünftigen Gruppenseele, eine dritte Schicht hinzugefügt.

Auf diese Weise entsteht die so genannte niedere Triade, die aus einer Mentaleinheit, einem permanenten Astralatom und einem permanenten physischen Atom besteht.

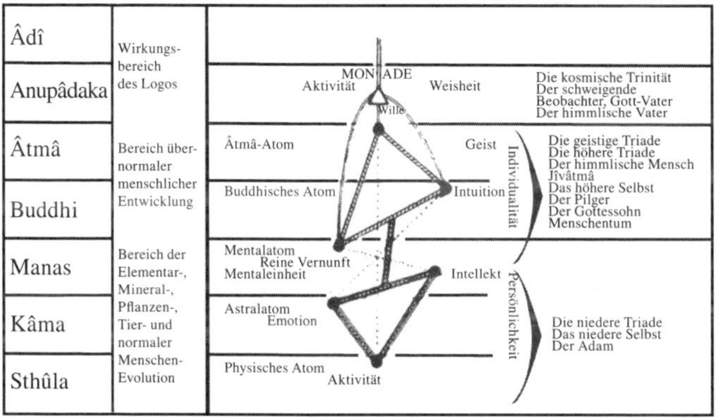

Abbildung XII – Die Monade und ihre Atome

Abbildung XII gibt diese Stufe wieder. Der Monade mit ihren drei Aspekten wurde eine höhere Triade, *Âtmâ-Buddhi-Manas*, beigegeben und dieses wiederum mit einer niederen Triade, dem niederen *Manas-Kâma-Sthûla*, ausgestattet.

Der Vorherrschaft einer der drei großen Substanzeigenschaften – *Tamas*, *Rajas* und *Sattva* – entsprechend, besteht die Materie jeder Ebene aus sieben Grundarten. Die permanenten Atome können demnach von irgendeiner dieser Arten gewählt werden. Jede Monade scheint jedoch alle ihre permanenten Atome demselben Substanztyp zu entnehmen. Die Monade trifft die Wahl, die eigentliche Bindung jedoch besorgen die Devas.

Die Monade selbst gehört zu einer der sieben monadischen Grundtypen, und dies ist ihr erstes wesentliches Bestimmungsmerkmal, ihre „Grundfarbe", ihr „Grundton" oder ihre „Grundveranlagung".

Die Monade mag ihre neue Pilgerreise dazu nutzen, diese spezielle Grundeigenschaft zu stärken und zu erweitern. In diesem Fall werden die Devas ihrem *Sûtrâtmâ* permanente Atome hinzufügen, die der Materiegruppe oder Art angehören, die dem Typ der Monade entsprechen, was zu einer Nebenfarbe – der Farbe der permanenten Atome – führt, um die erste hervorzuheben und zu kräftigen. In der späteren Entwicklung werden die Stärken und Schwächen dieser doppelten Veranlagung machtvoll zu Tage treten.

Andererseits mag die Monade sich aber auch dazu entscheiden, ihre neue Pilgerreise zu nutzen, um andere Wesensaspekte zu entfalten. Dann werden die Devas dem *Sûtrâtmâ* der Monade Atome anheften, die einer Substanzgruppe angehören, in dem der Aspekt, den sie entwickeln möchte, vorherrscht. So entsteht die untergeordnete „Grundnote" oder „Veranlagung", aufgrund derer die erste abgewandelt wird. Die entsprechenden Folgen werden sich in der späteren Entwicklung zeigen. Letzere Entscheidung wird offensichtlich sehr viel häufiger getroffen und führt zu einer größeren Vielschichtigkeit des Charakters, besonders in den Endstadien menschlicher Evolution, wenn sich der Einfluss der Monade stärker bemerkbar macht.

Während die permanenten Atome der höheren und der niederen Triade demselben Typ angehören, geben die Körper der höheren Triade, die nach ihrer Bildung relativ dauerhaft sind, eindeutig den Grundton ihrer permanenten Atome wieder. Im Falle der Körper der niederen Triade spielen verschiedene andere Ursachen bei der Wahl für ihre Substanz eine Rolle.

Die Monade vermag nicht *direkt* auf die permanenten Atome einzuwirken; eine solche unmittelbare Einwirkung ist erst möglich, wenn die höhere Triade eine hohe Entwicklungsstufe erreicht hat. Die Monade kann aber auf die höhere Triade Einfluss nehmen und wirkt auf diese Weise *indirekt* und kontinuierlich auf die permanenten Atome ein.

Die höhere Triade schöpft ihre meiste Energie und ihre gesamte richtungsweisende Fähigkeit aus dem Zweiten Logos. Ihre eigene spezielle Tätigkeit gilt aber nicht der gestaltenden und aufbauenden Arbeit des Zweiten Logos, die in Zusammenarbeit mit dem Dritten Logos eher auf die Entwicklung der Atome selbst zielt. Die Energie der höheren Triade beschränkt sich auf die atomaren Unterebenen und scheint sich in der ersten Hälfte ihrer Entwicklung hauptsächlich mit den permanenten Atomen zu befassen.

Der Zweck der permanenten Atome besteht darin, die Ergebnisse aller Erfahrungen, die sie gemacht haben, als Schwingungskräfte in sich zu bewahren. Das physische permanente Atom mag diesen Vorgang veranschaulichen.

Jeder physische Aufprall wird in dem physischen Körper, auf den er trifft, Schwingungen hervorrufen, die seinen eigenen entsprechen. Diese Schwingungen werden durch unmittelbare Erschütterung, falls sie heftig sind, in allen Fällen aber durch das buddhische Lebensgewebe auf das physische permanente Atom übertragen.

Eine solche, dem Atom von außen aufgezwungene Schwingung wird innerhalb des Atoms zu einer Schwingungskraft, einer Tendenz, die Schwingung zu wiederholen. Im Laufe des gesamten Lebens eines physischen Körpers hinterlässt jeder Aufprall seinen Eindruck im physischen permanenten Atom. Am Endes des physischen Lebens hat das physische permanente

Atom auf diese Weise unzählige Schwingungskräfte in sich angesammelt.

Derselbe Prozess findet bei den permanenten Atomen oder Einheiten in jedem einzelnen Körper des Menschen statt. Die permanenten Atome verbleiben bei einem Menschen während aller seiner Inkarnationen und bilden die *einzigen* Bereiche seiner verschiedenen Körper, die überleben und im Kausalkörper dauerhaft bei dem sich entwickelnden Ego bleiben.

Der Wirbel, das Atom, ist das Leben des Dritten Logos; die an der Oberfläche dieses Wirbels allmählich gebildete Atomwand entsteht durch das herabsteigende Leben des Zweiten Logos. Dieser skizziert aber nur die Umrisse der Spirillen (Energiebahnen) als hauchdünne Kanäle. Er belebt sie nicht.

Das abwärts fließende Leben der Monade belebt die erste der Spirillen und macht sie zum Wirkbereich des Atoms. Dieser Vorgang findet ganz am Anfang statt. In jeder nachfolgenden Entwicklungsstufe wird eine andere Spirille belebt und aktiviert.

Die erste Gruppe von Spirillen wird von dem *Prâna* benutzt, das auf den dichten, physischen Körper einwirkt; die zweite Gruppe von dem des Ätherkörpers; die dritte Gruppe von dem *Prâna*, das den Astralkörper beeinflusst und so die Kraft der Sinneswahrnehmung entwickelt; die vierte Gruppe wird vom *Prâna* des *Kâma-Manas* zur Bildung eines Gehirns als Instrument des Gedankens benutzt.

In der vierten Entwicklungsepoche gibt es in den permanenten Atomen, so wie auch in den üblichen, nicht anhaftenden Atomen, normalerweise vier tätige Spirillen. Im Falle eines hoch entwickelten Menschen kann das permanente Atom fünf oder sogar sechs tätige Spirillen aufweisen. Bei einem normalen Werdegang wird die fünfte Gruppe von Spirillen in der fünften Runde entwickelt. Fortgeschrittene Menschen können mit Hilfe gewisser Yoga-Übungen sogar jetzt schon die fünfte und sechste Gruppe von Spirillen entwickeln.

Die Monade wirkt nicht nur auf die permanenten Atome

selbst ein, sondern in ähnlicher Weise auch auf Atome, die sich um diese angesammelt haben. Es handelt sich dabei jedoch nur um eine vorübergehende Belebung, denn sobald der physische Körper zerbrochen ist, kehren diese Atome in den allgemeinen Vorrat atomarer Substanz zurück. Dort können sie aufgenommen und von irgendeiner anderen Monade verwendet werden und lassen sich aufgrund ihrer vorangegangenen Erfahrung natürlich leichter erneut beleben.

Dies geschieht mit allen permanenten Atomen, die sich aufgrund ihrer Verbindung zur Monade rascher entwickeln, als es ansonsten der Fall wäre.

KAPITEL 8

Die schöpferischen Hierarchien

Wir werden nun die Hierarchien der Wesenheiten unterschiedlicher Macht und Intelligenz näher betrachten, die das Universum erbauen und die Monaden auf ihrer ausgedehnten Pilgerreise durch die Welt der Materie begleiten.

Zurzeit verfügen wir nur über bruchstückhafte, ungenaue Kenntnisse und müssen uns demzufolge bemühen, die wenig bekannten Fakten weitgehend auszuschöpfen.

Wir haben bereits gesehen, dass die Eine Existenz, der Allerhöchste, aus dem alles manifeste Leben hervorgeht, sich in dreifacher Weise als die *Trimûrti*, die Trinität, zum Ausdruck bringt, die in nahezu allen Religionen unter verschiedenen Namen anerkannt wird: Sat, Chit, Ânanda; Brahmâ, Vishnu, Shiva; Ichchhâ, Jñâna, Kriyâ; Chokmah, Binah, Kepher; Vater, Sohn und Heiliger Geist; Macht, Weisheit, Liebe; Wille, Weisheit, Aktivität und so fort.

Um die Ur-Trinität, aus der das Licht hervorgeht, haben sich die so genannten *Sieben* versammelt. Im Hinduismus spricht man von den *sieben Söhnen des Âditi*; man hat sie die *sieben Sonnengeister* genannt; in Ägypten verstand man darunter die *sieben Mysterien Gottes*; in der Lehre des Zoroaster bezeichnet man sie als die *sieben Amshaspends*; im Judentum sind es die *sieben Sephiroth*; die Christen und Mohammedaner sprechen von den *sieben Erzengeln*, den *sieben Engeln vor dem Thron*. In der Theosophie werden sie gewöhnlich als die *sieben planetarischen Logoi* bezeichnet, von denen jeder einzelne seinen eigenen Bereich im Sonnensystem verwaltet. Man hat sie seit jeher mit den sieben heiligen Planeten, die ihren physischen Körper bilden, gleichgesetzt.

Diese Sieben werden von den zwölf schöpferischen Hierarchien, den zwölf kreativen Ordnungen des Universums, umringt. An ihrer Spitze stehen die zwölf großen Götter, die in den alten Erzählungen auftauchen und in den bekannten Tierkreiszeichen ihre Darstellung finden. Der uralten, symbolischen Auffassung zufolge, steht der Plan des Sonnensystems in ihm geschrieben.

Wenn es heißt, dass ein Planet über eines der Tierkreiszeichen „herrscht" oder sein Herr ist, bedeutet dies, dass der planetarische Geist oder Logos die Herrschaft über eine der zwölf schöpferischen Hierarchien führt, die unter Seiner Aufsicht und Anleitung Sein Königreich erbauen und den Monaden helfen, sich zu entwickeln.

Die zwölf schöpferischen Hierarchien sind eng mit der Bildung des Universums verwoben. Diese Hierarchien der Intelligenz haben in früheren *Kalpas* oder Universen ihre eigene Entwicklung vollendet und werden zu Mitarbeitern des einen Willens, des *Îshvara*, bei der Gestaltung eines neuen Universums oder *Brahmânda*. Es sind die Architekten, die Erbauer der Sonnensysteme. Sie erfüllen unser Sonnensystem, und ihnen verdanken wir Menschen unsere geistige, intellektuelle und physische Entwicklung. Sie sind es, die das Bewusstsein der Monade und ihres Strahls für das „undeutliche Gespür für das Andere" und für das „Ich" erwecken, und damit keimt eine Sehnsucht auf, das „Ich" und „Andere" eindeutiger wahrzunehmen. Dieser „individuelle Lebenswille" treibt sie immer tiefer in die grobstofflichen Welten, in denen allein eine genauere Bestimmung möglich wird.

Auf der gegenwärtigen Evolutionsstufe sind vier der zwölf schöpferischen Hierarchien in die Befreiung vorangeschritten, und eine fünfte steht an der Schwelle zur Befreiung. Fünf haben sich demnach dem Gesichtskreis selbst der größten und am höchsten entwickelten Lehrer unserer Welt entzogen. Es bleiben nur noch sieben, und mit diesen beschäftigen wir uns.

Ein Teil der Arbeit, den einige von ihnen verrichten, nämlich die Bindung der permanenten Atome, wurde bereits in den Kapiteln sechs und sieben beschrieben, soll an dieser Stelle jedoch der Vollständigkeit halber noch einmal aufgegriffen und ihr gesamtes Wirken in die Bereiche unterteilt werden, für die jeweils eine der verbleibenden sieben Hierarchien verantwortlich ist.

Die formlosen (arûpa) schöpferischen Ordnungen

Die erste der formlosen (arûpa) schöpferischen Ordnungen wird mit Worten beschrieben, die mit dem Feuer in Zusammenhang stehen. Man spricht vom gestaltlosen, feurigen Atem, den Herren des Feuers, göttlichen Flammen, göttlichen Feuern, feurigen Löwen, Löwen des Lebens. Sie werden auch als das Leben und das Herz des Universums bezeichnet, als *Âtmâ* oder kosmischer Wille. Durch sie strömt der göttliche Strahl des *Paramâtmâ*, um *Âtmâ* in den Monaden zu wecken.

Die zweite Ordnung ist zweifacher Natur, bekannt als die „zweifachen Einheiten“, und repräsentiert Feuer und Äther. Sie bedeuten kosmisches *Buddhi*, die Weisheit des Systems, manifestierte Vernunft. Ihre Aufgabe besteht darin, *Buddhi* in der Monade zu wecken.

Die dritte Ordnung wird als „die Triaden“ bezeichnet und repräsentiert Feuer, Äther und Wasser. Sie bedeutet *Mahat*, kosmisches *Manas* oder kosmische Aktivität. Sie erwecken das *Manas* in den Monaden.

Die formhaften (rûpa) schöpferischen Ordnungen

Die vierte schöpferische Hierarchie besteht aus den Monaden selbst. Auf den ersten Blick mag es seltsam erscheinen, diese mit einzuschließen, doch bei genauer Betrachtung erkennt man, dass sie stark an ihrer eigenen Evolution beteiligt sind. Es handelt sich keineswegs nur um äußere Kräfte, die ihre Involution und Evolution bestimmen. Dazu wollen wir uns kurz einige Aspekte ins Gedächtnis zurückrufen.

Dem Ersten Logos entstammend, ist sein Wille zur Manifestation auch ihr Wille. Sie sind selbst motiviert.

Es sind die Monaden, die „hervorleuchten" und ihr Leben hinaussenden, das den Strahl oder die höhere Triade erbaut und durch sie wirkt.

Es sind die Monaden, die den Typus der permanenten Atome, die an sie gebunden werden sollen, bestimmen.

Die dritte Ausgießung, deren Folge die Bildung des Kausalkörpers ist, strömt durch die Monaden.

Die Monaden selbst gießen ihr Leben in die Spirillen der permanenten und der anderen Atome und beleben sie.

Im Laufe der Evolution lassen die Monaden zunehmend mehr von ihrem Leben abwärts strömen und kommen allmählich immer stärker mit ihrem Strahl – der Individualität – und durch die Individualität auch mit der Persönlichkeit in Berührung.

Die fünfte schöpferische Ordnung trägt den Namen *Makara*, und ihr Symbol ist das Fünfeck. In ihr erscheinen die geistigen und physischen Dualaspekte der Natur, die positiven und negativen, die sich gegenseitig bekriegen. Es sind die „Rebellen" zahlreicher Mythen und Legenden. Einige unter ihnen sind bekannt als *Asuras*. Sie waren die Kinder der ersten Evolutionsstufe. Diese Wesenheiten verfügen über große geistige Macht und Kenntnisse. Tief in ihrem Innern verbirgt sich der Keim des *Ahamkâra*, der Fähigkeit, ein Ich zu formen, die für die menschliche Entwicklung notwendig ist. Die fünfte Hierarchie lenkt die Schwingungswelle des *Âtmâ*-Aspekts der Monade zu einem *Âtmâ*-Atom, das als permanentes Atom befestigt wird.

Zur sechsten schöpferischen Ordnung gehören unter anderen die so genannten *Agnishvâttas* oder „sechsfachen Dhyânis". Sie sind die Kinder der zweiten planetarischen Kette.

Diese Hierarchie umfasst auch große Scharen von Devas, die

die Schwingungswelle aus dem Weisheitsaspekt der Monade auf das buddhische permanente Atom übertragen.

Sie geben dem Menschen *alles*, ausgenommen *Âtmâ* und den physischen Körper, und heißen deshalb die „Erbauer der fünf mittleren Prinzipien". Sie leiten die Monade, um die permanenten Atome zu erwerben (einschließlich der Mentaleinheit), die mit diesen Prinzipien verbunden sind, nämlich *Buddhi*, *Manas*, niederes *Manas*, *Kâma* und das ätherische Doppel.

Sie beschäftigen sich vor allem mit der intellektuellen Entwicklung des Menschen.

Zur siebten schöpferischen Hierarchie gehören die so genannten *Lunar Pitris* oder *Barhishad Pitris*, die Kinder der dritten Kette.

Sie beschäftigen sich mit der physischen Entwicklung des Menschen. Die siebte Hierarchie umfasst ebenfalls riesige Scharen von Devas, die niederen Naturgeister, die an dem eigentlichen Bau des menschlichen Körpers wirken.

Die sieben schöpferischen Hierarchien

Klasse	Nr.	Name	Entwicklungsfunktion in den Monaden	
A R U P A	1	feuriger Atem	erwecken Âtmâ	
	2	zweifache Einheiten	erwecken Buddhi	
	3	Dreiheiten	erwecken Manas	
R Û	4	Monaden	Manifestationswille Leuchten hervor und bilden den Strahl. Wählen die Art der permanenten Atome. Kanäle für die dritte Ausgießung. Beleben die Spirillen von Atomen. Beeinflussen Individualität und Persönlichkeit.	
	5	Makara (einschl. Asuras)	befestigen Âtmâ-Atom	Asuras sind Kinder der ersten Kette
P	6	Agnishvâttas	Geben 5 „mittlere Prinzipien“. Befestigen 4 permanente Atome und Mentaleinheiten. Beschäftigen sich mit der intellektuellen Entwicklung des Menschen.	Kinder der zweiten Kette
A	7	Barhishads	Befassen sich mit der physischen Entwicklung des Menschen.	Kinder der dritten Kette

KAPITEL 9

Gruppenseelen

Wir sind an einen Punkt gekommen, an dem jede Monade mit einer höheren Triade, bestehend aus jeweils einem permanenten Atom der Ebenen *Âtmâ*, *Buddhi* und *Manas* sowie einer niederen Triade ausgestattet ist, die aus einer Mentaleinheit, einem astralen und einem physischen permanenten Atom besteht. Bei diesen Materieteilchen handelt es sich natürlich nur um Kerne, die es der Monade ermöglichen, über ihren „Strahl" mit den verschiedenen Ebenen in Berührung zu gelangen und Körper oder Träger aufzubauen, mittels derer sie Erfahrungen auf diesen Existenzebenen sammeln und lernen kann, sich auf ihnen zum Ausdruck zu bringen.

Um die Mechanismen zu verstehen, die zu diesen Stufen führen, müssen wir uns als nächstes den so genannten Gruppenseelen zuwenden.

Sobald die Atome der niederen Triade mit dem *Sûtrâtmâ* oder Lebensfaden verbunden sind, bilden sich dünne Substanzfilme, die die sieben Haupttypen der Triaden voneinander trennen. Es entstehen die sieben ursprünglichen Gruppen oder Strahlen, die schließlich aufgrund wiederholter Teilung und Unterteilung zu einer riesigen Anzahl von Gruppenseelen in den einzelnen Lebensreichen führen.

Diese sieben großen Typen oder „Strahlen" von Gruppenseelen bleiben im Laufe all der Wechselfälle ihrer Entwicklung deutlich voneinander getrennt, die sieben Typen entwickeln sich daher in parallel verlaufenden Strömen, die sich niemals vereinigen oder miteinander verschmelzen. Sie lassen sich in allen Reichen eindeutig voneinander unterscheiden, indem die jeweilige Aufeinanderfolge der Formen eine zusammenhängende Reihe von Elementalen, Mineralen, Pflanzen oder Tieren bildet.

Die sieben ursprünglichen Gruppenseelen erscheinen als verschwommene, zarte Formen, die wie Wasserblasen in dem unendlichen Meer der Materie dahingleiten. Zuerst werden sie auf der Mentalebene wahrgenommen, klarer umrissen auf der Astral- und noch deutlicher sichtbar auf der physischen Ebene.

Jede schwimmt in einem der sieben Hauptströme der zweiten Lebenswoge.

In jeder dieser Gruppenseelen gibt es natürlich unzählige niedere Triaden, von denen eine jede über den leuchtenden Goldfaden mit seiner höheren Triade verbunden ist, die ihrerseits von der über ihr schwebenden Monade abhängt. In diesem Stadium sind sie noch nicht von einem goldenen Lebensgewebe umgeben; dies entsteht erst, wenn das Mineralreich erreicht ist.

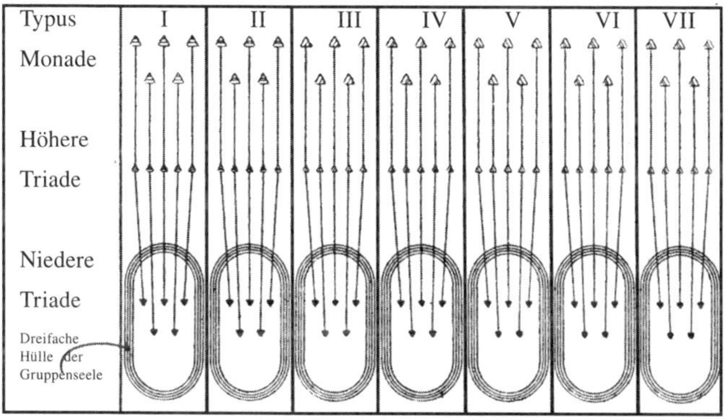

Abbildung XIII – Die sieben ursprünglichen Gruppenseelen

Abbildung XIII stellt in groben Zügen die bislang erreichte Stufe dar. Die der räumlichen Begrenzung zufolge geringe Anzahl von Triaden innerhalb der sieben Gruppenseelen steht für eine ungeheuer große Anzahl, verbunden mit ihren höheren Triaden und Monaden.

Der dünne Film oder Schleier, der die sieben ursprünglichen

Gruppenseelen voneinander trennt, besitzt drei Schichten; diese bestehen aus mentaler Elementaressenz, monadischer Astralessenz und atomarer Substanz der physischen Ebene. Diese Filme oder Schleier werden schließlich die umschließenden Wände oder Hüllen der eigentlichen Gruppenseele bilden.

Die Hüllen werden aus einer Substanz geformt, die derselben Materiegruppe entstammt, zu der die Triaden selbst gehören.

Der allgemeine Plan des Evolutionsprozesses – genauer, des *In*volutionsprozesses – beinhaltet eine stufenweise Differenzierung der gewaltigen göttlichen Lebensströme, bis nach wiederholter Teilung und Unterteilung die eindeutige Individualisation als Mensch erreicht ist, was eine weitere Unterteilung unmöglich macht, da ein menschliches Wesen eine unteilbare Einheit oder „Seele" ist.

Gruppenseelen im Mineral-, Pflanzen- und Tierreich sind Zwischenstufen, die zur vollständigen Differenzierung in getrennte menschliche Wesen oder Einheiten führen. In den drei erwähnten Reichen finden wir demnach in einem Mineral, in einer Pflanze oder in einem Tier nicht eine einzelne Seele, sondern sozusagen einen Lebensblock, der eine riesige Menge mineralischer Substanz, zahlreiche Pflanzen, Bäume oder Tiere beseelt. An späterer Stelle werden wir diesen Punkt eingehender betrachten, beschränken uns im Moment jedoch auf die allgemeine Funktion und den Zweck der Gruppenseelen.

Diese Tatsache lässt sich wohl am besten mit der orientalischen Parabel von dem mit Wasser gefüllten Eimer veranschaulichen. Schöpft man ein Glas voll Wasser aus dem Eimer, mag dies die Seele oder einen Teil der Seele einer einzelnen Pflanze oder eines einzelnen Tieres versinnbildlichen. In diesem Moment ist das Wasser im Glas von dem Wasser im Eimer getrennt und nimmt sogar die Form des Glases an.

In gleicher Weise kann ein Teil einer Gruppenseele von einer Pflanzen- oder einer Tierform Besitz ergreifen und sie beleben.[1]

1 Hier liegt der esoterische Hintergrund für die inzwischen populär geworde-

Ein Tier besitzt während seines Lebens auf der physischen Ebene und danach eine Zeitlang in der Astralwelt eine getrennte Seele, wie dies beim Menschen der Fall ist. Aber wenn das Tier ans Ende seines Astrallebens gelangt, reinkarniert sich diese Seele nicht in einem einzelnen Körper, sondern kehrt in die Gruppenseele, einer Art Reservoir an Seelensubstanz, zurück.

Auf unsere Parabel zurückgreifend, bedeutet der Tod des Tieres, das Wasser aus dem Glas wieder in den Eimer zu schütten. Ebenso wie das Wasser aus dem Glas sich mit dem Wasser im Eimer vermischt und vereinigt, geht auch der Seelenteil aus besagtem Tier vollkommen in der Gesamtseele der Gruppenseele auf. Ebensowenig wie es möglich ist, ein anderes Glas voll Wasser mit genau derselben molekularen Zusammensetzung aus dem Eimer zu schöpfen, gibt es für denselben Anteil der Gesamtseele der Gruppenseele die Möglichkeit, eine andere bestimmte Tierform zu bewohnen.

Bleiben wir bei unserem Vergleich, erkennen wir, dass wir gleichzeitig viele Gläser mit Wasser füllen können; in gleicher Weise besteht die Möglichkeit, dass viele Tierformen von derselben Gruppenseele beseelt und belebt werden können.

Nehmen wir an, dass ein bestimmtes Glas Wasser einen eigenen Farbton annimmt; wird das Wasser in den Eimer zurückgeschüttet, wird sich diese Farbsubstanz mit dem gesamten Wasser im Eimer vermischen und bis zu einem gewissen Ausmaß seine Färbung verändern.

Stellen wir uns vor, die Farbsubstanz stehe für die von einem bestimmten Tier gemachten Erfahrungen oder errungenen Eigenschaften, dann werden bei der Rückkehr des Seelenanteils, der dieses Tier belebte, in die Gruppenseele jene Erfahrungen oder Eigenschaften Teil der gesamten Seelensubstanz der Gruppenseele werden, an dem jeder andere Bereich gleichermaßen teilhat, wenn auch in geringerem Maße. Die in einem bestimmten Tier konzentrierten Erfahrungen verteilen sich also

ne Lehre der „morphogenetischen Felder“. (Anm. d. Vlg.)

in abgeschwächter Form über die gesamte Gruppenseele, mit der das Tier verbunden ist.

Das Gleiche spielt sich in der Gruppenseele des Mineral-, Pflanzen- und Tierreichs und im vorgeburtlichen Leben eines Menschen ab. Ebenso wie das Kind durch den Lebensstrom der Mutter genährt wird, nährt die Schutzhülle der Gruppenseele die in ihr ruhenden Leben, indem sie die gesammelten Erfahrungen empfängt und verteilt.

Das zirkulierende Leben ist das der Urform; die jungen Pflanzen oder Tiere sind für ein individuelles Leben noch nicht bereit, sondern für ihre Ernährung von dieser Urform abhängig. Das im Mineral, in der Pflanze oder im Tier aufkeimende Leben wird genährt von der Hülle, die aus Elementar- und monadischer Essenz besteht, durchdrungen vom Leben des Logos.

Die Entwicklung der Leben auf dieser frühen Stufe in der Gruppenseele hängt von drei Faktoren ab: (a) in erster Linie und hauptsächlich von dem bewahrenden Leben des Logos; (b) von der zusammenwirkenden Führung der Devas; (c) von ihrem eigenen, ziellosen Druck gegen die Begrenzungen der sie einschließenden Form.

Aufgrund dieser drei Wirkkräfte werden die Schwingungskräfte der Atome in der niederen Triade folgendermaßen geweckt:

Der in der Hülle der Gruppenseele wirkende Zweite Logos verleiht den physischen permanenten Atomen Energie. Diese sind durch das Wirken der Devas in verschiedene Umfelder, die das Mineralreich bietet, eingetaucht, wo jedes Atom an vielen Mineralteilchen befestigt wird. Die Erfahrungen – in Bezug auf Hitze, Kälte, Schläge, Druck, Erschütterung und so fort – die die Mineralsubstanzen durchlaufen, werden auf das anhaftende permanente Atom übertragen und entlocken dem in seinem Innern tief schlummernden Bewusstsein undeutliche Reaktionen von Sympathieschwingungen.

Wenn irgendein permanentes Atom eine gewisse Reaktionsfähigkeit erreicht hat oder wenn eine Mineralform, also Teilchen, an denen das permanente Atom haftet, auseinanderbricht, holt die Gruppenseele dieses Atom zu sich zurück.

Die von dem Atom gemachten Erfahrungen – die Schwingungen, die es zwangsläufig ausführen musste – verbleiben in ihm als Kräfte, die in einer bestimmten Weise in ihm schwingen. Das permanente Atom, das seine Verkörperung in der Mineralform verloren hat, bleibt in der Gruppenseele sozusagen nackt. In ihr fährt es fort, die Schwingungen, die es erlernt hat, zu wiederholen, indem es seine Lebenserfahrungen wiederholt. So erzeugt es Impulse, die durch die Hülle der Gruppenseele laufen und auf die anderen permanenten Atome in der Gruppenseele übertragen werden. Auf diese Weise beeinflusst und fördert jedes permanente Atom alle anderen.

Nun zeigt sich ein anderes bedeutendes Phänomen. Es leuchtet ein, dass diejenigen permanenten Atome, die ähnliche Erfahrungen gemacht haben, sich gegenseitig stärker beeinflussen als solche mit unterschiedlichen Erfahrungen. Demzufolge findet eine gewisse Absonderung in der Gruppenseele statt, und bald darauf wird in ihr eine hauchdünne Trennwand aus der Hülle wachsen und diese abgesonderten Gruppen voneinander trennen.

Wenden wir uns wieder unserem Vergleich mit dem Wassereimer zu und stellen uns ein kaum sichtbares Häutchen vor, das sich quer über den Eimer zieht. Zunächst sickert das Wasser bis zu einem gewissen Grad durch diese Schranke hindurch; dennoch wird das auf der einen Seite geschöpfte Wasser immer wieder auf dieser Seite des Eimers zurückgeschüttet, so dass sich das Wasser auf der einen Seite mit der Zeit von dem Wasser auf der anderen Seite immer stärker unterscheidet. Dann verdichtet sich die Schranke allmählich und wird undurchlässig, so dass es schließlich zwei unterschiedliche Wasserteile gibt.

In ähnlicher Weise spaltet sich die Gruppenseele nach einer Weile und bildet zwei Gruppenseelen. Dieser Vorgang wiederholt sich immer und immer wieder und bringt eine zunehmend große Vielzahl von Gruppenseelen mit entsprechend zahlreichen Bewusstseinsstufen hervor, obwohl ihnen immer noch bestimmte Grundeigenschaften gemeinsam sind.

Die Gesetze, denen zufolge permanente Atome in einer Gruppenseele in die Naturreiche eintauchen, liegen noch völlig im Dunkeln. Es gibt Hinweise, dass die Evolution des Mineral-, Pflanzen- und unteren Abschnitts des Tierreichs wohl eher zur Evolution der Erde gehören als zu derjenigen der Triaden, die die Monaden vertreten, die sich im Sonnensystem entwickeln und zur gegebenen Zeit zur Erde herabsteigen, um ihre Evolution unter Zuhilfenahme der Gegebenheiten, die sie bietet, voranzutreiben.

Gras und kleine Pflanzen aller Art scheinen zur Erde zu gehören, wie die Haare des Menschen zu seinem Körper, und nicht mit den Monaden und ihren Triaden verbunden zu sein. Das Leben im Gras etwa scheint das des Zweiten Logos zu sein, das die Formen als solche zusammenhält, während das Leben in den Atomen und Molekülen, aus denen sie zusammengesetzt sind, zum Leben des Dritten Logos gehört, das nicht nur durch den planetarischen Logos unseres Kettensystems, sondern auch durch eine gewisse Wesenheit, den so genannten *Erdgeist*, abgewandelt wird. Obwohl diese Naturreiche den Monaden und ihren Triaden einen Entwicklungsraum bieten, scheint dies keineswegs der einzige Zweck ihrer Existenz zu sein.

Überall im Pflanzen- und Mineralreich finden wir permanente Atome verstreut, begreifen aber noch nicht die Gründe für diese Verteilung. Ein permanentes Atom mag in einer Perle, einem Rubin oder Diamanten gefunden werden, andere dagegen sind in Goldadern verstreut. Dann wiederum gibt es große Mineralbereiche, in denen es überhaupt keine permanenten Atome zu geben scheint.

Gleiches gilt für kurzlebige Pflanzen. In lange beständigen Pflanzen, wie etwa den Bäumen, findet man immer permanente Atome. Aber auch hier scheint das Leben der Bäume der Entwicklung der Devas näher zu stehen als jener Entwicklung des Bewusstseins, dem das permanente Atom anhaftet.

Man könnte daher annehmen, das permanente Atom nutze die Lebens- und Bewusstseinsentwicklung des Baumes zu seinem eigenen Vorteil und verhalte sich eher wie ein Parasit, der aus dem höher entwickelten Leben, in dem er sich badet, Gewinn zieht. Wir dürfen an dieser Stelle jedoch nicht vergessen, dass wir diesbezüglich nur über ein bruchstückhaftes Wissen verfügen.

Nach diesem Einblick in die allgemeine Natur und Funktionsweise der Gruppenseelen wenden wir uns jetzt einer eingehenden Betrachtung des Mineral-, Pflanzen- und Tierreichs zu, beginnend mit der Gruppenseele des Minerals.

KAPITEL 10

Mineral-Gruppenseelen

Abbildung XIV stellt den Versuch dar, eine Mineral-Gruppenseele wiederzugeben. Die Wand oder Hülle der Gruppenseele besitzt drei Schichten: die äußere besteht aus physischer atomarer Substanz; die mittlere aus astral monadischer Essenz; die innere aus mentaler Elementaressenz, also aus Substanz der vierten mentalen Unterebene.

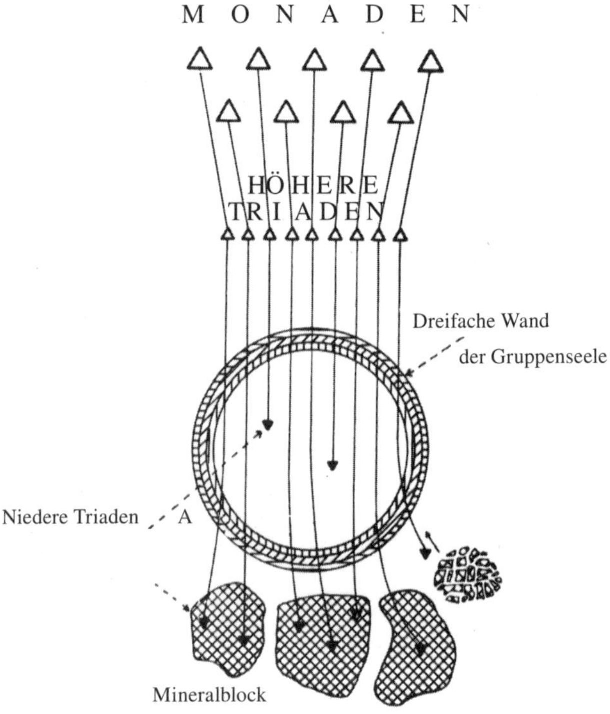

Abbildung XIV – Eine Mineral-Gruppenseele

Eine Mineral-Gruppenseele kann als eine Anhäufung von Triaden bezeichnet werden, eingeschlossen in einer dreifachen Hülle, die aus mentaler Elementaressenz, astral monadischer Essenz und physischer atomarer Substanz besteht.

Innerhalb der Gruppenseele sieht man einige niedere Triaden, verbunden mit ihren entsprechenden höheren Triaden, die wiederum mit den sie überschattenden Monaden verknüpft sind. Diese Dreiheiten innerhalb der Gruppenseele sind im Moment nicht in irgendeine Mineralsubstanz eingetaucht.

Unterhalb der Gruppenseele befinden sich einige unregelmäßig geformte Gebilde, die Mineralsubstanzgruppen oder Blöcke darstellen sollen. In manchen dieser Blöcke sieht man einige niedere Triaden. Die von ihnen nach oben verlaufenden Linien weisen darauf hin, dass sie zu ihrer Stammgruppenseele, die über ihnen schwebt, gehören.

Ganz rechts außen auf der Zeichnung sieht man einen in Stücke zerbrochenen Mineralblock. Die zuvor in ihn eingetauchte niedere Triade befindet sich auf dem Rückzug in ihre Stammgruppenseele.

Die Mineral-Gruppenseele befindet sich in ihrer dichtesten, der physischen Hülle, sie wirkt daher hauptsächlich auf der physischen Ebene.

Jede niedere Triade muss das Mineralreich durchwandern, den Ort, an dem die Materie ihre gröbste Form und die große Lebenswoge die Grenze ihres Abstiegs erreicht, kehrt macht und beginnt, wieder aufwärts zu klettern.

Das physische Bewusstsein wird als erstes geweckt. Auf der physischen Ebene muss das Leben sich endgültig der Außenwelt zuwenden und Kontakt mit ihr aufnehmen. Das Bewusstsein lernt, von außen kommende Einwirkungen wahrzunehmen, sie der Außenwelt zuzuschreiben und die daraus sich ergebenden Veränderungen in sich zu erkennen. Das Bewusstsein wird erst auf der physischen Ebene zum Selbst-Bewusstsein.

Durch anhaltende Erfahrungen fühlt das Bewusstsein die

Freude oder den Schmerz, den die Einwirkungen mit sich bringen, identifiziert sich selbst mit dieser Freude oder diesem Schmerz und beginnt, das, was seine äußere Oberfläche berührt, als *nicht es selbst* zu betrachten. So entsteht die erste grobe Unterscheidung zwischen dem „Nicht-Ich" und dem „Ich".

Mit zunehmender Erfahrung wird sich das „Ich" im Laufe seiner gesamten zukünftigen Entwicklung immer mehr nach innen zurückziehen, indem ein Materieschleier nach dem anderen als zu dem „Nicht-Ich" gehörig nach außen verwiesen wird. Doch während sich seine Begriffsinhalte fortwährend verändern, bleibt die grundlegende Unterscheidung zwischen Subjekt und Objekt bestehen. „Ich" ist das Bewusstsein, das will, denkt, fühlt und handelt. „Nicht-Ich" ist das, *was* das Bewusstsein will, denkt, fühlt oder tut.

Das Bewusstsein erwacht auf der irdischen Ebene und bringt sich durch die physischen permanenten Atome zum Ausdruck. Es schlummert in diesem Atom: „Es schlummert im Mineral", wie es heißt. Dort muss sich ein gewisses Erwachen vollziehen, damit es sich aus diesem traumlosen Schlaf erhebt und aktiv genug wird, um zur nächsten Stufe voranzuschreiten – zur Ebene des Pflanzenreichs, in dem es ihm zu „träumen" beschieden ist.

Die Reaktionen des Bewusstseins auf äußere Reize im Mineralreich sind weit stärker als man allgemein erkennen mag. Einige dieser Reaktionen weisen darauf hin, dass sogar im permanenten Astralatom Bewusstsein dämmert. Chemische Elemente ziehen sich eindeutig gegenseitig an, und chemische Verbindungen werden laufend auseinandergebrochen, sobald ein anderes Element eindringt. Zwei Elemente, die ein Silbersalz bilden, werden sich in Gegenwart von Salzsäure sofort voneinander trennen, indem sich das Silber mit dem Chlorid der Säure verbindet und der Wasserstoff mit dem abgestoßenen Element, das zuvor mit dem Silber vereint war, eine neue Bindung eingeht.

Bei einem solch aktiven Austausch wird als Folge der starken physischen Schwingungen, die durch die Bildung oder das

Auseinanderreißen enger Bande entstehen, das Astralatom in leichte Erregung versetzt.

Auf diese Weise erhebt sich das Astralbewusstsein langsam aus dem physischen, und die leichten Regungen ziehen eine kleine Wolke von Astralsubstanz um das permanente Astralatom. Diese Astralmaterie ist jedoch sehr locker und erscheint recht wirr.

Auf dieser Stufe scheint es in der Mentaleinheit überhaupt keine Schwingung zu geben.

Bisher wurde noch keine ausführliche Liste der Minerale, Pflanzen oder Tiere der sieben Strahlen oder Typen erstellt. Die folgende Aufstellung von Edelsteinen und Mineralen soll den Beginn einer Klassifikation bilden, die zweifellos eines Tages vorgenommen werden wird.

Strahl	**Edelstein an der Spitze des Strahls**	**Andere Edelsteine auf demselben Strahl**
1	Diamant	Bergkristall
2	Saphir	Lapislazuli, Türkis, Sodalith
3	Smaragd	Aquamarin, Jade, Malachit
4	Jaspis	Chalcedon, Achat, Serpentin
5	Topas	Citrin, Steatit
6	Rubin Rhodonit	Turmalin, Granat, Karneol, Karfunkel, Thulit
7	Amethyst	Porphyr

KAPITEL 11

Pflanzen-Gruppenseelen

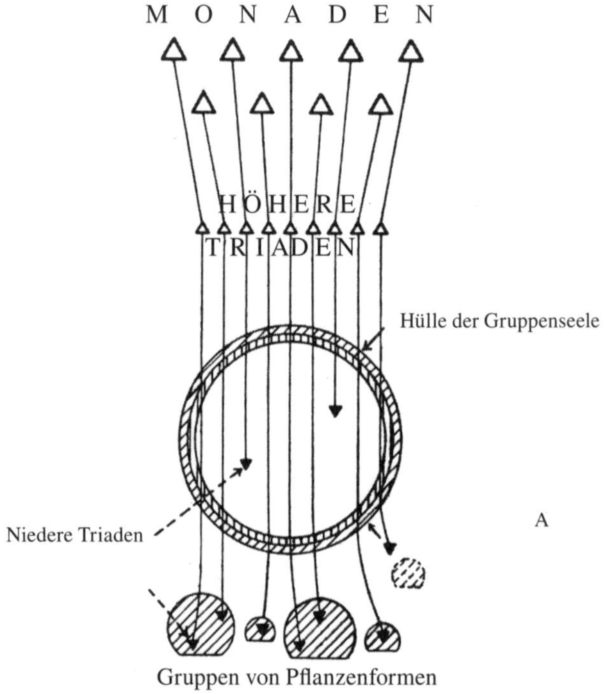

Abbildung XV – Eine Pflanzen-Gruppenseele

Die Hülle der Gruppenseele besitzt jetzt nur zwei Schichten; die äußere besteht aus monadischer Astralessenz, also aus astraler atomarer Substanz, und die innere aus mentaler Elementaressenz, aus der Substanz der vierten Mentalunterebene. Die physische Schicht, wie wir sie in der Hülle der Mineral-Gruppenseele vorfinden, ist verschwunden, aufgesogen von den Inhalten der Gruppenseele zur Stärkung der eigenen Ätherkörper.

Innerhalb der Gruppenseele sieht man einige niedere Triaden, die mit ihren jeweiligen höheren Triaden und diese wiederum mit der sie überschattenden Monade verbunden sind. Die in der Gruppenseele liegenden niederen Triaden sind im Moment nicht unmittelbar mit irgendeinem Pflanzenleben verquickt.

Unterhalb der Gruppenseele befinden sich eine Anzahl von Formen, die Gruppen von Pflanzen oder Pflanzenleben darstellen sollen. In manchen von ihnen findet man einige niedere Triaden. Die zwischen ihnen und der Gruppenseele verlaufenden Linien weisen darauf hin, dass sie zu der Stammgruppenseele gehören, die über ihnen schwebt.

Das A am äußeren rechten Rand bezeichnet einen zerstörten Organismus, in diesem Fall eine Pflanze. Die darin eingebettete niedere Triade wird bei der Zerstörung der Form freigegeben und von der Gruppenseele wieder in sich aufgenommen, was der Pfeil andeuten soll.

Die Aktivität der Gruppenseele wird nun von der physischen auf die Astralebene übertragen. Ihre Aufgabe besteht darin, die Astralkörper der Lebensformen, die sie enthält, zu nähren.

Genau wie im Falle der Mineral-Gruppenseelen kann man nicht davon ausgehen, dass jeder Grashalm, jede Pflanze, jeder Baum ein permanentes Atom in sich trägt, das sich im Lebensverlauf unseres Systems zur Menschheit hin entwickelt. Es trifft eher zu, dass das Pflanzenreich, das um seiner selbst willen und zu anderen Zwecken existiert, auch das Evolutionsfeld für diese permanenten Atome zur Verfügung stellt, indem die Devas diese permanenten Atome von einer Pflanze zur nächsten führen, damit sie die Schwingungen erfahren, die auf die Pflanzenwelt einwirken und auch diese als Schwingungskräfte in sich beherbergen, wie sie es getan haben, als sie im Mineralreich lagen.

Der Vorgang des Schwingungsaustauschs und der daraus resultierenden Absonderung läuft wie zuvor ab. Aus diesem Grunde teilen und unterteilen sich die Gruppenseelen unaufhörlich und werden nicht nur immer zahlreicher, sondern unterscheiden sich zunehmend stärker in ihren Hauptmerkmalen voneinander.

Während des im Pflanzenreich zugebrachten Zeitraums lässt sich mehr Aktivität erkennen als während der Periode im Mineralreich. Dies hat zur Folge, dass sich das permanente Astralatom mit Astralsubstanz umgibt, die von den Devas klarer angeordnet wird. In dem langen Leben eines Waldbaums entwickelt sich die zunehmende Anhäufung in alle Richtungen als die Astralform des Baumes. Diese Astralform erfährt Schwingungen, die massives Behagen oder Unbehagen verursachen, die im physischen Baum durch Sonnenschein und Sturm, Wind und Regen, Hitze und Kälte und so fort entstehen. Diese Erfahrungen werden bis zu einem gewissen Grad auf das in dem Baum eingebettete permanente Atom übertragen. Sobald die Form des Baumes stirbt, zieht sich das permanente Atom in die Gruppenseele zurück und lässt die anderen Triaden in der Gruppenseele an seinem Erfahrungsschatz teilhaben.

Da das Bewusstsein im Astralen reaktionsfähiger wird, sendet es kleine Reize auf die physische Ebene hinunter, die Gefühle entstehen lassen, die im Physischen empfunden werden, obwohl sie in Wirklichkeit aus dem Astralen stammen.

Nach einem langen Einzelleben, wie dem eines Baumes, wird die Mentaleinheit ein wenig erwachen und sich mit einer kleinen Wolke von Mentalsubstanz umgeben. Langsam wird sich die Wiederkehr der Jahreszeiten als verschwommene Erinnerung einprägen, die zur undeutlichen Erwartung wird.

In der Regel scheint jede niedere Triade während ihrer späteren Entwicklung in der Pflanzenwelt eine längere Erfahrungsperiode als Einzelform zu durchlaufen, um einige Mentalreize zu erleben, um die niedere Triade darauf vorzubereiten, zu gegebener Zeit aus dem Leben eines umherziehenden Tieres Nutzen zu ziehen. Dabei handelt es sich aber nicht um eine allgemeingültige Regel. In einigen Fällen scheint sich der Übergang in das Tierreich auf einer früheren Stufe zu vollziehen, so dass der erste Reiz in der Mentaleinheit in einigen der gleichbleibenden Lebensformen und sehr niederen Tierorganismen auftritt. Ähnliche Bedingungen wie im Mineral- und Pflanzenreich scheinen auch in den niedrigsten Tierarten vorzuherrschen. Mit anderen Worten, die Naturreiche scheinen sich bis zu einem gewissen Grad zu überlappen.

KAPITEL 12

Tier-Gruppenseelen

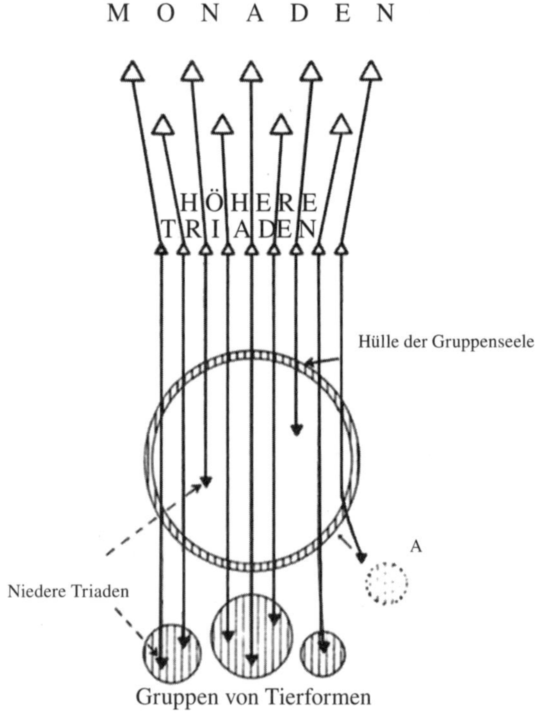

Abbildung XVI – Eine Tier-Gruppenseele

Die Hülle der Gruppenseele besitzt jetzt nur noch eine einzige Schicht; sie besteht aus der Elementaressenz der vierten mentalen Unterebene. Die Astralschicht der Pflanzen-Gruppenseele ist absorbiert worden, um die nebelhaften Astralkörper der Triaden innerhalb der Gruppenseele zu stärken.

Die Aktivität der Gruppenseele wurde auf eine höhere, die niedere mentale Ebene verlagert und nährt die unvollständigen

Mentalkörper der in ihr enthaltenen Triaden, indem sie diese allmählich klarer umreißt.

Die in der Abbildung XVI gezeigten Linien entsprechen genau denjenigen in den Abbildungen XIV und XV. Der Buchstabe A bezeichnet eine zerstörte Tierform. Die niedere Triade wird ihr folglich entzogen und kehrt in die Gruppenseele zurück, was der Pfeil andeuten soll.

Auch in diesem Fall sind es die Devas, die die Triaden in die Tierformen führen. Ebenso wie im Mineral- und Pflanzenreich weisen die niederen Formen tierischen Lebens, wie Mikroben, Amöben, Hydra und dergleichen, nur hin und wieder ein permanentes Atom als Besucher auf und hängen offensichtlich im Hinblick auf ihr eigenes Leben und Wachstum keineswegs von ihm ab, noch brechen sie auseinander, wenn das permanente Atom zurückgezogen wird. Bei diesen Tierformen handelt es sich wohl nur um Gastgeber, die von Zeit zu Zeit ein vorüberziehendes permanentes Atom als Gast empfangen; es sind aber keine Körper, die sich um ein permanentes Atom herum gebildet haben.

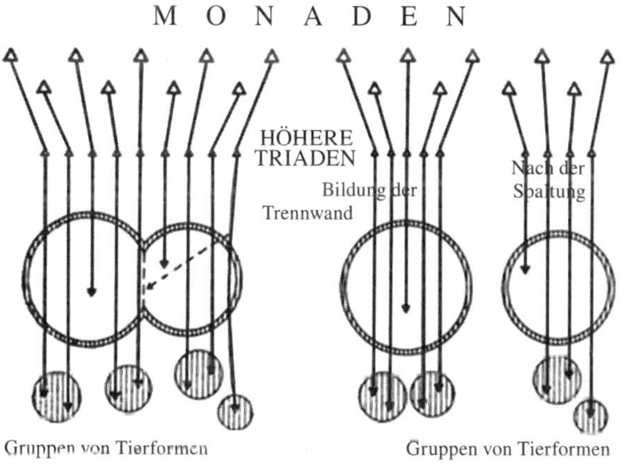

Abbildung XVII – Spaltung einer Tier-Gruppenseele

Bevor die Devas auf einer sehr viel späteren Stufe Formen um diese permanenten Atome bilden, müssen die Atome im Tierreich zahlreiche Erfahrungen gemacht und gesammelt haben.

Auf dieser Stufe entspricht das goldene Lebensgewebe nicht dem Körperaufbau des *Wirtstieres*. Das Lebensgewebe scheint eher kleinen Wurzeln zu gleichen, die sich in den Boden senken, Teilchen von Erdreich an sich binden und ihnen die Nahrung entziehen, die sie für den Organismus benötigen, dem sie dienen.

Es erübrigt sich zu erwähnen, dass die permanenten Atome im Tierreich eine größere Vielfalt an Schwingungen aufnehmen als in den niederen Reichen, was dazu führt, dass sie sich rascher differenzieren. Mit fortschreitender Differenzierung vervielfältigen sich die Gruppenseelen mit zunehmender Schnelligkeit, wobei sich die Anzahl der niederen Triaden in den jeweiligen Gruppenseelen fortlaufend verringert.

Abbildung XVII stellt die Spaltung einer Tier-Gruppenseele dar. Mineral- und Pflanzen-Gruppenseelen entwickeln sich ebenfalls durch einen ähnlich ablaufenden Spaltungsprozess.

Die fortwährende Teilung der Gruppenseele führt schließlich dazu, dass jede niedere Triade ihre eigene abtrennende Hülle besitzt. Sie wird immer noch von Elementaressenz eingeschlossen, die sie behütet und nährt. Sie nähert sich der „Individualisation", und der Begriff Gruppenseele trifft genau genommen nicht länger auf sie zu, denn eine einzige niedere Triade ist eindeutig keine „Gruppe". Es handelt sich um eine einzelne niedere Triade, die sich von der „Gruppe", zu der sie ursprünglich gehörte, abgesondert hat.

Abbildung XVIII zeigt die nun erreichte Stufe: In der Gruppenseelenhülle liegt nur eine niedere Triade; aber es hängen immer noch mehrere Tierformen an der Gruppenseele. Die nächste Stufe ist erreicht, wenn nur eine Tierform an der Gruppenseele hängt. Eine große Anzahl von Haustieren befindet sich auf dieser Stufe; sie sind tatsächlich eigenständige Wesen

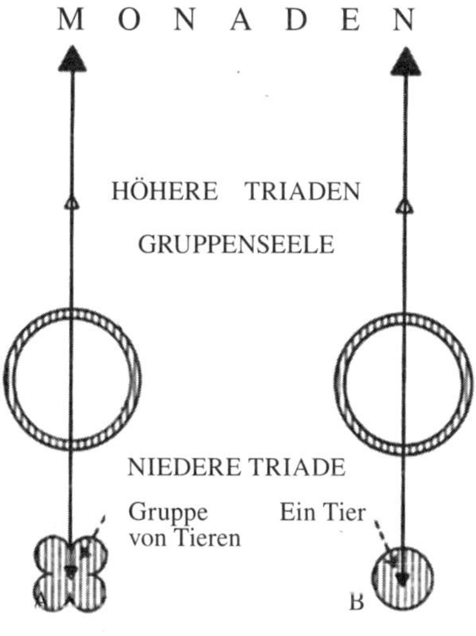

Abbildung XVIII- Tier-Gruppenseele, die nur eine niedere Dreiheit enthält:
An einer Gruppe von Tieren haftend
An einem einzigen Tier haftend

geworden, die sich in einer Aufeinanderfolge von Tierkörpern inkarnieren, obwohl sie bis dahin noch keinen Kausalkörper, das wahre Merkmal eines Individuums, besitzen.

Bevor wir uns dem hoch interessanten Individualisationsprozess zuwenden, soll an dieser Stelle ein Vergleich zwischen einem kurz vor seiner Individualisation stehenden Tier und dem vorgeburtlichen Leben des Menschen angeführt werden. Das auf dieser Stufe stehende Tier entspricht den letzten beiden Monaten des menschlichen Fötus.

Ein Kind, das nach sieben Monaten zur Welt kommt, mag überleben, doch es wird kräftiger, gesünder und lebhafter sein, wenn das Leben der Mutter es noch zwei weitere Monate schützt und nährt. Auch für die normale Entwicklung des Egos erweist es sich als vorteilhafter, wenn es die Umhüllung der Gruppenseele nicht allzu früh durchbricht, sondern in ihr verweilt, Leben aufnimmt und seinen zarten Mentalkörper stärkt. Sobald dieser Mentalkörper in dem abgeschirmten Umfeld an die Grenzen möglichen Wachstums stößt, ist der Zeitpunkt für eine Individualisation gekommen.

Aufgrund dieser Kenntnis haben einige Esoteriker Tierliebhaber oft vor übertriebener Zuneigung gewarnt. Es kann geschehen, dass das Wachstum eines Tieres – wie dies auch bei Kindern der Fall sein mag – in ungesunder Weise erzwungen und seine Individualisation zeitlich beschleunigt wird. Es ist offensichtlich weit besser für das Tier, wenn es sich bis zum Augenblick seiner Individualisation ganz natürlich entwickeln darf, anstatt es künstlich zu zwingen, bevor es reif ist, ein Individuum zu werden, das als Mensch in der Welt lebt.

Zur Zeit haben wir ein wenig mehr als die Hälfte jener Evolutionsstufe hinter uns, an deren Ende erst das Tierreich die Menschheit erreichen soll. Demnach muss jedes Tier, das zum gegebenen Zeitpunkt die Individualisation erreicht hat oder auch nur anstrebt, im Vergleich zu anderen Tieren bemerkenswert fortgeschritten sein; die Anzahl solcher Fälle ist recht gering. Doch es gibt sie gelegentlich. Die enge Verbindung mit dem Menschen ist dafür unerlässlich.

Zwei Faktoren spielen eine Rolle: (1) Die Gefühle und Gedanken des Menschen wirken unaufhörlich auf die des Tieres ein und tragen dazu bei, es emotional und intellektuell auf eine höhere Ebene zu erheben; (2) Wird das Tier freundlich behandelt, entwickelt es eine ergebene Zuneigung zu seinem menschlichen Freund und entfaltet seine intellektuellen Kräfte, indem es versucht, diesen Freund zu verstehen und seine Wünsche zu erahnen.

Man hat festgestellt, dass eine Individualisation, die ein Wesen eindeutig vom Tierreich in den menschlichen Bereich hebt, nur bei bestimmten Tierarten eintreten kann – einer Art für jeden der sieben Haupttypen oder „Strahlen". Allerdings geschieht dies nur unter gezähmten Tieren, doch selbst dort nicht bei allen

Arten. Zu ihnen zählen der Elefant, der Affe, der Hund und die Katze. Das Pferd mag möglicherweise die fünfte Art sein.

Eine lange, noch nicht vollständig erforschte Reihe wilder Tiere führt an die Spitze der jeweiligen Art. Man weiß jedoch, dass Wölfe, Füchse, Schakale und derartige Geschöpfe im Hund ihren Höhepunkt finden; Löwe, Tiger, Leopard, Jaguar und Ozelot gipfeln in der Hauskatze.

Das Tier eines bestimmten Typus, das sich zu einem Menschen individualisiert, wird ein Mensch dieses und keines anderen Typus werden.

Sowohl Bienen als auch Ameisen (die die Herren der Flamme zusammen mit dem Weizen von der Venus brachten) leben in einer Weise, die sich von den rein irdischen Geschöpfen dahingehend unterscheidet, dass eine Gruppenseele das gesamte Ameisen- oder Bienenvolk belebt, so dass es aufgrund eines einzigen Willens handelt und seine verschiedenen Einheiten Glieder eines einzigen Körpers bilden, so wie Hände und Füße zur Menschengestalt gehören. Sie besitzen demnach nicht nur eine Gruppenseele, sondern auch einen Gruppenkörper.

M. Maeterlinck bestätigt dies, wenn er schreibt:

„Das Bienenvolk, der Ameisenhügel und der Termitenbau scheinen ein einziges Individuum zu bilden, ein einziges Lebewesen, dessen aus unzähligen Zellen zusammengesetzten Organe sich nur nach Außen hin zerstreuen, aber immer derselben Energie oder lebendigen Persönlichkeit, demselben Hauptgesetz unterworfen sind. Aufgrund der kollektiven Unsterblichkeit wird das Zentralwesen durch den Tod von Hunderten von Termiten, denen sofort andere nachfolgen, weder berührt noch beeinträchtigt. Dasselbe Insekt lebt seit Millionen von Jahren – und nicht eine einzige seiner Erfahrungen ist verloren gegangen. Es hat weder eine Unterbrechung in seiner Existenz noch ein Verschwinden seiner Erinnerungen gegeben; ein individuelles Gedächtnis ist geblieben, das niemals aufgehört hat zu arbeiten oder jede Errungenschaft der Kollektivseele zu zentralisieren. Sie baden in demselben Kraftstrom wie unsere eigenen Zellen; aber in ihrem Falle scheint das Fluid sehr viel diffuser, elastischer, feiner und psychischer oder ätherischer zu sein als das in unserem Körper. Und diese Zentraleinheit ist zweifellos verknüpft mit der universellen Seele der Biene und wahrscheinlich sogar mit *der* universellen Seele."[2]

Hinsichtlich der Anzahl einzelner, an eine Gruppenseele gebundener Geschöpfe gibt es wohl Billiarden von Fliegen und Moskitos; Hunderttausende von Hasen oder Sperlingen; einige Tausend von Tieren wie Löwen, Tiger, Leoparden, Rotwild, Wölfe oder Wildschweine. Unter Haustieren wie Schafen oder Ochsen ist die Anzahl geringer.

Von den sieben Tieren, deren Individualisierung möglich ist, sind gewöhnlich nur ein paar Hundert mit jeder Gruppenseele verbunden, und mit fortschreitender Entwicklung brechen sie rasch fort. Während etwa eintausend streunende Hunde mit einer Gruppenseele verbunden sind, gibt es im Falle der sehr intelligenten Haushunde oder Katzen wohl kaum mehr als zehn oder zwölf Körper, über die eine Gruppenseele schwebt.

Tier-Gruppenseelen stehen stark unter den fördernden Einwirkungen der „Herren der Weisheit", die diese fortwährend aussenden und bis zu einem gewissen Ausmaß alles im weiteren Umkreis beeinflussen.

2 Aus *The Life of the White Ant*, von Maurice Maeterlinck, S. 199-200

KAPITEL 13

Individualisation – Mechanismen und Sinn

Wir haben nun eine Stufe erreicht, auf der eine sehr wesentliche Veränderung in dem sich entwickelnden Leben stattfindet, nämlich die Individualisation des Tieres, die Bildung des Kausalkörpers, der Eintritt ins Menschenreich.

Um dieses Phänomen in seiner ganzen Tragweite zu verstehen und seine Bedeutung zu erkennen, wollen wir uns die bereits durchlaufenen Stufen nochmals vor Augen führen. Die Monaden, die ihr Sein im Ersten Logos haben, treten hervor und verweilen auf der *Anupâdaka*-Ebene. Mit Hilfe der Devas hat sich jede Monade drei permanente Atome angeeignet, die sie als *Jîvâtmân* auf den Ebenen *Âtmâ*, *Buddhi* und *Manas* ausdrückt, die die höhere Triade bilden. Neben dieser hat sich auch eine niedere Triade mit ihr verbunden, die aus einer Mentaleinheit sowie einem astralen und einem physischen permanenten Atom besteht.

Abgeschirmt und genährt von der Gruppenseele, ist die niedere Triade nacheinander in die früheren Lebensreiche eingetaucht. Durch wiederholte, aufgrund unterschiedlicher Erfahrungen hervorgerufene Unterteilungen besitzt nun jede niedere Triade eine eigene Hülle oder Ummantelung, die aus der ursprünglichen Gruppenseele stammt. Nach aufeinanderfolgenden Erfahrungen in einer Reihe von einzelnen Tierformen ist die niedere Triade schließlich genügend erwacht, um einen weiteren Schritt innerhalb des Evolutionsschemas vollziehen zu können, der ihr einen weiteren Aspekt göttlichen Lebens hinzufügt.

Ebenso wie der menschliche Fötus so lange im Mutterleib genährt wird, bis das Kind kräftig genug ist, um in der äußeren Welt sein eigenes, unabhängiges Leben zu führen, wird die Triade von der Gruppenseele, dem Medium, mittels dessen der Zweite Logos seine kleinen Kinder beschützt und erhält, abgeschirmt und genährt, bis die Triade stark genug ist, als selbstständige Lebenseinheit der Außenwelt übergeben zu werden und ihre eigene, unabhängige Entwicklung zu verfolgen.

Das vorgeburtliche Leben des *Jîvâtmân* (der höheren Triade von *Âtmâ-Buddhi-Manas*), welches das Leben der Monade einschließt, ist nun abgeschlossen und der Zeitpunkt der Geburt in die niedere Welt gekommen. Der mütterliche Lebensaspekt des Zweiten Logos hat die Körper, in denen er als Einzelwesen in der Welt der Formen leben kann, geformt. Diese Kraft ergreift nun unmittelbaren Besitz von diesen Körpern und nimmt ihre menschliche Entwicklung auf.

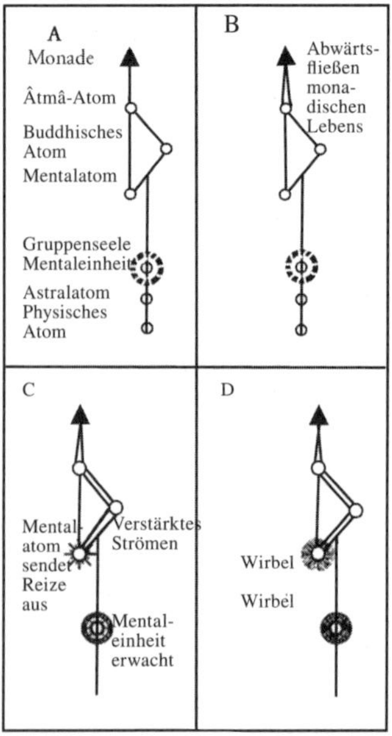

Abbildung XIX – Individualisation

Bis zu diesem Punkt erfolgten alle Kommunikationen der Monade mit den niederen Ebenen durch *Sûtrâtmân* oder das *Faden-Selbst*, auf dem die permanenten Atome aufgereiht sind.

Nun aber wird die Kommunikation vertieft. Das *Sûtrâtmân* erweitert sich (Abb. XIX, B), der Strahl aus der Monade leuchtet stärker und nimmt eher die Gestalt eines Trichters an: „Der Faden zwischen dem stillen Beobachter und seinem Schatten wird kräftiger und leuchtender." (*Geheimlehre*)

Das monadische Leben strömt abwärts, und der Strom zwischen den buddhischen und manasischen permanenten Atomen verstärkt sich (Abb. XIX, C).

Das manasische permanente Atom erwacht und rieselt in alle Richtungen. Andere manasische Atome und Moleküle umringen es (Abb. XIX, D), und auf den drei oberen Unterebenen der Mentalebene entsteht ein Wirbel. Eine ähnliche Wirbelbewegung entsteht in der wolkigen Masse, welche die in der Gruppenseele eingehüllte Mentaleinheit umgibt.

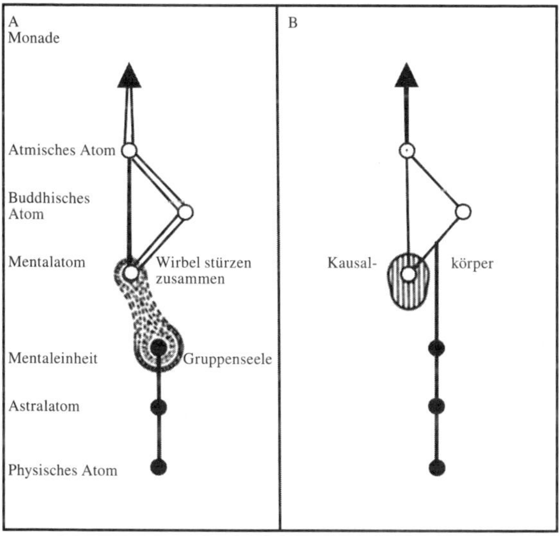

Abbildung XX – Bildung des Kausalkörpers

Die Umhüllung der Gruppenseele wird entzwei gerissen und rasch vom Wirbel erfasst (Abb. XX, A). Sie zerfällt, verwandelt sich in die Materie der dritten mentalen Unterebene und wird mit abflauendem Wirbel in eine zarte, dünne Hülle, den Kausalkörper, geformt (Abb. XX, B).

Im Osten wird dieser Vorgang gerne mit einer Fontäne verglichen. Über dem Meer, auf dem sich unaufhörlich Wellen bilden und bewegen, schwebt eine große Wolke. Ein nach unten weisender, kegelförmiger Dunstwirbel reckt sich hervor. Im Meer darunter bildet sich sofort ein Strudel, bei dem die Wasseroberfläche nicht, wie gewöhnlich, eingedrückt ist, sondern sich als wirbelnder Kegel darüber erhebt.

Beide Kegel nähern sich immer mehr, bis die Anziehungskraft so stark geworden ist, dass der Zwischenraum überbrückt wird und plötzlich eine riesige Säule aus Wasser und Dunst an einer Stelle entsteht, an der zuvor nichts gewesen ist.

Wie die vorübergehenden Meerwellen, stoßen Tier-Gruppenseelen ununterbrochen Teile ihrer selbst in die Inkarnation. Wenn der Prozess der Differenzierung schließlich seinen möglichen Höhepunkt erreicht hat, erhebt sich eine dieser Wellen so hoch, dass die über ihr schwebende Wolke sich mit ihr zu vereinigen vermag. Sie wird in eine neue Existenz emporgezogen, die weder in der Wolke noch im Meer liegt, sondern zwischen beiden und an der Natur beider teilhat. Sie hat sich von der Gruppenseele getrennt, zu der sie bisher gehörte, fällt aber nicht mehr ins Meer zurück. Mit anderen Worten, das in der niederen mentalen Materie wirkende Tierleben wird empor gewirbelt, um dem herabströmenden Leben der Monade, das sich durch die höhere mentale oder kausale Materie ausdrückt, zu begegnen.

Die Monade wartet sozusagen auf ihrer eigenen hohen Ebene, während die niederen Körper um die an ihr haftenden Atome geformt werden, und brütet über ihnen im Laufe der langen, langsamen Entwicklungsepochen. Sobald sie ausreichend entwickelt sind, schießt sie hinunter und ergreift Besitz von ihnen, um sie für ihre eigene Entwicklung zu nutzen. Trifft sie auf den nach oben strebenden Seelenstoff, vereinigt sie sich mit ihm, befruchtet ihn und bildet am Verbindungspunkt den Kausalkörper, den Träger des Individuums.

Das abwärts strömende Leben, das zur Bildung des Kausalkörpers führt, wird als *dritte Lebenswoge* oder *dritte Ausgießung* bezeichnet und entspringt dem Ersten Logos, dem ewigen, all-liebenden Vater, aus dem auch die Monaden selbst ursprünglich kamen.

Das Wirken der drei Ausgießungen bei der Hervorbringung eines individuellen Menschen wird in den bekannten Abbildungen aus *Der Sichtbare und der Unsichtbare Mensch* (Abb. I-III) und *Die Chakras* (Abb. III) graphisch dargestellt. Angesichts der weiteren Angaben in *Die Chakras* und *Die Meister und der Pfad* haben wir es gewagt, diese Darstellung geringfügig abzuwandeln (Abbildung XXI).

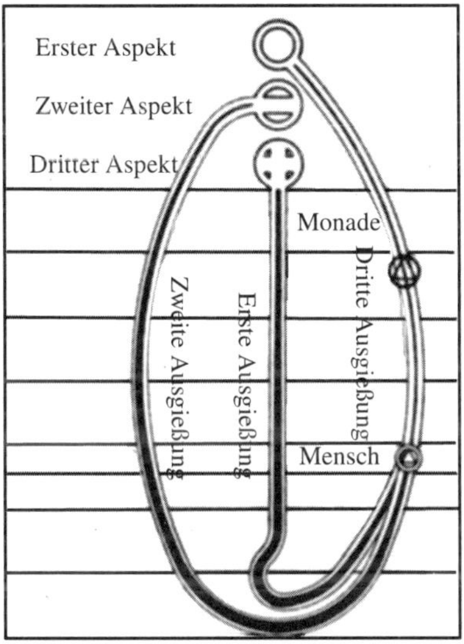

Abbildung XXI – Die drei Ausgießungen

Die erste Lebenswoge oder Ausgießung des Dritten Logos (oder Aspekts) taucht direkt in die Materie ein. Die in der Zeichnung bei ihrem Abstieg breiter und dunkler werdende Linie soll andeuten, wie der Heilige Geist die Materie der verschiedenen Ebenen belebt, indem er zunächst die Atome bildet und diese dann zu Elementen vereinigt (Kap. V).

In diese belebte Materie steigt die zweite Lebenswoge oder Ausgießung vom Zweiten Logos (oder Aspekt), dem Gottessohn, durch das erste, zweite und dritte Elementarreich in das Mineralreich hinab; dann steigt sie durch das Pflanzen- und Tier- zum Menschenreich empor, wo sie der nach unten strömenden Kraft des Ersten Logos – der dritten Ausgießung vom Ersten Logos (oder Aspekt) – begegnet.

Unterdessen erhebt sich erneut die Kraft des Dritten Logos, die erste Ausgießung vom dritten Aspekt, nachdem sie ihren niedrigsten Punkt berührt hat. Auf diesem Weg der Rückkehr oder des Aufstiegs ist sie die Kundalini und wirkt in den Körpern sich entwickelnder Geschöpfe eng zusammen mit der Primär- oder Lebenskraft, um das Geschöpf an den Punkt zu bringen, an dem es die Ausgießung des Ersten Logos empfangen und ein Ego, ein Menschenwesen werden kann, das selbst dann seine Körper beibehält. Wir ziehen also die Allmacht Gottes sowohl von der Erde als auch vom Himmel an und sind somit Kinder der Erde und Kinder der Sonne. Diese beiden Kräfte begegnen sich in uns und wirken zusammen für unsere Entwicklung. Wir können nicht eine ohne die andere haben; dominiert aber eine sehr stark, besteht ernste Gefahr. Eine Entfaltung der tieferen Schichten der Kundalini, bevor das Leben des Menschen geläutert und vergeistigt wurde, bedeutet ein Wagnis.

Obwohl alle drei Ausgießungen das Leben Gottes selbst sind, besteht ein wesentlicher Unterschied zwischen der ersten und zweiten Ausgießung einerseits und der dritten Ausgießung andererseits. Die erste und zweite Ausgießung fließen langsam und stufenweise durch alle Unterebenen herab, indem sie sich mit der Materie jeder einzelnen umgeben und sich so stark in ihr verstricken, dass sie sich kaum als göttliches Leben erkennen lassen.

Die dritte Ausgießung schießt aus ihrer Quelle geradewegs hinunter, *ohne* sich in irgendeiner Weise mit der dazwischen liegenden Materie zu verbinden. Sie ist das reine, weiße Licht, unberührt von dem, durch das sie strömte.

Obwohl in der ursprünglich veröffentlichten Zeichnung die dritte Ausgießung *direkt* aus dem Logos hervorgehend dargestellt wurde, wurde sie (wie in Kap. IV dargelegt) lange zuvor von Ihm ausgesandt und schwebt auf einer Zwischenebene, der zweiten oder *Anupâdaka*-Ebene, auf der wir sie als Monade kennen. Aus diesem Grunde haben wir es gewagt, die ursprüngliche Abbildung dahingehend zu verändern und die die Monade darstellende, kosmische Trinität an ihrem angemessenen Platz im Strom der dritten Ausgießung einzufügen.

Der „monadische Zufluss", demzufolge die Monade sich vom Tier- zum Menschenreich entwickelte, dauerte bis zur Mitte der atlantischen Epoche, so dass der Menschheit fortlaufend neue Individuen hinzugefügt wurden. Dieser Punkt repräsentiert die Mitte des Evolutionsplans in unserer planetarischen Kette, und sobald er überschritten ist, erlangen einzelne Tiere die Individualisation. Ein solches Tier ist seinen Gefährten in der Entwicklung so weit vorangeschritten wie ein Adept dem Durchschnittsmenschen. Beide stehen in der Mitte der Evolution bereits an einem Punkt, der eigentlich erst am Ende von ihnen erwartet wird. Diejenigen, die im normalen Zeitablauf, also am Ende der siebten Runde, dieses Ziel erreichen, werden dieses so langsam verfolgen, dass es kaum oder gar keine Mühe bedeutet.

In der *Geheimlehre* heißt es dazu, dass nach dem „zentralen Wendepunkt" des Evolutionszyklus „keine weiteren Monaden mehr in das Menschenreich eintreten können. Für diesen Zyklus ist das Tor geschlossen."

Die dritte Ausgießung unterscheidet sich von den beiden anderen außerdem dahingehend, dass sie jeden Einzelnen berührt, und zwar nur dann, wenn er bereit ist, sie zu empfangen, während die erste und zweite Ausgießung Tausende oder Millionen gleichzeitig beeinflusst.

Die dritte Ausgießung ist bereits bis in die buddhische Welt herabgestiegen, schreitet aber nicht eher weiter, als bis die

Tierseele den Sprung nach oben macht. Dann vereinigen sich die beiden und formen das Ego als dauerhafte Individualität.

Die Dauerhaftigkeit menschlicher Individualität ist nur relativ zu sehen, denn auf einer sehr viel späteren Entwicklungsstufe transzendiert sie der Mensch und kehrt zur göttlichen Einheit zurück, aus der er kam. In einem späteren Kapitel werden wir näher darauf eingehen.

Zusammenfassend erkennen wir, dass der Logos durch Seine drei Aspekte nacheinander drei mächtige Wogen Seines Lebens aussendet: Die erste gestaltet und beseelt die Materie; die zweite verleiht Eigenschaften und bildet die Formen; die dritte trägt die menschliche Monade hinab, um sie mit den von der zweiten Woge vorbereiteten Formen zu vereinen.

Man sollte beachten, dass vor der Individualisation das Fragment der Gruppenseele die Rolle der beseelenden Kraft übernommen hat. Nach der Individualisation wird das, was die Gruppenseele gewesen ist, in den Kausalkörper umgewandelt und somit zum Träger, den der Gottesfunke, der aus der höheren Welt in ihn herabstieg, beseelt.

Das, was bislang das beseelende Leben gewesen ist, wird seinerseits das beseelte, denn es nimmt Form an, in der Mythologie des antiken Griechenland versinnbildlicht durch den *Krater* oder *Kelch* und im Mittelalter durch die Erzählung vom *Heiligen Gral*. Der Gral oder der Kelch stellt die Vervollkommnung der gesamten niederen Entwicklung dar. In ihn wird der Wein göttlichen Lebens gegossen, damit die Seele des Menschen geboren werde. Die ehemalige Seele des Tieres wird zum Kausalkörper des Menschen, in dem das Ego oder die Menschenseele wohnt. Alles, was im Laufe ihrer Entwicklung erlernt wurde, wird so auf dieses neue Lebenszentrum übertragen.

Nach der Bildung des Kausalkörpers besitzt die höhere oder geistige Triade einen dauerhaften Träger für die weitere Entwicklung. Sobald das Bewusstsein zur gegebenen Zeit fähig wird, frei in diesem Körper zu wirken, vermag die höhere Triade die

Entwicklung der niederen Träger sehr viel wirkungsvoller als vorher zu beaufsichtigen und zu lenken.

Die früheren Bemühungen sind ebenso wenig intelligent wie die ersten Bewegungen eines Kindes; obwohl es eine damit verbundene Intelligenz gibt. Die Monade wurde jetzt buchstäblich auf der physischen Ebene geboren, verhält sich dort aber wie ein Säugling – eine wahre Individualität, doch ein kindliches Ego. Es wird eine ungeheuer lange Zeitperiode verstreichen, ehe ihre Macht über den physischen Körper diesem Stadium entwachsen sein wird.

Die Seele oder das Ego individualisiert den universellen Geist, konzentriert das universelle Licht auf einen einzigen Punkt; sie bildet sozusagen ein Gefäß für den einfließenden Geist, so dass etwas, das in seinem Kern universell ist, als *getrennt* erscheint, wenn es in dieses Gefäß gegossen wird – in seinem Wesen identisch, doch unterschieden in seiner Manifestation. Der Zweck der Absonderung besteht darin, dass sich ein Individuum entwickeln und wachsen kann; ein individualisiertes Leben auf jeder Ebene des Universums stark ist und es auf der physischen und anderen Ebenen ebenso zu erkennen vermag wie auf den geistigen Ebenen; dass es keine Bewusstseinsunterbrechung mehr gibt und es sich die Träger formt, die es benötigt, um sich jenseits seiner eigenen Ebene bewusst zu werden und sie dann einen nach dem anderen läutert, bis sie nicht mehr als Markise oder Hindernis wirken, sondern als reine, lichtdurchlässige Medien, die das gesamte Wissen jeder Ebene freigeben.

Der Individualisationsprozess sollte nicht nur als die Bildung einer Form oder eines Gefäßes verstanden werden, in das man anschließend etwas hinein schüttet, das dann sofort den Umriss und die Gestalt des Gefäßes annimmt. Der Vorgang gleicht eher der Bildung eines Sonnensystems aus einem Nebelfleck. Aus dem urzeitlichen Weltraum tritt zunächst ein feiner Dunstschleier hervor, so zart, dass man ihn kaum als Dunst bezeichnen kann.

Dieser verdichtet sich allmählich, indem sich seine Partikel zusammenballen. Schließlich entstehen Formen in diesem Dunst, die mit der Zeit immer deutlicher werden, bis sich ein System mit einer zentralen, von Planeten umgebenen Sonne bildet.

Ebenso verhält es sich mit dem sich individualisierenden Geist. Er gleicht einem schwachen Schatten, der in der Leere des Universums erscheint. Der Schatten wird zum Dunst, der sich klarer und deutlicher gestaltet, bis schließlich ein Individuum entsteht. Die in den Ozean der Materie eintauchende Seele oder das Individuum ist am Anfang noch nichts Vollständiges; sie verdichtet und gestaltet sich vielmehr, bis sie aus dem Universellen heraus zum Individuum wird, das im Laufe seiner Entwicklung ständig wächst.

Die dritte Ausgießung bewirkt also in jedem Menschen diesen charakteristischen „aufwärts strebenden Menschen-Geist", im Gegensatz zum „Geist des Tieres, der abwärts gerichtet ist", denn die Tierseele fließt nach dem Tod des Körpers in die Gruppenseele, zu der sie gehört, zurück, während der göttliche Geist im Menschen nicht wieder zurückfallen kann, sondern unaufhörlich vorwärts und aufwärts strebt, der Göttlichkeit, aus der er einst kam, entgegen.

Wie bereits erwähnt, scheint das durch die dritte Lebenswoge repräsentierte göttliche Leben selbst unfähig zu sein, tiefer als die buddhische Ebene hinunterzusteigen, wo sie, einer mächtigen Wolke gleich, auf eine Gelegenheit zur Vereinigung mit dem nach oben steigenden Leben der zweiten Ausgießung wartet.

Obwohl diese Wolke eine ständige Anziehung auf die unter ihr liegende Essenz auszuüben scheint, muss die Bemühung zur Vereinigung von unten ausgehen. Im nächsten Kapitel werden wir uns mit der Natur dieser Anstrengungen befassen.

Mit dem Zusammentreffen der dritten mit der ersten und zweiten Ausgießung beginnt die intellektuelle Entwicklung, das Bemühen des Egos, um von seinem physischen Tempel Besitz zu ergreifen und den Geist, der über ihm schwebte und auf seine

Formgebung und Gestaltung subtilen Einfluss nahm, mit sich zu verbinden.

Bei H. P. Blavatsky heißt es: „Es gibt in der Natur einen dreifachen Evolutionsplan für die Bildung der drei periodischen *Upâdhis* (Gefäße), oder eher drei getrennte Evolutionspläne, die an jedem Punkt in unserem System unauflösbar miteinander verwoben und verquickt sind… I. Der monadische, der sich, wie der Name schon sagt, mit dem Wachstum und der Entwicklung in noch höhere Aktivitätsphasen der Monaden befasst, in Verbindung mit: II. Dem intellektuellen, verkörpert durch die *Mânasa-Dhyânis* (die solaren Devas oder *Agnishvâtta Pitris*), die „dem Menschen Intelligenz und Bewusstseins geben"; und III. Der physische, vertreten durch die *Chhâyas* der lunaren *Pitris*, um die die Natur den gegenwärtigen physischen Körper zusammengeballt hat…Die Vereinigung dieser drei Ströme im Menschen machen ihn zu dem vielgestaltigen Wesen, das er jetzt ist." (*Geheimlehre*)

In der Esoterik hat man den „Menschen" als das Wesen im Universum definiert, gleichgültig in welchem Teil des Universums er sich befindet, in dem höchster Geist und niedrigste Materie durch *Intelligenz* miteinander verbunden sind und so im Grunde einen manifestierten Gott ausmachen, der hinausgehen wird, um durch die vor ihm liegende, grenzenlose Zukunft zu siegen.

Der Mensch selbst, das sich reinkarnierende Ego, sollte als der *Denker* betrachtet werden, weniger als *Geist*, denn der Begriff Denker beinhaltet ein individuelles Wesen, wohingegen man unter Geist eher etwas unbestimmbar Allgemeingültiges versteht.

Grob betrachtet, umfassen die Phasen der Involution und Evolution sieben Stufen. Während drei steigt der Geist herab. Beim Abstieg brütet er über der Materie und verleiht ihr Qualitäten, Kräfte und Eigenschaften. Die vierte Stufe steht alleine, denn auf ihr gerät die nun mit verschiedenen Kräften und Eigenarten ausgestattete Materie in vielfache Beziehungen zu dem unterrichtenden Geist, der jetzt in sie eintritt. Hier findet der große Kampf des Universums statt, der Konflikt zwischen Geist und Materie, der *Kampf von Kurukshetra* (B. Gita), den riesigen gegnerischen Heeren. In diesem Bereich liegt der Gleichgewichtspunkt. Der Geist, der sich mit der Materie an unzähligen Punkten verbindet, ist zunächst überwältigt. Dann halten sich beide Seiten die Waage, und allmählich beginnt der Geist über die Materie zu triumphieren, bis er nach Durchschreiten der vierten Stufe die Materie beherrscht und bereit ist, die restlichen drei Stufen zu erklimmen.

Auf diesen organisiert der Geist die von ihm bezwungene und beseelte Materie, nutzt sie zu seinen eigenen Zwecken, formt sie, um sich selbst zum Ausdruck zu bringen, so dass die Materie zum Mittel wird, durch das alle Kräfte des Geistes sich manifestieren und tätig werden. Die drei letzten Stufen gelten dem geistigen Aufstieg.

I, II, III.	Abstieg	Eigenschaften zuteilen	Materialisation	Involution
IV. von	Wendepunkt:	Beziehungen Gleichgewicht	Konflikt aufbauen	Übergang der Involution zur Evolution
V, VI, VII.	Aufstieg	Aufbau des Organismus	Vergeistigung	Evolution

Das diesem Beispiel zugrunde liegende Prinzip taucht in den Naturvorgängen immer wieder auf, zum Beispiel im Reinkarnationszyklus des Menschen. Der Schüler sollte dieses Prinzip klar erkennen, um viele andere Bereiche der „Uralten Weisheit“ verstehen zu können.

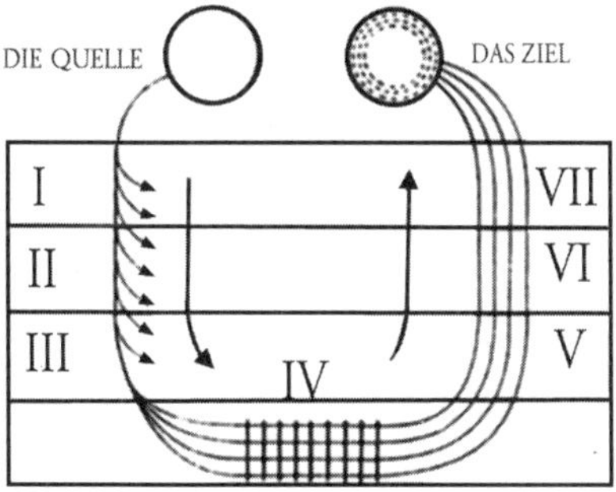

Abbildung XXII – Die sieben Stufen der Involution und Evolution

Die sieben Stufen der Involution und Evolution
Während der Stufen I, II und III steigt der Geist abwärts und versieht die Materie mit Eigenschaften (dargestellt durch die seitwärts herausragenden Pfeile).
Auf der IV. Stufe stehen Geist und Materie im Konflikt, dargestellt durch die beiden in entgegengesetzte Richtung verlaufenden Pfeile sowie die Querstriche, die den Kampfplatz des Lebens darstellen sollen.
Während der Stufen V, VI und VII steigt der Geist aufwärts und gewinnt dabei allmählich die Herrschaft über die Materie.
Die Abbildung versucht ebenfalls die Aufspaltung der Bahn des Geistes wiederzugeben, die aus der Einheit hervorgehende Vielfalt sowie die Rückkehr des Geistes auf die Ebene seines Ursprungs, bereichert durch seine Erfahrungen mit der und seine Herrschaft über die Materie.

In Indien nennt man die gesamte Abwärtsbewegung *pravritti mârga* oder den nach außen gerichteten Pfad. Sobald der tiefste Punkt erreicht worden ist, betritt der Mensch den *nivritti mârga* oder den Pfad der Rückkehr. Er kehrt von seiner Tagearbeit der Ernte zurück, beladen mit seinen Garben in Form des vollkommen erwachten Bewusstseins, das ihn befähigt, weit nützlicher zu sein, als es vor seinem Abstieg in die Materie möglich gewesen wäre.

Im Laufe der Evolution des Menschen muss die intellektuelle Entwicklung die geistige zeitweise überschatten. Der geistige Aspekt muss vor dem intellektuellen Ansturm weichen, sich eine Weile in den Hintergrund zurückziehen und den Intellekt die Zügel ergreifen und auf die nächsten Evolutionsstufen führen lassen.

Still und leise wird die Monade beginnen, die Intelligenz zu entfalten, indem sie indirekt durch den Denker wirkt, ihn mittels ihrer Energien anregt und ihn von innen heraus durch ihren unaufhörlichen Einfluss entwickelt, während die Intelligenz mit den niederen Körpern ringt, um zunächst besiegt und versklavt zu werden, sie schließlich aber zu beherrschen und zu lenken.

So wird der Geist zeitweise verdunkelt, reift schweigend heran, während der *Krieger Intellekt* den Kampf ficht. Schließlich wird der Zeitpunkt kommen, an dem der Intellekt seine Beute dem Geist zu Füßen legt, und der göttlich werdende Mensch wird auf „Erden“, also auf den niederen Ebenen, als ihr Meister und nicht länger als ihr Sklave herrschen.

Der Intellekt wirkt als das eigentlich trennende Prinzip im Menschen, das das „Ich“ vom „Nicht-Ich“ abgrenzt, das sich seiner selbst bewusst ist und alles andere als außerhalb von ihm selbst und fremd erachtet. Es ist das kampfbereite, sich abmühende, überhebliche Prinzip, und von der Ebene des Intellekts abwärts bietet die Welt ein Bild der Auseinandersetzung, unerbittlich, wenn der Intellekt sich einmischt. Selbst die Wunschnatur zeigt sich kämpferisch, sobald das Verlangen sie aufwühlt, und betrachtet alles als zwischen ihr und dem Gegenstand ihres Verlangens stehend. Sie wird zunehmend aggressiv, da der Verstand sie anfeuert, und trachtet nun danach, die Erfüllung künftiger Wünsche zu gewährleisten, indem sie versucht, sich immer mehr von den Vorräten der Natur anzueignen. Die Kampfbereitschaft des Intellekts, sich gegenüber anderen durchzusetzen, beruht jedoch auf seinem Wesen. In ihm liegt die Wurzel des Trennenden, die niemals versiegende Quelle der Uneinigkeit unter den Menschen.

Sobald die buddhische Ebene erreicht ist, spürt man die Einheit. Darüber werden wir in einem späteren Kapitel sprechen.

Der Schüler sollte nicht denken, dass der Mensch *nur* das ist, was als Verstand oder Intellekt im Kausalkörper tätig ist. Wie wir gesehen haben, ist der Mensch in seinem Kern ein Funke des göttlichen Feuers, die Monade, und diese Monade manifestiert ihre drei Aspekte in der Welt des *Âtmân* als Geist, auf buddhischer Ebene als Intuition und in der Welt von *Manas* als Intellekt. *Diese drei Aspekte bilden gemeinsam das Ego*, das den Kausalkörper bewohnt, der aus dem Fragment der Gruppenseele geformt wurde. Obwohl die Monade ihren Sitz in der monadischen Welt hat, zeigt sich der Mensch, wie wir ihn kennen, als ein Ego in der höheren Mentalwelt, das seine drei Aspekte manifestiert, die wir als Geist, Intuition und Intelligenz bezeichnen.

Das Ego ist der Mensch während seiner menschlichen Evolutionsstufe, was der üblichen, etwas unwissenschaftlichen Vorstellung von der Seele am nächsten kommt. Es lebt unverändert (abgesehen von seinem Wachstum) vom Augenblick der Individualisation an, bis die Menschheit transzendiert und in die Göttlichkeit eingegangen ist. Es wird in keiner Weise von dem, was wir als Geburt und Tod bezeichnen, berührt, denn was wir gewöhnlich als sein Leben betrachten, umfasst nur einen Tag seines wirklichen Lebens. Die niederen Körper, die geboren werden und sterben, sind bloß Gewänder, mit denen es sich während eines bestimmten Abschnitts seiner Evolution bekleidet.

Der Mensch *ist* eine unsterbliche Individualität, die eine sterbliche Persönlichkeit *besitzt*.

Die gesamte Existenz des Menschen weist drei eindeutige Veränderungen auf, die alles andere an Wichtigkeit und Bedeutung übersteigen. (1) Die erste vollzieht sich, wenn er sich individualisiert und in das Menschenreich eintritt, hervorgegangen aus dem Tierreich, und seine Laufbahn als Ego beginnt. (2) Die zweite erfolgt, wenn er die erste der großen Initiationen durchschreitet. (3) Die dritte ist der Aufstieg zum Adepten. Punkt (2) und (3) werden wir an späterer Stelle betrachten; im Augenblick befassen wir uns nur mit Punkt (1) – dem Erreichen der Individualisation.

Diese Individualität zu erreichen, ist das Ziel der Tier-Evolution, und ihre Entwicklung dient einem bestimmten Zweck, der darin besteht, ein starkes, individuelles Zentrum zu bilden, durch das schließlich die Kraft des Logos ausgegossen werden kann.

Zu Beginn gleicht ein solches Zentrum einem Baby-Ego, schwach und unsicher. Damit es erstarkt und deutlich hervortritt, muss es mit *Selbstsucht* umzäunt werden – der starken Selbstsucht des Wilden. Es ist notwendig, während vieler Leben eine starke Mauer dieser Selbstsucht aufrechtzuerhalten, damit das innerhalb liegende Zentrum zunehmend wachsen und deutlich werden kann.

Aus diesem Grunde sollte man die Selbstsucht als eine Art Gerüst für die Errichtung des Gebäudes betrachten, das zerstört werden muss, sobald das Gebäude vollendet ist, damit dieses dem Zweck dienen kann, für den es errichtet wurde. Würde man das unschöne Gerüst nicht entfernen, wäre das Gebäude unbewohnbar, doch ohne das Gerüst gäbe es überhaupt kein Gebäude.

Das Zentrum soll dazu dienen, die Kraft des Logos in die Welt hinaus strahlen zu lassen, was unmöglich wäre, bliebe die Selbstsucht bestehen; fehlte sie jedoch in den frühen Stadien, könnte niemals ein starkes Zentrum aufgebaut werden.

Wir sehen also, dass selbst die unliebsamste aller Eigenschaften *zum richtigen Zeitpunkt* ihren Platz im Evolutionsplan hat. Für viele Menschen jedoch ist ihre Arbeit getan, und sie sollten sich von der Selbstsucht vollkommen befreien. Es ist sinnlos und töricht, sich über selbstsüchtige Menschen zu ärgern, denn ihre Verhaltensweise weist darauf hin, dass eine im Wilden notwendige Eigenschaft immer noch vorhanden ist. Klüger wäre es, sie als 'Anachronisten' zu betrachten – Überlebende aus prähistorischer Unzivilisiertheit – rückständige Menschen.

Abbildung XXIII fasst die vier letzten Kapitel zusammen und zeigt in etwa die Evolutionsstufen, die wir als die Mineral-Gruppenseele, die Pflanzen-Gruppenseele, die Tier-Gruppenseele, das zur Individualisation bereite Tier und den Menschen in seinem Kausalkörper kennen.

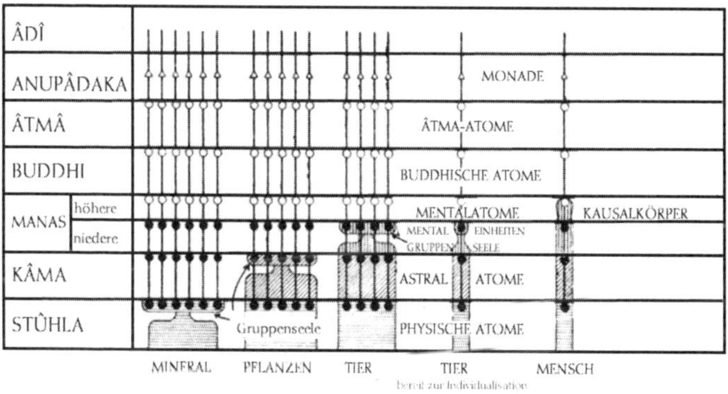

Abbildung XXIII – Vom Mineral zum Menschen

KAPITEL 14

Methoden und Abstufungen der Individualisation

Wie bereits erwähnt, muss die Bemühung um die Individualisation von unten ausgehen, nämlich vom Tier. Dies kann in einer der drei charakteristischen Weisen geschehen und auf das gesamte zukünftige Leben des betreffenden Wesens Einfluss nehmen.

Bei der Bildung eines Egos müssen alle drei Aspekte der höheren Triade, *Âtmâ-Buddhi-Manas*, aufgeboten werden, obwohl die erste Verbindung durch irgendeinen der drei erfolgen kann, und zwar:

(1) Zwischen dem niederem und dem höherem Verstand

(2) Zwischen dem Astralkörper und *Buddhi*

(3) Zwischen dem physischen Körper und *Âtmâ*

Im ersten Fall wird sich das Tier durch den Intellekt, im zweiten durch das Gefühl und im dritten durch den Willen individualisieren.

I. *Individualisation durch den Intellekt.* – Lebt ein Tier in Gesellschaft eines Menschen, der nicht vorwiegend emotional veranlagt ist, sondern dessen Hauptaktivitäten mentaler Natur sind, wird die Individualisation des Tieres wahrscheinlich durch den Verstand erfolgen, da die enge Beziehung seinen Mentalkörper anregt.

II. *Individualisation durch das Gefühl.* – Zeigt sich sein Halter gefühlsbetont, erfüllt mit starker Zuneigung, besteht die Wahrscheinlichkeit, dass das Tier sich hauptsächlich durch seinen Astralkörper entwickeln und der endgültige Bruch mit der Gruppenseele aufgrund einer plötzlichen Gefühlsaufwallung eintreten wird, die den buddhischen Aspekt seiner Monade erreicht und auf diese Weise die Bildung des Egos hervorruft.

III. *Individualisation durch den Willen.* – Lebt das Tier bei einem Menschen von großer Geistigkeit oder sehr starkem Willen und entwickelt eine starke Zuneigung und Bewunderung für ihn, wird vor allem der Wille in ihm angeregt werden. Dieser wird sich im physischen Körper durch eine starke Aktivität und eine unbeugsame Entschlossenheit zum Ausdruck bringen, alles zu erreichen, was das Tier anstrebt, besonders im Dienste seines Herrn.

Der Charakter und der Typ des Herrn übt demnach einen wesentlichen Einfluss auf das Schicksal des Tieres aus. Die Hauptarbeit erfolgt ohne unmittelbaren Willenseinsatz beiderseits, sondern nur durch das unaufhörliche und unvermeidbare Handeln, das sich aus der Nähe der beiden Wesen ergibt. Die Astral- und Mentalschwingungen des Menschen sind weitaus stärker und komplexer als die des Tieres und üben daher auf letzteres einen ununterbrochenen Druck aus.

Man sollte nicht dem Irrtum erliegen, anzunehmen, die „Entfernung“ zwischen *Âtmâ* und dem physischen Körper sei größer als die zwischen dem niederen und dem höheren Verstand oder zwischen dem astralen und dem buddhischen Prinzip. Es handelt sich keineswegs um eine Frage der räumlichen Entfernung, sondern eher der Übertragung einer Sympathieschwingung der Widerspiegelung des Originals. Aus dieser Sicht betrachtet, leuchtet es ein, dass jede Reflexion, ungeachtet der „Entfernung“ zu ihrem Original, irgendwie in unmittelbarer Verbindung zu ihm stehen, also enger mit ihm verbunden sein muss als mit irgendeinem anderen Objekt, das sich außerhalb dieser geraden Linie befindet, gleichgültig wieviel näher es ihm sein mag.

Das Verlangen des Tieres, in seiner Evolution aufzusteigen, bewirkt einen ständigen Druck nach oben, und der Punkt, an dem dieser Druck die Beschränkungen schließlich durchbricht und die nötige Verknüpfung zwischen der Monade und der Persönlichkeit herstellt, bestimmt gewisse Merkmale des neuen Egos, das auf diese Weise entsteht.

Bei einer Individualisation, die aufgrund von Zuneigung oder durch den Willen erfolgt, wird das Verbindungsglied gewöhnlich augenblicklich gebildet; beruht sie jedoch auf dem Intellekt, entsteht es allmählich, was sich auch auf den zukünftigen Evolutionsverlauf des Wesens auswirkt.

Aus der riesigen Menge, die sich an einem bestimmten Punkt der Mond-Kette individualisierten, inkarnierten sich diejenigen, die ihre Individualisation durch die intellektuelle Entwicklung erreicht hatten, vor etwa einer Million Jahren auf der Erde; seither haben sie sich im Durchschnitt alle 1200 Jahre erneut inkarniert.

Diejenigen, deren Individualisation durch ein plötzliches Auffwallen von Zuneigung oder Willen erfolgte, begannen ihre irdische Inkarnationsreihe vor etwa 600 000 Jahren; zwischen den einzelnen Leben lagen etwa 700 Jahre. Trotzdem befinden sich beide Gruppen zurzeit auf demselben Stand.

Es scheint, dass diejenigen, die sich durch Zuneigung individualisierten, ein wenig *mehr* Kraft entwickeln können als jene, deren Individualisation durch den Intellekt geschah. Diese beiden Klassen unterscheiden sich dahingehend voneinander, dass sie eine verschiedene *Art* von Kraft hervorbringen. Der kürzere Zeitraum zwischen den einzelnen Leben beruht auf der Tatsache, dass diese Gruppe ihre Glückseligkeit in einer weitaus konzentrierteren Form gewinnt und somit den gleichen Kraftaufwand in sehr viel kürzerer Zeit einsetzt.

Die Periode irdischen Daseins scheint für die einzelnen Wesen dieser beiden Gruppen tatsächlich so angeordnet worden zu sein, dass sie, nachdem sie ungefähr dieselbe Anzahl von Inkarnationen durchlaufen haben, denselben Punkt erreichen und miteinander arbeiten können. Die Notwendigkeit, dass sich Menschengruppen inkarnieren, nicht nur um gegenseitige karmische Beziehungen auszuarbeiten, sondern auch, um zu lernen, miteinander auf ein großes Ziel hinzuarbeiten, ist offensichtlich ein wesentlicher Faktor, um das Maß des Kraftaufwands zu bestimmen.

Außer den Unterschieden in der *Methode* der Individualisation gibt es diese auch in ihrem *Grad*, was von der Stufe abhängt, auf der sie stattfindet. Es macht einen gewaltigen Unterschied, auf welcher Entwicklungsstufe des Tieres sie eintritt. Würde sich ein sehr vernachlässigter Hund individualisieren – was vermutlich möglich ist – könnte es wohl nur ein sehr niederer Individualisationstyp sein. Wahrscheinlich handelte es sich um kaum mehr als ein abgetrenntes Fragment der Gruppenseele mit einer darüber schwebenden Monade, vielleicht verbunden mit ein oder zwei Fäden geistiger Materie.

Ein solcher Fall entspräche den „lunaren Tiermenschen“ – jenen Egos, die sich auf der frühest möglichen Stufe des Tierreichs individualisierten. Sie begannen ihr menschliches Leben ohne etwas, das man als Kausalkörper bezeichnen könnte, doch mit der über einer Persönlichkeit schwebenden Monade, nur durch gewisse Fäden nirvânischer Materie mit ihr verbunden. Sie waren es, die in der ersten Runde der Erdperiode die von den *Herren des Mondes* gebildeten Formen erfüllten und so die Pionierarbeit für alle Reiche leisteten.

Ein wirklich intelligenter und anhänglicher Hund oder eine vergleichbare Katze hingegen, deren Eigentümer gut für das Tier sorgen und sich mit ihm anfreunden, werden mit Sicherheit bei ihrer Individualisation einen Kausalkörper erhalten, der zumindest demjenigen der ersten Ordnung der Mondmenschen entspricht.

Verschiedene Zwischentypen von Haustieren würden den „Korbgeflecht“- Kausalkörper schaffen, wie die zweite Ordnung der Mondmenschen ihn erlangte. Die zuletzt genannte Klasse von Egos hatte noch keinen vollständigen Kausalkörper entwickelt, wohl aber eine Art Skelett eines solchen Trägers – eine Anzahl ineinander verflochtene Kraftströme, die die Umrisse der werdenden Eiform andeuteten. Aus diesem Grunde besaßen sie eine eher seltsame Gestalt, fast als seien sie in einer Art *Korbgeflecht* aus höherer Mentalsubstanz eingeschlossen.

Entscheidend für diese unterschiedlichen Kausalkörper ist die Stufe, auf der die Individualisation stattfindet. Falls das Tier, sagen wir ein Hund, lange Zeit in Kontakt mit einem Menschen gestanden hat und zu einer kleinen Gruppe von Zehn oder Zwanzig gehört, wird bei der Individualisation ein vollständiger Kausalkörper gebildet. Bei etwa Hundert in einer Gruppe – der Schäferhund-Stufe – wird ein Korbgeflecht-Kausalkörper geformt. Bei mehreren Hundert auf einer unentwickelten Stufe entsteht aufgrund der Verbindungsfäden nur die Andeutung eines Kausalkörpers.

Die tatsächliche Arbeit, eine bestimmte Entwicklungsstufe zu erreichen, beläuft sich immer auf dieselbe Menge, doch in manchen Fällen wird in einem Reich mehr und in einem anderen weniger getan. Die einzelnen Naturreiche überlappen sich zum großen Teil, so dass ein Tier, das den im Tierreich möglichen Höhepunkt an Intelligenz und Zuneigung erreicht hat, die absolut primitiven Stadien der Menschheit überspringen und sich von Anfang seiner menschlichen Laufbahn an als erstklassige Individualität zeigen wird. Verlässt es andererseits das Tierreich auf einer niedrigen Stufe, wird es entsprechend tiefer auf der Skala der Menschheit beginnen müssen.

Auf diesem Umstand beruht die Bemerkung eines Meisters, der auf die Grausamkeit und den Aberglauben eines großen Teils der Menschen verwies: „Sie haben sich zu früh individualisiert; sie sind der Menschengestalt noch nicht würdig."

Die drei Methoden der Individualisation – durch den Intellekt, die Zuneigung oder den Willen – sind die normalen Wege. Gelegentlich wird die Individualisation jedoch auch in anderer Weise erreicht, und wir sprechen von abnormalen oder unregelmäßigen Wegen.

Zu Beginn der siebten Runde der Mondkette, stand beispielsweise eine bestimmte Gruppe von Wesen am Punkt ihrer Individualisation, bedingt durch ihre Beziehung zu einigen der vollkommenen Bewohner, die wir die *Mondherren* nennen.

Doch ihre Entwicklung nahm eine unglückliche Wendung, und ihr intellektueller Fortschritt erfüllte sie mit solch großem Stolz, dass dieser zu ihrem Hauptcharakterzug wurde. Sie arbeiteten nicht so sehr für die Anerkennung und Zuneigung ihrer Halter, sondern um ihren Tiergefährten ihre Überlegenheit zu beweisen und deren Neid zu erregen.

Dieser Beweggrund trieb sie voran, was zur Individualisation führte, und deshalb wiesen die gebildeten Kausalkörper außer Orange nahezu keine Farbe auf. Es war ihnen offensichtlich erlaubt worden, sich zu individualisieren, denn hätten sie im Tierreich auf diese Weise weitergemacht, wären sie schlimmer anstatt besser geworden.

Die Zahl der so abgetrennten Wesen betrug etwa zwei Millionen. Sie individualisierten sich durch Stolz, und obwohl auf ihre Art schlau, besaßen sie kaum oder gar nichts von irgendeiner anderen Eigenschaft.

Die Mitglieder dieser orangefarbigen Scharen vom Planeten A aus der Mondkette weigerten sich, die Körper anzunehmen, die man ihnen in der Erdkette zur Verfügung stellte, während die goldfarbenen Egos vom Globus B und die rosafarbenen Egos vom Globus C die Bedingungen annahmen, sich in diese Träger begaben und ihr Schicksal erfüllten.[3]

Während ihrer ganzen Entwicklung verursachten die orangefarbigen Egos aufgrund ihrer Arroganz und Widerspenstigkeit für sich selbst und andere Schwierigkeiten. Man hat sie als aufrührerisch und aggressiv, separatistisch und egoistisch beschrieben, geneigt zu missfallen und auf Umsturz bedacht.

Einige der Schlauesten unter ihnen wurden in Atlantis die berüchtigten „Herren des Dunklen Anlitz" und später die Eroberer, die die Welt verwüsteten, ohne Rücksicht auf die Tausende, die im Zuge der Befriedigung ihres wahnsinnigen Ehrgeizes

---

3 Eine umfangreiche Erläuterung des theosophischen Evolutionskonzeptes der „Globen" und „Runden" findet sich in der „Studienausgabe" von H.P. Blavatskys „Geheimlehre".

erschlagen wurden oder verhungerten. Noch später fanden sich unter ihnen die skrupellosen Millionäre, die zu Recht als „Napoleone der Finanzwelt“ bezeichnet werden.

Eine andere ungewöhnliche Art der Individualisation ergibt sich aus der Furcht. Manche Tiere, die grausam von ihrem Herrn behandelt wurden, haben aufgrund ihrer Bemühungen, die Grausamkeit zu verstehen und ihr zu entgehen, Gerissenheit entwickelt, so dass sie von der Gruppenseele weggebrochen sind und ein Ego von sehr niederer Intellektualität hervorgebracht haben.

Eine Variante dieser Klasse stellt ein Ego dar, in dem die Grausamkeit anstelle von Furcht Hass erzeugt hat. Hierin liegt die Erklärung für die teuflisch grausamen und blutrünstigen Rohlinge, von denen man manchmal hört, für die Inquisitoren des Mittelalters und die Kinderschänder der heutigen Zeit.

Eine weitere Variante zeigt sich bei einem solchen Wesen, das durch ein unbändiges Verlangen nach Macht über andere, vergleichbar mit dem Leitbullen einer Herde, zur Individualisation gelangt ist. Ein in dieser Weise individualisiertes Ego ist großer Grausamkeit fähig und scheint Gefallen daran zu finden, denn andere zu foltern, bedeutet für dieses Ego wahrscheinlich den Ausdruck seiner Macht über sie.

Wesen, die sich im Rahmen der gängigen Wege – wie durch Zuneigung – auf verhältnismäßig niedriger Ebene individualisiert haben, bringen ebenso primitive, aber fröhliche und gutmütige Urvölker hervor, wie man sie teilweise auf einigen der Südseeinseln findet.

KAPITEL 15

Funktionen des Kausalkörpers

Die Ursachen, die sich in den niederen Körpern als Wirkungen manifestieren, ruhen im Kausalkörper, daher sein Name.

Die im Kausalkörper aufbewahrten Erfahrungen vergangener Leben *verursachen* die allgemeine Lebenseinstellung und die Handlungsweisen.

Im Sanskrit nennt man den Kausalkörper *Kârana Sharîra*, wobei *Kârana* Ursache bedeutet.

Kurz zusammengefasst, kann man von zwei Hauptfunktionen sprechen:

(1) Er wirkt als Träger des Egos: Der Kausalkörper ist der „Körper des *Manas*", der Form-Aspekt der Individualität, der wahre Mensch, der Denker.

(2) Er wirkt als Gefäß oder Speicher für die Essenz der Erfahrungen des Menschen im Laufe seiner verschiedenen Leben. Alles Dauerhafte ist in den Kausalkörper hineingewoben, und die Eigenschaften, die in die nächste Inkarnation mitgenommen werden, sind in ihrem Keim in ihm aufbewahrt. Die niedere Manifestation des Menschen, das heißt sein Ausdruck im Mental-, Astral- und physischen Körper, beruht letztendlich auf dem Wachstum und der Entwicklung des wahren Menschen, selbst desjenigen, „für den die Stunde niemals schlägt".

Wie wir im dreizehnten Kapitel gesehen haben, gibt es vor der Existenz des Kausalkörpers keinen *Menschen*, kein wahrhaft *menschliches* Wesen. Jedes individuelle Wesen muss notwendigerweise einen Kausalkörper besitzen, denn im Grunde genommen macht erst der Besitz eines Kausalkörpers die Individualität aus.

Die sich über Äonen erstreckende, gewaltige Arbeit vor

der Geburt des Kausalkörpers dient der Entwicklung und dem Aufbau der physischen, astralen und niederen mentalen Ebenen, bis diese zur angemessenen Wohnstatt für den göttlichen Geist geworden sind, um als *Mensch* in ihr weilen zu können.

Am Anfang gleicht der Kausalkörper oder Formaspekt des wahren Menschen einem zarten, kaum wahrnehmbaren Schleier aus feinster Materie, der anzeigt, wo das Individuum sein eigenes Leben beginnt. Die zarte, nahezu farblose Hülle bildet den Körper, der während der gesamten menschlichen Entwicklung bestehen bleibt. Auf ihr werden wie auf einem Faden – dem Faden-Selbst oder *Sûtrâtmân* – alle kommenden Inkarnationen aufgereiht werden.

Der Kausalkörper bildet das Gefäß für alles Dauerhafte, für das, was edel und harmonisch ist und im Einklang mit dem geistigen Gesetz steht. Jeder große und erhabene Gedanke, jedes reine und erhebende Gefühl wird empor getragen und seine Substanz in den Kausalkörper eingearbeitet. Dieser ist ein Verzeichnis – das *einzig wahre* Verzeichnis – seines Wachstums und der Entwicklungsstufe, die der Mensch erreicht hat. Man sollte seine einzelnen Körper als Gehäuse oder Träger betrachten, die es dem Selbst ermöglichen, in einer bestimmten Region des Universums tätig zu sein. Ebenso wie sich der Mensch zu Lande eines Wagens, zur See eines Schiffs und in der Luft eines Flugzeugs bedient, um von einem Ort zum anderen zu gelangen und doch überall er selbst bleibt, benutzt das Selbst, der wahre Mensch, seine verschiedenen Körper, jeden einzelnen seinem Zweck entsprechend, und bleibt dennoch allezeit es selbst, ungeachtet der Tatsache, in welchem Träger es gerade tätig ist. Alle diese Körper des Menschen sind vergänglich; sie dienen ihm als Instrumente oder Gehilfen. Sie verbrauchen sich und werden stets erneuert und seinen wechselnden Bedürfnissen und zunehmend wachsenden Kräften angepasst.

Da der Geist eine Doppelfunktion ausübt, benötigt der Mensch zwei Geistkörper. Der Mentalkörper dient dem konkreten Geist, der sich mit konkreten Gedanken befasst; und in ähnlicher Weise bildet der Kausalkörper das Organ für das abstrakte Denken.

Der im Kausalkörper angesiedelte Denker verfügt über all die Kräfte, die wir als *Geist* bezeichnen, nämlich Erinnerungsvermögen, Intuition und Wille. Der Denker sammelt die Erfahrungen seiner Erdenleben und wandelt sie kraft seiner eigenen göttlichen Alchemie in die Essenz von Erfahrung und Wissen um, die man Weisheit nennt. Selbst in einem kurzen Erdenleben unterscheiden wir zwischen dem Wissen, das wir uns aneignen und der – oft allzu spärlichen – Weisheit, die wir aus diesem Wissen herausdestillieren. Weisheit ist die Frucht einer Lebenserfahrung, der krönende Besitz des Betagten. Umfassender gesehen, bedeutet Weisheit die Ernte vieler Inkarnationen, der Ertrag aus einer Fülle von Erfahrung und Wissen. Im Denker liegt das Lagerhaus der in allen unseren vergangenen Leben gereiften und durch viele Wiedergeburten geernteten Erfahrungen.

Bei der Einteilung der einzelnen Körper des Menschen als „Hüllen", nennt man den Kausalkörper die *unterscheidende* Hülle.

Prinzip im Menschen	Kosha oder Hülle	
	Sanskrit	Deutsch
Buddhi	Ânandamayakosha	Hülle der Glückseligkeit
Höheres Manas	Vijñânamayakosha	Hülle des Unterscheidungsvermögens
Niederes Manas und Kâma	Manomayakosha	Hülle des Gefühls
Prâna	Prânamayakosha	Hülle der Vitalität
Sthûla	Annamayakosha	Nahrungshülle

Die Silbe „Vi" in dem Wort *Vijñânamayakosha* deutet auf das Unterscheiden, Trennen und Ordnen von Dingen, denn hierin liegt die besondere Funktion dieser Hülle. Die Erfahrungen des *Manomayakosha* werden als Idealvorstellungen im *Vijñânamayakosha* oder Kausalkörper widergespiegelt. Der *Manomayakosha* sammelt und erarbeitet, der *Vijñânamayakosha* ordnet und unterscheidet. Die niederen Körper empfangen und beschäftigen sich mit Empfindungen, Wahrnehmungen und der Entstehung und Ausarbeitung von Ideen, aber es ist die Aufgabe des Kausalkörpers, diese einzuordnen, sie zu beurteilen, und ihm obliegt das abstrakte Folgern, indem er sich mit den reinen, von den konkreten Wahrnehmungen getrennten Ideen befasst.

Im Kausalkörper wird die abstrakte, nicht die konkrete, die reine, innere Arbeit nicht länger durch die Sinne entstellt oder in irgendeiner Weise durch die äußere Welt gestört. Hier gibt es nur Intelligenz, klare Vision, eine von den Sinnen unangetastete, ruhige, starke, gelassene Intelligenz.

Die schöpferische Kraft der Meditation hat ebenfalls im Kausalkörper ihren Sitz sowie alle Energien, die der auf einen Punkt gerichteten Kontemplation entwachsen. Hier haben wir die kreative Hülle oder *Manas* des Menschen; diesem *Manas* entspricht im Kosmos *Mahat*, der universelle Geist, die göttliche Ideenbildung, die gestaltende, lenkende Macht, die schöpferische Kraft, der alles entspringt. In dieser Hülle des Menschen sind alle möglichen Formen enthalten, denen diese Schöpfungskraft objektive Wirklichkeit zu verleihen vermag.

In der *Geheimlehre* heißt es: „*Kriyâshakti*, die geheimnisvolle Gedankenkraft, besitzt die Fähigkeit, aus der ihr innewohnenden Energie heraus, äußerlich wahrnehmbare Phänomene hervorzubringen. Die Alten behaupteten, *dass sich jede Vorstellung in der äußeren Welt manifestieren wird, wenn man seine Aufmerksamkeit darauf konzentriert. Ähnlich wird ein starkes Wollen die erwünschten Ergebnisse herbeiführen.*“ Dies ist das Geheimnis wahrer „Magie“.

Die Intelligenz im Menschen ist eine Widerspiegelung von *Brahmân*, dem universellen Geist, der schöpferischen Energie. Die kreative Imagination, die gegenwärtig im Feinstofflichen wirkt, wird sich im vervollkommneten Menschen ebenso im Grobstofflichen betätigen, da die Vorstellungskraft im Menschen jene Kraft widerspiegelt, die das Universum schuf. Brahmâ meditierte – und hervor traten die Formen. In der schöpferischen Kraft des Geistes ruhen alle Formen, die möglich sein können.

Bei H. P. Blavatsky wird *Manas* bisweilen auch das Ego-Selbst oder das göttliche im Unterschied zum persönlichen Selbst genannt. Das höhere *Manas* ist göttlich, da es den positiven Gedanken, *Kriyâshakti*, die Macht zu handeln, beherbergt. *Manas*, der Geist, ist *Aktivität*. Alles geschieht aufgrund von Gedankenkraft; nicht die Hand des Bildhauers schafft das Werk, sondern die diese Hand führende Gedankenkraft. Der Gedanke geht der Handlung voraus, das ist eine Binsenwahrheit. Gelegentlich mag ein Mensch gedankenlos handeln, doch selbst in solchen Fällen basiert sein Handeln auf einem Gedanken, der diesem *vorausging*; ein bestimmter, ihm zur Gewohnheit gewordener Gedankengang lässt ihn instinktiv handeln.

Das höhere *Manas* ist göttlich, weil es positiv denkt und sich der aus dem Innern hervorleuchtenden Natur seines eigenen Lebens bedient.

Die im Kausalkörper wirkende, nach außen tretende Energie von *Âtmân* ist die Kraft, die außerhalb von ihr alles beherrscht und gestaltet. Andererseits ist die nach außen tretende, im *Manomayakosha* arbeitende Energie von *Âtmân* Verlangen und wird von äußeren Objekten angezogen und ihre Richtung von außen her bestimmt. Der im Kausalkörper wirkende *Âtmân* hingegen ist Wille, dessen Entscheidung, die sich aufgrund einer eingehenden Betrachtungsweise innerer Bilder gestaltet, nicht mehr von außen, sondern aus dem Innern bestimmt wird. Die nach außen tretende Energie wird im Kausalkörper *von innen heraus gelenkt* und in den niederen Körpern *von außen angezogen*. Hierin liegt der wesentliche Unterschied zwischen Wille und Wunsch. Der Wille ist hauptsächlich eine Eigenschaft des Egos, nicht der Persönlichkeit.

Chit oder der Intelligenzaspekt des Menschen entwickelt sich als erster. Es handelt sich dabei um die analysierende Eigenschaft, die Vielfalt und Unterschiede wahrzunehmen; dann folgt *Ânanda*, die Weisheit, die die Einheit der Dinge erkennt, sie vereinigt und die Freude oder Glückseligkeit findet, die im Herzen des Lebens ruht. Der dritte und höchste Aspekt, *Sat*, Selbst-Existenz, ist die Einheit, die sogar über die nur zeitweilige Vereinigung hinausgeht.

Die Menschheit steht gegenwärtig an der Schwelle, um *Chit* oder den Intelligenzaspekt zu entwickeln. Die höheren Qualitäten werden erst in der Zukunft entfaltet werden.

KAPITEL 16

Zusammensetzung und Struktur

Der Mentalkörper setzt sich aus Materie der ersten, zweiten und dritten Unterebene der Mentalebene zusammen. Ein Mentalatom enthält 49^4 oder 5764801 – also ungefähr fünf dreiviertel Millionen – „Bläschen im Koilon".

Da der Kausalkörper der Durchschnittsmenschen noch nicht völlig aktiv ist, wird nur die Materie der dritten Unterebene belebt. Im Laufe seiner langen Entwicklung entfaltet das Ego seine schlummernden Fähigkeiten und bringt dadurch die höhere Materie allmählich in Bewegung, die jedoch erst in den vollkommenen Menschen, die wir Adepten oder Meister nennen, gänzlich entwickelt ist.

Der Kausalkörper lässt sich kaum erschöpfend beschreiben, da sich die der Kausalwelt angehörenden Sinne von denjenigen, derer wir uns auf physischer Ebene bedienen, völlig unterscheiden. Das Erscheinungsbild, das ein Hellseher in sein physisches Gehirn zu übertragen vermag, stellt sich als ein Ovoid, der Form aller höheren Körper, dar, das den physischen Körper bis zu einer Breite von fünfundvierzig Zentimetern umgibt.

Ein Mensch, der gerade den Individualisationsschritt aus dem Tierreich gemacht hat, besitzt einen winzigen Kausalkörper.

Im Falle des Ur-Menschen ähnelt er einer Blase und vermittelt den Eindruck, leer zu sein. Es handelt sich bloß um eine farblose Hülle, anscheinend gerade ausreichend, sich selbst zusammenzuhalten und ein sich reinkarnierendes Dasein zu bilden. Sie ist zwar mit höherer, doch noch nicht aktivierter Mentalmaterie gefüllt, weshalb sie farblos und transparent bleibt. Mit der Weiterentwicklung des Menschen wecken ihn Schwingungen aus den niederen Körpern allmählich auf. Dies geschieht nur langsam, weil die Aktivitäten des Menschen in seinen frühen Entwicklungsstadien nicht derartig beschaffen sind, dass sie sich in einer solch feinen Materie wie der des Kausalkörpers zum Ausdruck bringen können. Sobald der Mensch eine Stufe erreicht, auf der er entweder abstrakter Gedanken oder selbstloser Gefühle fähig ist, wird die Materie des Kausalkörpers aufgerüttelt und reagiert.

Die auf diese Weise erregten Schwingungen zeigen sich im Kausalkörper als Farben, so dass die transparente Blase allmählich zu einer Kugel wird, ausgefüllt mit einer Materie von höchst lieblichen und zarten Farbtönen, einem Gebilde, dessen Schönheit jenseits aller Vorstellung liegt.

Die Bedeutung der einzelnen Farben mag dem Schüler durch seine Beschäftigung mit dem Astral- und Mentalkörper, die ein ähnliches Erscheinungsbild aufweisen, geläufig sein. Blassrosa drückt selbstlose Zuneigung aus; Gelb weist auf eine hoch intellektuelle Kraft hin; Blau bedeutet Hingabe; Grün symbolisiert Sympathie; strahlendes Fliederblau versinnbildlicht das höhere Geistige. In den dichteren Körpern zeigen sich dieselben Farben sehr viel weniger zart und lebendig.

Obwohl der Mensch im Laufe seiner Entwicklung in den niederen Welten unerwünschte und für sein Leben völlig unangebrachte Eigenschaften einschleust – Stolz, Erregung, Sinnlichkeit – kann keine von ihnen im Kausalkörper zum Ausdruck kommen. Abbildung XXIV mag den Grund für diese wichtige Tatsache veranschaulichen. Jeder Bereich des Astralkörpers reagiert stark auf die Materie der entsprechenden Mentalsubstanz. Da die gröberen Schwingungen des Astralkörpers nur in den niederen Unterebenen der Astralwelt ihren Ausdruck finden, werden sie den Mentalkörper, nicht aber den Kausalkörper beeinflussen. Der Kausalkörper wird lediglich von den drei höheren Bereichen des Astralkörpers berührt, deren Schwingungen ausschließlich gute Eigenschaften besitzen.

Der praktische Aspekt dieser Tatsache besteht darin, dass der Mensch nur gute Eigenschaften in sein Ego, sein wahres Selbst, einbauen kann. Die üblen Eigenschaften, die er entwickelt, sind aus der Sicht des Egos vorübergehend und müssen im Laufe seines Fortschritts abgestoßen werden, da es keine Materie mehr in ihm gibt, die sie zum Ausdruck bringen könnte.

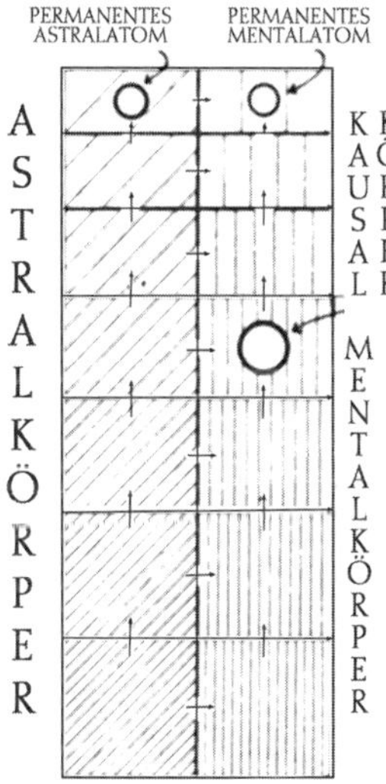

Abbildung XXIV – Auswirkung des Astralkörpers auf den Mental- und Kausalkörper
Die Unterebenen der Astral- und Mentalebene werden hier kleiner werdend dargestellt, um ihre zunehmende Feinheit von den niederen zu den höheren Stufen zum Ausdruck zu bringen.
Die Lücken zwischen den benachbarten Unterebenen jeder Ebene weisen darauf hin, dass „Schwingungen" einer bestimmten Unterebene auf die unmittelbar darüber gelegene übertragen werden können. Diese Öffnungen oder Tore werden zunehmend enger, was andeuten soll, dass nur die feinsten Schwingungen zu den höheren Ebenen vorzudringen vermögen.
Die Spalten zwischen der jeweiligen Unterebene der Astralebene und der entsprechenden Unterebene der Mentalebene weisen auf die Möglichkeit hin, dass eine Astralschwingung höherer Oktaven der entsprechenden mentalen Unterebene übermittelt werden kann.

Außerdem veranschaulicht die Abbildung die eher mögliche Einflussnahme der niederen Astralstufen auf den Mentalkörper, während der Kausalkörper nur von den drei höheren Ebenen der Astralmaterie berührt wird.

Farbige Darstellungen der Kausalkörper auf verschiedenen Entwicklungsstufen finden sich in *Der sichtbare und der unsichtbare Mensch* von C. W. Leadbeater:
Kausalkörper eines Wilden (Abb. IV)
Kausalkörper des Durchschnittsmenschen (Abb. VII)
Kausalkörper eines entwickelten Menschen (Abb. XX)
Kausalkörper eines Meisters (Abb. XXV)

Wie bereits erwähnt, gleicht der Kausalkörper eines Unentwickelten einer riesigen, transparenten, doch schillernden Seifenblase. Abgesehen von etwas, das gewisse Eigenschaften wiedergibt, die vielleicht bereits in der Gruppenseele, der er einmal angehörte, entwickelt wurden, ist sie fast leer. Die kaum sichtbaren Hinweise auf diese Schwingungsfrequenzen lassen sich in dem jungen Kausalkörper als schwache Farbschimmer beobachten.

Vielleicht hat man sich den Kausalkörper eines Unentwickelten als zunächst sehr klein vorgestellt; dies trifft jedoch nicht zu; denn er besitzt dieselbe Größe wie jeder andere. Erst wenn er belebt und mit aktiver Materie angefüllt worden ist, nimmt sein Umfang zu.

Im Falle eines Durchschnittsmenschen vergrößert sich der Inhalt der riesigen eiförmigen Hülle. Sie enthält eine äußerst zarte und ätherische Farbe, obwohl sie noch immer halb leer ist. Etwas von dem höheren Intellekt und der Kraft der Hingabe und selbstlosen Liebe werden sichtbar. Ein Hauch des zarten Violett, das die Fähigkeit der Liebe zu und Hingabe an das höchste Ideal andeutet sowie ein schwacher Schimmer von dem klaren Grün der Sympathie und des Mitgefühls sind erkennbar.

Sobald der Mensch sich geistig oder sogar auf höherer intellektueller Ebene zu entwickeln beginnt, findet ein Wandel statt. Abgesehen von der in jeder seiner Persönlichkeiten durch Ausbildung und den Gegebenheiten geformten Eigenart, besitzt das wahre Individuum von nun an eine eigene Charakterstärke. Diese zeigt sich in der Größe, Farbe, Leuchtkraft und Bestimmtheit des Kausalkörpers, so wie sie auch in der Persönlichkeit im Mentalkörper sichtbar wird, nur dass der höhere Träger natürlich feiner und sehr viel schöner ist.

Im Falle des geistig entwickelten Menschen macht sich eine gewaltige Veränderung bemerkbar. Die herrlich schillernde Hülle wird nun vollständig erfüllt von den lieblichsten Farben, die die höhere Form von Liebe, Hingabe und Zuneigung versinnbildlichen, unterstützt durch einen verfeinerten und vergeistigten Intellekt und dem unaufhörlichen Sehnen nach dem Göttlichen. Einige dieser Farben sind im physischen Farbspektrum nicht vorhanden.

Die unvorstellbar zarte und feine Materie eines solchen Kausalkörpers sprüht vor Lebendigkeit, und in glühendem Feuer pulsierend, formt sie eine strahlende Kugel von aufblitzenden Farben, indem ihre hohen Schwingungen ein Farbspiel über ihre Oberfläche rieseln lassen – Farbtöne, die es auf der Erde nicht gibt – so glänzend, sanft und leuchtend, wie es die Kraft der Sprache kaum zu beschreiben vermag.

Ein solcher Kausalkörper ist erfüllt von lebendigem Feuer aus einer noch höheren Ebene, mit der er durch einen zitternden, hellen Lichtfaden – dem *Sutrâtmân* – verbunden zu sein scheint, der die *Stanzen des Dzyan* in Erinnerung bringt: „Der Funke aus der Flamme hängt an einem hauchzarten Faden des *Fohat*." Wenn die Seele wächst und zunehmend mehr aus dem unerschöpflichen Ozean des göttlichen Geistes zu empfangen vermag, der durch den Faden wie durch einen Kanal herabströmt, erweitert sich der Kanal und bietet der Flut mehr Raum, bis man sie sich auf der nächsten Unterebene als Wasserspeier vorstellen kann, der Himmel und Erde miteinander verbindet, und darüber eine Kugel, durch die die lebendige Quelle strömt, bis der Kausalkörper mit dem einfließenden Licht zu verschmelzen scheint. „Der Faden zwischen dem Wächter und seinem Schatten wird mit jeder Veränderung kräftiger und strahlender. Das Sonnenlicht des Morgens ist in die Herrlichkeit des Mittags übergegangen.

Dies ist dein heutiges Rad, sprach die Flamme zu dem Funken. Du bist ich selbst, mein Bild und mein Schatten. Ich habe mich selbst mit dir bekleidet, und du bist mein *vâhan* bis zu dem Tage „Sei-mit-uns“, an dem du wieder ich selbst wirst und andere du selbst und ich werden.“

Im unentwickelten Menschen zeigt sich der Kausalkörper zunächst fast völlig leer, und im Laufe seines Wachstums füllt sich die Eiform allmählich. Sobald sie vollkommen gefüllt ist, beginnen sich nicht nur ihr Umfang zu vergrößern, sondern auch Kraftströme in alle Richtungen hinauszufließen. Hierin zeigt sich eines der deutlichsten Merkmale eines entwickelten Menschen – seine Fähigkeit, der höheren Kraft als Kanal zu dienen. Seine Bereitschaft, zu helfen und zu geben, ermöglicht es der göttlichen Kraft, in einem unaufhörlichen Strom auf ihn herabzusteigen und durch ihn viele zu erreichen, die noch nicht stark genug sind, sie direkt zu empfangen.

Vom oberen Teil des Kausalkörpers steigt eine Krone strahlender Funken empor, was auf ein aktives, geistiges Bestreben hindeutet und sehr stark zu der Schönheit und Würde des Erscheinungsbildes dieses Menschen beiträgt. Es spielt keine Rolle, wie stark der niedere Mensch auf der physischen Ebene beschäftigt sein mag, dieser Funkenstrom steigt unaufhörlich empor. Sobald die Seele oder das Ego des Menschen auf der eigenen Ebene erwacht ist und sich selbst und ihre Beziehung zum Göttlichen ein wenig zu verstehen beginnt, blickt sie stets nach oben zur Quelle, aus der sie kam, ungeachtet der Tätigkeit, die ihn auf den niederen Ebenen gefangen nimmt.

Man sollte bedenken, dass es sich selbst bei der edelsten Persönlichkeit nur um einen sehr kleinen und teilweisen Ausdruck des wahren, höheren Selbst handelt. Sobald das höhere Selbst sich umzuschauen beginnt, entdeckt es nahezu grenzenlose Möglichkeiten, die sich ihm eröffnen, die wir uns in unserem eingeengten physischen Leben nicht vorzustellen vermögen.

Dieses geistige Aufwärtsstreben, das den entwickelten Menschen so herrlich krönt, bildet den Kanal, durch den die göttliche Kraft herabsteigt; je vollständiger und stärker sein Bestreben, desto größer das Maß der höheren Gnade.

Im Falle des Kausalkörpers eines Arhats, eines Menschen, der die vierte der großen Einweihungen durchschritten hat, weisen die Farben zwei mit der physischen Ebene unvereinbare Merkmale auf. Sie sind zarter und ätherischer als die bisher beschriebenen, gleichzeitig aber voller, strahlender und leuchtender. Die Größe des Kausalkörpers übersteigt den physischen Körper um ein Vielfaches, und es entfalten sich in wunderbarer Weise die höchsten Formen von Intellekt, Liebe und Hingabe, eine Fülle an Mitgefühl und höchster Spiritualität.

Die Farben sind in konzentrischen Ringen angeordnet, durch die eine aus dem Zentrum hervorbrechende Flut von weißem Licht weit über sie hinaus strahlt. Der Strom der göttlichen Kraft wird dadurch verstärkt, denn der Mensch ist zu einem nahezu makellosen Kanal für das Leben und die Macht des Logos geworden. Die Herrlichkeit ergießt sich nicht nur in diesem weißen Licht, sondern alle Regenbogenfarben umspielen ihn wie schimmernde Perlen. In dieser Strahlenfülle liegt für jeden, der sich ihr naht, etwas, das seine höchsten Tugenden verstärkt, gleichgültig welcher Art sie sein mögen. Niemand gelangt in seinen Einflussbereich, ohne dass es ihm zum Besseren gereicht. Einer Sonne gleich, scheint er auf seine gesamte Umgebung, denn ebenso wie diese stellt er eine Manifestation des Logos dar.

Der Kausalkörper eines Adepten oder Meisters hat beachtlich an Umfang zugenommen und leuchtet wie Sonnenglanz in seiner lieblichen Pracht – über alle Vorstellungskraft erhaben. Worte vermögen die Schönheit der Form und Farben nicht wiederzugeben, denn die Sprache der Sterblichen besitzt keine Ausdrücke, um dieses strahlende Kraftzentrum zu beschreiben. Nur diejenigen, die bereits weit auf dem Pfad vorangeschritten sind, wären in der Lage, sich dem Studium eines solchen Trägers zu widmen.

In dem Kausalkörper eines Arhat kreisen die Farben nicht mehr als bewegliche Wolken, sondern sind in konzentrischen Schalen angeordnet, die vollkommen von lebendigem Licht durchdrungen sind, das vom Menschen selbst als dem Zentrum ausgeht.

Die Anordnung der Farben wechselt mit dem Typus, dem der Adept angehört, so dass es einige stark hervortretende Verschiedenheiten gibt. Die Überlieferung dieser Tatsache hat sich in zahlreichen Wandmalereien in den Tempeln Sri Lankas erhalten, die Buddha darstellen. Der erhabene Lehrer wird gewöhnlich von einer Aura umgeben dargestellt, und obwohl deren Färbung und allgemeine Anordnung für einen gewöhnlichen Menschen oder selbst einen Meister völlig unrichtig oder sogar unmöglich wäre, handelt es sich um eine grobe, materielle Darstellung des höheren Trägers eines Adepten eines bestimmten Typus, dem dieser Erhabene angehört.

Der Kausalkörper wird manchmal auch das „aurische Ei" genannt. Wenn H. P. Blavatsky von dem *heiligen aurischen Ei* sprach, meinte sie jedoch wahrscheinlich die vier permanenten Atome – das physische und astrale Atom, die Mentaleinheit und das permanente Mentalatom – innerhalb einer Materiehülle der *âtmischen* oder *nirvânischen* Ebene.

Der Kausalkörper ist auch bekannt als der *Augoeides*, der glorifizierte Mensch. Er ist nicht das Abbild eines seiner früheren Träger, sondern enthält in sich die Essenz all dessen, was in jedem einzelnen das Beste war. Durch die Erfahrung wachsend, veranschaulicht er mehr oder weniger vollständig, wie die Gottheit den Menschen gemeint hat. Der Kausalkörper lässt die Entwicklungsstufe, die der Mensch erreicht hat, erkennen. Er gewährt nicht nur Einblick in dessen Vergangenheit, sondern auch in beträchtlichem Ausmaß in die Zukunft, die vor ihm liegt.

Die glorifizierte Form innerhalb des Kausalkörpers ist eine Annäherung an den Archetypus, dem der Mensch im Laufe seiner Entwicklung entgegen schreitet. Die menschliche Gestalt scheint das Modell für die höchste Evolution in diesem besonderen System zu sein. Sie verändert sich geringfügig auf unterschiedlichen Planeten, bleibt aber, grob gesehen, im Allgemeinen die gleiche. In anderen Sonnensystemen mag es völlig andersartige geben, worüber uns aber die Kenntnisse fehlen.

Prâna oder Vitalität gibt es auf allen Ebenen und muss daher im Kausalkörper eine gewisse Rolle spielen, was zum gegenwärtigen Zeitpunkt noch nicht bekannt ist.

Man sollte jedoch beachten, dass nach der Bildung des Kausalkörpers die Vielschichtigkeit des im Nervensystem des physischen Körpers kreisenden *Prâna* stark zunimmt und im Laufe der menschlichen Entwicklung sogar noch reichhaltiger wird. Sobald das Bewusstsein auf der Mentalebene aktiv wird, vermischt sich das *Prâna* dieser Ebene mit der niederen, da die Bewusstseinsaktivität in höhere Regionen getragen wird.

Wie in allen anderen Trägern, gibt es auch im Kausalkörper Chakras oder Kraftzentren, die zusätzlich zu anderen Funktionen als Verbindungspunkte dienen, an denen die Kraft von einem Träger zum anderen fließt. Zum gegenwärtigen Zeitpunkt fehlen uns die Kenntnisse hinsichtlich der kausalen Chakras.

KAPITEL 17

Gedanken auf der Kausalebene

Die Mentalebene bildet das Betätigungsfeld des so genannten Verstandes oder *Manas* im Menschen. Die Ebene unterteilt sich in zwei Abschnitte, den höheren, der aus den drei oberen Unterebenen besteht, und den niederen, den die vier niederen Unterebenen bilden. Die beiden Abschnitte werden als *arûpa* oder formlos und *rûpa* oder formhaft bezeichnet.

Im Menschen wirkt der Kausalkörper als Träger des Intellekts, mit der Funktion des abstrakten Gedankens, während der Mentalkörper den Träger des Verstandes mit seiner Funktion des konkreten Denkens bildet.

Der Verstand gewinnt Wissen, indem er die Sinne zur Beobachtung nutzt; er verarbeitet seine Wahrnehmungen und bildet daraus Vorstellungen. Seine Fähigkeiten umfassen Aufmerksamkeit, Erinnerung, Beweisführung durch Induktion und Deduktion, Imagination und dergleichen.

Die Begriffe *arûpa* und *rûpa* sollen bestimmte Eigenschaften der Mentalmaterie zum Ausdruck bringen. Auf ihren niederen Stufen nimmt sie durch den menschlichen Gedanken sehr leicht bestimmte Formen an; in ihrem höheren Bereich hingegen zeigt sie sich dem hellseherischen Auge eher in Blitzen und Strahlen.

Auf den *Arûpa*-Stufen macht sich der Unterschied der Gedankenwirkung besonders im Hinblick auf die Elementaressenz stark bemerkbar. Die bloße Materie wird ähnlich bewegt, wenngleich in dieser feinen Form doch sehr viel intensiver. In der Elementaressenz entsteht jetzt allerdings keine Form, und die Tätigkeit hat sich völlig verändert.

Auf den niederen Unterebenen umschwebt ein Elemental oder eine Gedankenform, die dort geschaffen wurde, die Person, der sie gilt und wartet auf eine günstige Gelegenheit, ihre Energie in deren Astral-, Mental- oder sogar physischen Körper einzubringen. Auf den drei höheren Unterebenen hingegen zeigt sie sich als eine Art Blitz, der aus der Kausalkörper-Essenz des Denkers direkt auf den Kausalkörper seines Denkobjekts zuschießt.

Während sich auf den unteren Stufen der Gedanke stets auf die reine Persönlichkeit richtet, wirken wir auf den höheren Unterebenen direkt auf das Ego ein, den wirklichen Menschen selbst. Sollte die Botschaft einen Bezug zur Persönlichkeit besitzen, wird sie diese nur unter Mitwirkung des Kausalkörpers von oben erreichen.

Der Übergang von einer abstrakten oder *Arûpa*-Vorstellung zu einem konkreten oder *Rûpa*-Gedanken, wenn die Vorstellung sich in die Materie der vier niederen Unterebenen kleidet, muss einen verblüffenden Anblick bieten.

Ein klassisches, einfaches Beispiel ist das Dreieck. So schwierig es sein mag, die abstrakte Vorstellung eines Dreiecks in Worte zu kleiden, die der Formebene angehören, ist sie auf den *Arûpa*-Ebenen eine Realität. Wir können also von einer formlosen Form sprechen. Die noch *unbestimmte* Form zeichnet sich durch drei nicht eindeutige Linien ab, ihre drei Winkel besitzen die Eigenschaft, insgesamt zwei rechte, noch nicht genau festgelegte Winkel zu bilden.

Auf den *Arûpa*-Ebenen gibt es diese abstrakte Vorstellung von einem Dreieck tatsächlich. Die Sinne des Kausalkörpers sehen oder nehmen sie wahr. Für das Bewusstsein außerhalb des Beobachters handelt es sich um eine Tatsache, wenngleich nicht um etwas, das wir üblicherweise als Form bezeichnen.

Wenn ein solches abstraktes Dreieck mit der Materie der *Rûpa*-Ebenen in Berührung kommt, entsteht daraus eine unbestimmte Anzahl von Dreiecken, von denen jedes eine bestimmte Form besitzt. Es tauchen Dreiecke aller Art auf – gleichseitige, gleichschenklige, schief-, recht-, spitz- und stumpfwinklige.

Gelangt die abstrakte Vorstellung in den Kausalkörper, wird der Beobachter zu einer Quelle, aus der die Dreiecke in alle Richtungen sprudeln, vergleichbar mit einem Wasserstrahl, der als eine mehr oder weniger zusammenhängende Masse emporschießt und wie eine Fontäne in unzähligen einzelnen Tropfen herab sprüht. Dieser physische Vergleich beschreibt den Vorgang wohl am besten.

Wie in *Der Mentalkörper* bereits ausführlich beschrieben wurde, nimmt der konkrete Gedanke die Form des Gegenstandes an, über den wir nachdachten. Wenn abstrakte Vorstellungen in die *Rûpa*-Ebenen hinuntergeschleudert werden, zeigen sie sich gewöhnlich als wunderschöne geometrische Formen. Man sollte jedoch beachten, dass zahlreiche Gedanken, die hier unten kaum mehr als abstrakte Begriffe sind, auf der Mentalebene zu konkreten Tatsachen werden.

Das Kausalbewusstsein befasst sich mit der Essenz einer Sache, der Verstand hingegen studiert ihre Einzelheiten. Mit dem Verstand reden wir um ein Thema herum oder bemühen uns, es zu erklären; mit dem Kausalbewusstsein erfassen wir den Kern der Sache und bewegen sie als ein Ganzes, so wie man eine Figur auf dem Schachbrett bewegt. Die Kausalebene ist eine Welt der Wirklichkeiten. Wir beschäftigen uns nicht mehr mit Emotionen, Ideen und Vorstellungen, sondern mit der Sache an sich.

Wir wollen die Entstehung des Kausalgedankens ein wenig genauer beschreiben. Während der niedere Geist ausschließlich bei Mentalbildern verweilt, die aus Empfindungen und rein sachlicher Begründung hervorgegangen sind, und sich mit Unterscheidungsmerkmalen beschäftigt, hat das Ego gelernt, mit Hilfe des Kausalbewusstseins zwei Dinge eindeutig voneinander zu unterscheiden, indem es auf ihre *Ungleichheiten* eingeht. Es beginnt, ansonsten ungleiche Dinge aufgrund eines offenbar gemeinsamen Merkmals in Gruppen zu ordnen und eine Verbindung zwischen ihnen herzustellen.

Es extrahiert und abstrahiert dieses gemeinsame Merkmal und trennt alle Objekte, die es besitzen, von den übrigen, denen es fehlt. Auf diese Weise entwickelt es die Fähigkeit, die Gleichheit inmitten der Verschiedenheit zu erkennen, ein Schritt in Richtung auf die sehr viel spätere Stufe, das Eine in der Vielfalt zu erkennen.

Auf diese Weise klassifiziert es seine Umgebung und entwickelt die Fähigkeit der Synthese, indem es lernt, zusammenzustellen und zu analysieren.

Bald darauf geht es einen Schritt weiter und begreift das gemeinsame Merkmal als eine von allen ihren Erscheinungsformen abgesonderte Idee und schafft dadurch eine Art Mentalbild, das über dem Bild eines konkreten Gegenstandes steht – das Bild einer Vorstellung, die in der Formwelt nicht in Erscheinung tritt, die aber auf den höheren Mentalebenen existiert und Material liefert, mit dem das Ego, der Denker selbst, arbeiten kann.

Der niedere Geist erreicht die abstrakte Idee durch Einsicht, und dieser Höhenflug lässt ihn die Schwelle der formlosen Welt berühren und verschwommen sehen, was jenseits davon liegt.

Der Denker mit seinem Kausalbewusstsein sieht diese Ideen und lebt ständig unter ihnen. Wenn er die Fähigkeit abstrakten Denkens übt und entwickelt, wird er in seiner eigenen Welt einsatzbereit und beginnt aktiv in seiner eigenen Sphäre zu wirken.

Ein solcher Mensch wird sich kaum für das Leben der Sinne, äußere Beobachtungen oder mentale Zusammenhänge und Bilder äußerer Dinge interessieren. Seine Kräfte sind nach innen gewandt und nicht mehr nach außen gerichtet, um nach Befriedigung zu suchen. Er ruht still in sich selbst, vertieft in philosophische Fragen, die tiefen Lebens- und Denkaspekte, und bemüht, die Ursachen zu verstehen, anstatt sich mit den Auswirkungen zu belasten und sich so der Erkenntnis des Einen, das der Verschiedenheit der äußeren Natur zugrunde liegt, zu nähern.

In *Der Mentalkörper* wurde der Übergang vom niederen mentalen zum Kausalbewusstsein mittels regelmäßiger Konzentration, Meditation und Kontemplation bereits ausführlich dargelegt.

Auf den höheren Stufen der Mentalebene besitzen die Gedanken eine sehr viel stärkere Kraft als dies auf den niederen Stufen der Fall ist. Einer der Gründe dafür liegt darin, dass bislang nur wenige Menschen fähig sind, auf solchen hohen Ebenen zu denken, weshalb alle dort hervorgebrachten Gedanken das Feld praktisch für sich alleine haben. Es gibt also nicht viele andere Gedanken in diesem Reich, mit denen sie wetteifern müssten.

Die meisten Gedanken des Durchschnittsmenschen beginnen im Mentalkörper, auf den unteren Mentalebenen, und umhüllen sich im Laufe ihres Abstiegs mit der entsprechenden astralen Elementaressenz. Ist ein Mensch jedoch auf den Kausalebenen aktiv, nehmen die Gedanken dort ihren Ursprung und kleiden sich zuerst in die Elementaressenz der niederen Stufen der Mentalebene, weshalb sie unendlich viel feiner, durchdringender und in jeder Hinsicht wirkungsvoller sind.

Richtet sich der Gedanke ausschließlich auf höhere Dinge, mögen seine Schwingungen zu fein sein, um sich überhaupt auf der Astralebene zum Ausdruck bringen zu können. Berühren sie aber eine solche niedere Materie, wird ihre Auswirkung sehr viel weitreichender sein als diejenige derer, die nahe dieser niederen Materiestufe hervorgebracht wurden.

Dieses Prinzip weiterverfolgend, wird klar, dass der Gedanke eines Eingeweihten, der sich über die gesamte Mentalwelt hinaus auf die *Buddhi*-Ebene emporschwingt, sich in die Elementaressenz der kausalen Unterebenen kleidet. In ähnlicher Weise wird der Gedanke eines Adepten von der *Âtmâ*-Ebene herabströmen, die gewaltigen und völlig unberechenbaren Kräfte aus Regionen ausübend, von denen die normale Menschheit nichts weiß.

Deshalb heißt es, die Arbeit eines einzigen Tages auf solchen Ebenen übersteige in ihrer Wirkung bei weitem die irdische Mühsal von tausend Jahren.

Schüler, die mit dem Kausalgedanken, nämlich in Prinzipien zu denken, nicht vertraut sind, sollten darauf achten, dass sie in ihrem Bemühen, abstrakt zu denken, am Anfang keine Kopfschmerzen verursachen, was bedeutet, dass die Gehirntätigkeit überbeansprucht wird. Die über mehrere Jahre hin regelmäßig ausgeübte Meditation sollte im Kausalbewusstsein eine gewisse Neigung hervorrufen, sich vom Bewusstsein des Mentalkörpers berühren zu lassen. Wenn dies erreicht ist, müssten abstrakte Gedanken auf den Kausalebenen möglich sein, ohne dabei das Risiko einzugehen, den Denkmechanismus über Gebühr zu strapazieren.

Ist es gelungen, eine abstrakte Vorstellung zu bilden, sagen wir eines Dreiecks, mag sich der Schüler im Bemühen, die abstrakte Idee zu erfassen, anfänglich ein wenig benommen fühlen. Später wird sich das Bewusstein plötzlich verändern und klar werden. Dies bedeutet, dass das Bewusstseinszentrum vom Mental- zum Kausalkörper verlegt worden ist und der Schüler sich in seinem Kausalkörper einer eindeutigen Existenz außerhalb seiner selbst bewusst wird.

Es handelt sich dabei um die „Intuition" des Kausalkörpers, der das *Außen* erkennt. Wie wir in einem späteren Kapitel sehen werden, erkennt die „Intuition" von *Buddhi* das *Innere* und befähigt den Menschen, die Dinge von innen zu sehen. Mit der intellektuellen Intuition erkennt man eine außerhalb seiner selbst liegende Sache.

Der Schüler sei erneut darauf hingewiesen, dass, trotz der äußeren Unterschiede in der Tätigkeit zwischen dem höheren und dem niederen Geist, *Manas*, der eine Denker, das Selbst im Kausalkörper ist. Er bildet die Quelle zahlloser Energien und Schwingungen unzähliger Art. Diese sendet er aus, strahlt sie aus sich heraus. Die zartesten und feinsten unter ihnen finden ihren Ausdruck in der Materie des Kausalkörpers, die fein genug ist, um auf sie zu reagieren. Sie bilden die reine Vernunft, wie es manchmal heißt, deren Gedanken abstrakt und deren Methode, Wissen zu erlangen, die Intuition ist. Ihre eigentliche

„Natur ist Wissen", und sie erkennt die Wahrheit auf Anhieb als übereinstimmend mit sich selbst.

Die gröberen Schwingungen, die von dem einen Denker ausgehen, ziehen die Materie der niederen Mentalwelt an und bilden die Aktivitäten des niederen Geistes, wie es bereits beschrieben wurde.

Leider spricht man von *Buddhi* manchmal auch als von der reinen Vernunft und beschreibt seine Kraft als Intuition. Mit dem Fortschritt der Psychologie werden zweifellos angemessenere Begriffe gewählt und angewendet werden, die sich ausschließlich auf die speziellen Funktionen des Kausalbewusstseins und die *Buddhi*-Kräfte beziehen.

„Wissen ist die Natur" von *Manas*. Der Grund hierfür liegt darin, dass *Manas* in der Atomarsubstanz der Mentalebene den Erkennungsaspekt des Selbst widerspiegelt – des Selbst als Wissender. Daher ist es möglich, die Kraft zu entwickeln, auf Anhieb zu wissen. Dies zeigt sich nur, wenn der niedere Geist mit seinen langsamen Denkprozessen überschritten wird. Wann immer das „Ich" – die Ausdrucksform des Selbst, dessen „Natur Wissen ist" – mit einer Wahrheit in Berührung kommt, trifft es auf regelmäßige Schwingungen und vermag daher ein klares Bild in sich hervorzubringen, wohingegen die Unwahrheit ein verzerrtes, unebenmäßiges Bild verursacht, dessen bloßes Spiegelbild seine Natur verkündet.

Da der niedere Geist eine zunehmend untergeordnete Stellung einnimmt, setzen sich diese Kräfte des Egos durch, und die Intuition – die der unmittelbaren Sicht der physischen Ebene entspricht – nimmt den Platz des Denkens ein, der mit dem physischen Tastsinn verglichen werden kann.

Die Intuition entwickelt sich demnach in derselben ununterbrochenen Weise und ohne Veränderung der eigentlichen Natur wie sich das Auge aus der Berührung entwickelt. Die Veränderung der „Art und Weise" sollte uns die ordnungsgemäße und folgerichtige Entfaltung der Fähigkeit nicht übersehen lassen.

Der Schüler muss natürlich sorgsam unterscheiden zwischen echter Intuition und der Pseudo-Intuition des Unintelligenten, bei der es sich nur um einen aus dem Verlangen hervorgegangenen Impuls handelt, der nicht über, sondern unter dem Denkprozess steht.

Das Denken entwickelt die Spirillen in den physischen Atomen. Diejenigen, die täglich klar und aufmerksam denken, verbessern dadurch nicht nur ihre eigene Gedankenkraft, sie vermehren auch für andere das verfügbare Material höherer Natur und erleichtern dadurch höheres Denken.

Im Ätherkörper des Menschen steht das Stirn-Chakra, jenes Energiezentrum, welches das dunkelblaue *Prâna* verwertet, mit dem Prinzip des höheren *Manas* in Verbindung.

KAPITEL 18

Entwicklung und Fähigkeiten des Kausalkörpers

In Kapitel fünfzehn haben wir gesehen, dass nur gute Elemente im Kausalkörper aufbewahrt werden und es den schlechten dort an Substanz fehlt, sich zum Ausdruck zu bringen. Wir wollen diese Materie nun etwas näher betrachten und untersuchen, wie sich die schlechten Eigenschaften mehr oder weniger indirekt auf den Kausalkörper auswirken.

In einem unentwickelten Menschen wächst der Kausalkörper äußerst langsam. Durch die Anregung von Sympathieschwingungen werden die höheren, durch das Leben auf den niederen Ebenen entwickelten Eigenschaften allmählich in den Kausalkörper eingebaut. Im Leben eines solchen Menschen wird es nur wenige Gefühle und Gedanken geben, die der höheren Welt angehören und die dem Wachstum des wahren Menschen als Nahrung dienen können. Das Wachstum erfolgt langsam, da das restliche Leben ihm keine Unterstützung bietet.

Aber selbst der schlechteste Mensch kann im Allgemeinen auf der Kausalebene in Erscheinung treten, wenn auch als völlig unentwickeltes Wesen. Seine im Laufe zahlreicher Leben immer wieder auftauchenden Laster vermögen den Kausalkörper nicht zu beschmutzen. Aber möglicherweise erschweren sie es ihm in zunehmendem Maße, die entgegengesetzten Eigenschaften zu entwickeln.

In jedem Fall bedeutet das Vorhandensein einer negativen Eigenschaft in der Persönlichkeit einen Mangel der entsprechenden Tugend im Kausalkörper. Ein Ego kann nicht böse, wohl aber unvollkommen sein. Die von ihm entwickelten Eigenschaften sind gut, und wenn sie klar hervortreten, zeigen sie sich in jeder seiner zahlreichen Persönlichkeiten, und infolgedessen können sich diese Persönlichkeiten niemals die diesen Eigenschaften entgegengesetzten Laster zuschulden kommen lassen.

Dennoch mag es im Ego eine gute Eigenschaft geben, die noch brach liegt. Sobald sie aktiv *ist*, werden sich ihre intensiven Schwingungen auf die niederen Träger auswirken, und die entgegengesetzte, schlechte Eigenschaft kann sich niemals mehr in ihnen festsetzen.

Eine Lücke im Ego, die auf eine unentwickelte Eigenschaft hinweist, muss nicht unbedingt ein bestimmtes Laster in der Persönlichkeit bedeuten; aber es gibt auch nichts *Positives* in der Persönlichkeit, das eine Entwicklung des fraglichen Lasters verhindern könnte. Da wahrscheinlich andere in seinem Umfeld dieses Laster bereits besitzen und der Mensch zur Nachahmung neigt, wird er dieses Laster wohl entwickeln. Dieses gehört jedoch nur den niederen Trägern, nicht dem wahren Menschen im Kausalkörper an. Eine Wiederholung kann in den niederen Körpern eine Bewegung anstoßen, die kaum aufzuhalten ist. Wenn sich aber das Ego aufrafft, die entgegengesetzte Eigenschaft in sich zu entwickeln, wird das Laster an seiner Wurzel ausgerissen und kann nicht überleben, weder in diesem noch in allen kommenden Leben.

Der kürzeste Weg, ein Übel loszuwerden und zu verhindern, dass es wieder auftaucht, besteht darin, die Lücke im Ego zu füllen, so dass die so entwickelte gute Eigenschaft in allen zukünftigen Leben als wesentliche Charaktereigenschaft des Menschen in Erscheinung tritt.

Obwohl nichts Negatives direkt im Kausalkörper gespeichert werden kann, können sich schlechte Eigenschaften dennoch auf ihn auswirken; jede Intensivierung eines Lasters in den niederen Trägern, jedes Schwelgen in den niederen Welten, führt in gewisser Weise dazu, die Leuchtkraft der entgegengesetzten Eigenschaft im Kausalkörper abzuschwächen.

Das „Ich“ kann „nichts Böses assimilieren“, denn es vermag die „Ich“-Bewusstseinsebene nicht zu berühren. Das Ego ist sich des Bösen nicht bewusst; es weiß nichts davon, so dass es unbeeindruckt von ihm bleibt. Die einzige Folge, die im Kausalkörper durch lange, fortgesetzte Leben niederer Art hervorgebracht wird, mag eine gewisse Unfähigkeit sein, für einen beachtlichen Zeitraum danach die entgegengesetzten guten Eindrücke aufzunehmen, eine Art Dumpfheit oder Lähmung der Kausalmaterie. Sie gleicht einer Unbewusstheit, die sich gegen die Eindrücke des Guten sperrt. Das ist die Grenze möglicher Schädigung. Wenn das Negative sehr lange währt, wird es sehr viel mehr Leben bedürfen, um die erste Reaktion auf den positiven Aspekt der Aktivität hervorzulocken.

Dieses Ergebnis wurde im Zuge der Untersuchung früherer Leben beobachtet, bei der man zu verstehen suchte, warum der Kausalkörper im Laufe einer Anzahl von brutalen Leben nicht verletzt wurde. In sehr langwierigen Fällen mit einer ungewöhnlich hohen Anzahl solcher Leben wurde jene Taubheit bemerkt, die aufgrund der wiederholten Schläge von seiten des Bösen über einen langen Zeitraum hin entstanden war. Die Wiederherstellung der reaktionsfähigen Vitalität dieses Teils des Kausalkörpers beanspruchte viele Leben. Solche Fälle entsprechen jedoch nicht der Norm.

Wir wollen die Auswirkungen des Negativen noch einen Schritt weiter verfolgen. Raffinesse und Beharrlichkeit ermöglichen es ihm, etwas von dem Individuum selbst fortzureißen, wenn der Ausdruck erlaubt ist. Wird dem Üblen unaufhörlich gefolgt, verstrickt sich der Mental- so stark mit dem Astralkörper, dass er sich nach dem Tod nicht völlig von ihm befreien kann. Es wird ihm ein Teil seiner Substanz entrissen, und wenn der Astralkörper stirbt und zerfällt, kehrt auch dieses Mentalfragment in das allgemeine Vorratslager von Mentalmaterie zurück und geht dadurch dem Individuum verloren. Im Normalfall reicht die Schädigung des Kausalkörpers nur bis zu diesem Punkt. In

Kapitel XXV werden wir uns mit den technischen Einzelheiten dieses Themenaspekts befassen.

In solchen Fällen, in denen der Intellekt und der Wille des Egos erstarkt sind, die gleichzeitige Entfaltung von Selbstlosigkeit und Liebe aber vernachlässigt wurde, zieht sich das Ego um sein eigenes, isoliertes Zentrum zusammen, anstatt sich auszudehnen. Es umgibt sich mit einem Wall der Selbstsucht und nutzt die sich entfaltenden Kräfte für sich selbst anstatt für andere. In derartigen Fällen entsteht die in zahlreichen heiligen Schriften der Welt angedeutete Möglichkeit, dass sich das Ego bewusst gegen das „Gesetz des Guten" erhebt und absichtlich gegen die Evolution kämpft. Im Kausalkörper tauchen dann durch Kontraktion herbeigeführte, dunkle Farbtöne auf, und er verliert seine Strahlkraft. Ein solcher Schaden kann weder durch ein dürftig entwickeltes Ego noch durch normale, leidenschaftlich bedingte oder mentale Vergehen hervorgerufen werden. Nur ein hoch entwickeltes Ego, dessen Mentalenergien erwacht sind, vermag eine solch weitreichende Schädigung herbeizuführen.

Aus diesem Grunde bergen Ehrgeiz, Stolz und intellektuelle Fähigkeiten, die selbstsüchtige Ziele verfolgen, weitaus größere Gefahren und sind tödlicher in ihren Auswirkungen als die eher augenfälligen Fehler der niederen Natur. Der „Pharisäer" steht dem „Reich Gottes" oft ferner als der „Zöllner und Sünder". Auf diese Art und Weise entwickelt sich der „Schwarzmagier", jener Mensch, der Leidenschaft und Begierde besiegt, den Willen und die höheren Geisteskräfte entwickelt, aber nicht um die Evolution des Ganzen zu fördern, sondern um möglichst alles für sich selbst zu ergreifen und es zu behalten, nicht um es mit anderen zu teilen. Solche Menschen setzen die Trennung gegen die Einheit, indem sie danach trachten, die Evolution zurückzuhalten, anstatt sie zu beschleunigen. Sie schwingen in Dissonanz, anstatt in Harmonie mit dem Ganzen, und laufen Gefahr, das Ego selbst zu spalten, was den Verlust aller Früchte der Evolution bedeutet.

Bisher haben wir hauptsächlich von den Auswirkungen des

Bösen auf das Wachstum eines Menschen gesprochen und wollen nun die andere Seite betrachten. Alle, die den Kausalkörper ein wenig zu verstehen beginnen, können seiner Entwicklung einen bestimmten Stellenwert in ihrem Leben einräumen. Sie sollten sich bemühen, selbstlos zu denken, zu fühlen und zu handeln und auf diese Weise zu seiner Entfaltung und Aktivität beizutragen. Die Entwicklung des Individuums schreitet im Laufe zahlreicher Leben voran, und indem wir uns bewusst bemühen, sein Wachstum zu fördern, arbeiten wir in Einklang mit dem göttlichen Willen und erfüllen den Zweck, dessentwegen wir hier sind. Nichts Gutes, das einmal in den Kausalkörper gewoben wurde, kann jemals verloren gehen oder sich auflösen, denn es ist der lebendige Mensch, solange er Mensch bleibt.

Dem Evolutionsgesetz zufolge trägt alles Böse, so stark es auch zu sein scheint, den Keim der Selbstzerstörung in sich, während in allem Guten der Same der Unsterblichkeit ruht. Das Geheimnis hierfür liegt in der Tatsache, dass alles Böse disharmonisch ist, da es sich dem kosmischen Gesetz widersetzt. Früher oder später wird es daher durch dieses Gesetz aufgebrochen und zerschmettert. Andererseits schwingt alles Gute in Einklang mit dem Gesetz und wird von ihm aufgefangen und weitergeführt; es wird Teil des Evolutionsstroms, der nur das Beste des Ganzen im Sinn hat, und kann daher weder zugrunde gehen noch zerstört werden.

Man kann sich vorstellen, dass die Erfahrungen des Menschen durch ein feines Sieb oder Geflecht rinnen müssen, das nur das Gute hindurch lässt, das Schlechte aber zurückbehält und verwirft. In diesem Vorgang, durch den der Kausalkörper, der Träger des fortdauernden Menschen, aufgebaut wird, liegt nicht nur die Hoffnung des Menschen, sondern die Gewissheit seines letztendlichen Triumphs. Wie langsam das Wachstum auch sein mag, die Gewissheit bleibt; gleichgültig wie lang der Weg ist, er nimmt ein Ende. Das Individuum, unser Selbst, entfaltet sich und kann nicht völlig zerstört werden. Obwohl unsere Torheit das

Wachstum unnötig verlangsamen mag, bleibt auch das Geringste, das wir dazu beisteuern, für immer bestehen und in unserem Besitz, während der Zeitalter, die vor uns liegen.

Obwohl nichts Negatives im Kausalkörper aufbewahrt werden kann, wird es in den betreffenden niederen Trägern sozusagen gelagert. Nach dem Gesetz der Gerechtigkeit muss jeder Mensch die Folgen seiner eigenen Handlungen tragen, seien sie gut oder schlecht. Das Negative wirkt sich gezwungenermaßen auf den niederen Stufen aus, denn nur in der Materie dieser Ebenen können sich seine Schwingungen zum Ausdruck bringen, und es besitzt nicht einmal Obertöne, die in der Lage wären, eine Reaktion im Kausalkörper hervorzurufen. Es verausgabt seine gesamte Kraft auf der eigenen Ebene, was sich entweder in dieser oder in zukünftigen Inkarnationen gänzlich auf das astrale und physische Leben seines Schöpfers auswirkt.

Die Auswirkung des Bösen wird in der Mentaleinheit und in dem permanenten Astral- und physischen Atom gelagert. Auf diese Weise wird der Mensch immer wieder damit konfrontiert, was etwas völlig anderes ist, als es in das Ego aufzunehmen und zu einem tatsächlichen Teil seiner selbst zu machen.

Gute Taten und Gedanken schlagen sich natürlich auch auf den unteren Ebenen nieder, besitzen aber zusätzlich den weitaus höheren und bleibenden Einfluss auf den Kausalkörper. Alles wirkt sich auf die niederen Ebenen aus und manifestiert sich in den niederen, vorübergehenden Trägern, aber nur gute Eigenschaften werden im Kausalkörper als Gewinn für den wahren Menschen zurückbehalten.

Auf diese Weise wird der Kausalkörper zunächst allmählich und schließlich mit zunehmender Geschwindigkeit aufgebaut. Eine Betrachtung der Farben und Streifenbildung des Kausalkörpers auf jeder Wachstumsstufe offenbart den Fortschritt, den das Ego gemacht hat, seit es aus dem Tierreich empor tauchte sowie seine genaue, bisher erreichte Entwicklungsstufe.

In den späteren Evolutionsphasen dehnen sich der Kausal-

und Mentalkörper gewaltig aus und erstrahlen in farbigem Lichterglanz, hell leuchtend im verhältnismäßigen Ruhezustand und strahlend aufblitzend zu Zeiten höchster Aktivität.

Je stärker der Kausalkörper das Ego zum Ausdruck zu bringen vermag, desto weiter dehnt er sich über das physische Zentrum hinaus aus, bis der Mensch die Fähigkeit erlangt, Hunderte und sogar Tausende von Leuten einzuhüllen und so einen gewaltigen Einfluss zum Guten hin ausübt.

Das Einfließen der von der Persönlichkeit erworbenen Eigenschaften in den Kausalkörper ist vergleichbar mit den durchlebten Erfahrungen, die jene Formen, in denen sich Teile der Gruppenseele inkarnieren, in diese einbringen. Wird beispielsweise die Eigenschaft der Genauigkeit entwickelt, so kehrt diese in das Ego zurück und breitet sich über den gesamten Kausalkörper aus. Obwohl sie ausgereicht hatte, eine einzelne Persönlichkeit sehr genau sein zu lassen, bildet sie bei ihrer Rückkehr nur einen Bruchteil dessen, was das Ego fordert. Demzufolge kann es mehrere Leben dauern, um die Eigenschaft so zu entwickeln, dass sie im nächsten Leben hervortritt, besonders weil das Ego in die nächste Persönlichkeit nicht denselben Teil seiner selbst einbringt, sondern irgendein Fragment seines gesamten Seins.

Der Schüler sollte bei seinen Studien beachten, dass der Kausalkörper *nicht* das Ego ist, sondern nur die belebte, höhere Mentalmaterie, die jenen *Tugenden* Ausdruck verleiht, die das Ego erworben hat.

Den wahren Menschen – die göttliche Trinität im Inneren – vermögen wir nicht zu sehen. Doch je mehr sich unser Blick schärft und unser Wissen zunimmt, desto mehr nähern wir uns dem, das sich in ihm verhüllt. Der Kausalkörper kommt der Vorstellung vom wahren Menschen am nächsten.

Die Größe und Form des Mentalkörpers werden von der Größe und Gestalt des Kausalkörpers bestimmt. Die Aura eines Menschen entspricht in ihrem Umfang einem Teil des

Kausalkörpers. Mit seinem Wachstum vergrößert sich auch dieser Teilbereich, und der Mensch besitzt eine größere Aura.

Bei einem entwickelten Menschen spiegelt der Mentalkörper den Kausalkörper wider, da der Mensch lernt, einzig und allein den Eingebungen des höheren Selbst zu folgen und seinen Verstand nur von ihm lenken zu lassen.

Wenn der Mentalkörper während der Meditation (vgl. *Der Mentalkörper*, S. 178) zur Ruhe kommt, entweicht das Bewusstsein und gleitet durch und aus dem „Laya-Zentrum", den neutralen Berührungspunkten zwischen dem Mental- und Kausalkörper. Der Vorgang wird von einer momentanen Ohnmacht oder Bewusstlosigkeit begleitet – eine unvermeidbare Folge des Entschwindens von Bewusstseinsobjekten – gefolgt von einer Bewusstheit auf höherer Ebene. Nach dem Wegfall von Bewusstseinsobjekten, die den niederen Welten angehören, tauchen Bewusstseinsobjekte der höheren Welten auf. Dann kann das Ego seinen Mentalkörper seinen eigenen, lichten Gedanken entsprechend gestalten und ihn mit seinen eigenen Schwingungen durchdringen. Es kann ihn nach den hohen Visionen jener Ebenen formen, die jenseits seiner eigenen liegen und von denen es in seinen höchsten Augenblicken einen Blick erhascht hat, und so Ideen nach unten und außen weiterleiten, auf die der Mentalkörper ansonsten unfähig wäre zu reagieren.

Es sind die Ideen des Genius, die Lichtblitzen gleich in den Geist hinunter schießen und die Welt erhellen.

Das Genie, das vom Ego kommt, *sieht* statt zu argumentieren. Wahre Intuition gehört zu seinen Fähigkeiten. Das niedere Manas oder der niedere Geist, der im Gehirn tätig ist, ordnet Fakten, sammelt Beobachtungen, wägt sie gegeneinander ab und zieht Schlüsse daraus. Er arbeitet durch den Prozess des vernunftmäßigen Folgerns, indem er die Methode von Induktion und Deduktion anwendet.

Intuition hingegen bedeutet Einsicht, nach innen zu blicken – ein Vorgang, so direkt und rasch wie physisches Sehen. Es ist die Wahrnehmung mit den Augen der Intelligenz, die untrügliche Erkenntnis einer Wahrheit, die auf der Mentalebene präsentiert wird. Ein Beweis ist unnötig, denn sie steht jenseits und über der Vernunft. Zwischen bloßem *kâmischen* (begehrlichen) Impuls und wahrer Intuition muss sorgfältig unterschieden werden. Erst wenn die Begierden und Wünsche des niederen *Kâma*-Selbst zur Ruhe gekommen sind, kann die Stimme des höheren Geistes in der niederen Persönlichkeit gehört werden.

In *Isis entschleiert* erklärt H. P. Blavatsky dies klar und deutlich. Die Vernunft ist mit dem irdischen Teil der menschlichen Natur verbündet; zu seiner geistigen Natur gehört sein Gewissen, jene augenblickliche Wahrnehmung von richtig oder falsch, die aus dem Geist kommt, selbst absolut rein und weise, da er ein Teil der göttlichen Weisheit und Reinheit ist. Seine Eingebungen sind unabhängig von der Vernunft und können sich nur eindeutig manifestieren, wenn sie von den minderwertigen Anziehungskräften der niederen Natur nicht gehindert werden.

Die Vernunft, betont sie, die sich ausschließlich auf die Aussage anderer Sinne stützt, kann nicht als eine Eigenschaft bezeichnet werden, die unmittelbar zum göttlichen Geist gehört. Denn der Geist *weiß* – Erörterungen sind überflüssig. Die alten Magier behaupteten, dass der rationale Teil der Seele (Geist) des Menschen niemals vollständig in den menschlichen Körper eintritt, sondern diesen mittels der irrationalen oder astralen Seele, die als Vermittler oder Medium zwischen Geist und Körper wirkt, nur mehr oder weniger überschattet. Ein Mensch, der die Materie so weit überwunden hat, dass er das unmittelbare Licht seines strahlenden *Augoeides* empfängt, erfühlt die Wahrheit intuitiv. Er kann sich in seinem Urteil nicht irren, ungeachtet aller Scheinargumente von seiten des Verstandes, denn er ist erleuchtet. Weissagung, Prophezeiung und so genannte göttliche Inspiration sind nur die Folgen dieser Illumination von oben durch unseren eigenen unsterblichen Geist.

Wie wir einen Docht anzünden und die Farbe der Flamme

von der Art des Dochtes und der Flüssigkeit, in der er getränkt wurde, abhängt, erleuchtet in jedem Menschen die Flamme von *Manas* das Gehirn und den *kâmischen* Docht, und die Farbe der Flamme wird von der *Kâma*-Natur und der Entwicklung des Gehirnapparats abhängen.

In ihrer Abhandlung über den „Genius" äußert sich H. P. Blavatsky zu diesem Thema. Was wir in einer Person als Genie bezeichnen, sind lediglich die mehr oder weniger erfolgreichen Bemühungen des Egos, sich durch seine äußere, objektive Form geltend zu machen. Die *Egos* eines Newton, eines Aeschylus, eines Shakespeare sind aus derselben Essenz und Substanz wie die *Egos* eines Bauern, eines Ignoranten, eines Toren oder sogar eines Idioten. Die Geltendmachung ihres *Genies* beruht auf der physiologischen und materiellen Konstruktion des physischen Menschen. Kein *Ego* unterscheidet sich in seiner ursprünglichen Essenz und Natur von dem anderen *Ego*. Das, was aus dem einen Sterblichen einen großen Menschen und aus einem anderen eine vulgäre, törichte Person macht, hängt von der Qualität und Aufmachung der Schale oder Umhüllung, der Angemessenheit oder Unzulänglichkeit von Gehirn und Körper ab, das Licht des wahren *inneren* Menschen, des *Egos*, weiterzuleiten und ihm Ausdruck zu verleihen.

Es heißt, der physische Mensch ist das Instrument, das Ego der aufführende Künstler. Das Potenzial einer vollkommenen Melodie liegt im Instrument, und kein künstlerisches Geschick vermag einem zerbrochenen oder schlecht gebauten Instrument eine makellose Klangfolge zu entlocken. Diese Harmonie hängt von der genauen Wiedergabe des unausgesprochenen, göttlichen Gedankens in den Tiefen der subjektiven, inneren Natur des Menschen ab, von seinem Ego, von Wort und Tat auf der objektiven Ebene.

Mentale Fähigkeit, intellektuelle Stärke, Scharfsinnigkeit oder Raffinesse sind Manifestationen des niederen *Manas* im Menschen, die bis zu einem „künstlichen Genie", wie H. P.

Blavatsky es nannte, reichen mögen, dem Ergebnis von Kultur und rein intellektuellem Scharfsinn. Sein Wesen wird oft durch *kâmische* Elemente, wie Leidenschaft, Eitelkeit und Arroganz, sichtbar.

Auf der gegenwärtigen Evolutionsstufe des Menschen vermag sich das höhere Manas nur selten zu manifestieren. Sein gelegentliches Aufblitzen ist das, was wir ein echtes Genie nennen. „Erblicke in jeder Manifestation des Genies, *wenn mit Tugend verbunden*, die unleugbare Gegenwart des himmlischen Gefangenen, des göttlichen Egos, dessen Kerkermeister du bist, oh, Mensch der Materie." Derartige Manifestationen hängen von einer Ansammlung individueller, früherer Erfahrungen des Egos in einem oder mehreren vorangegangenen Leben ab. Obwohl in seinem Wesen und seiner Natur allwissend, bedarf es dennoch der Erfahrungen durch seine *Persönlichkeiten* hinsichtlich der irdischen Angelegenheiten, um seine abstrakte Erfahrung auf sie anzuwenden. Die Kultivierung bestimmter Begabungen während einer langen Inkarnationsreihe muss in dem einen oder anderen Leben schließlich als *Genie* irgendeiner Art gipfeln. Aus dem bisher Gesagten geht hervor, dass die Manifestation eines wahren Genies ein reines Leben voraussetzt.

Es ist wichtig zu erkennen, welche Rolle das Ego im Kausalkörper bei der Bildung unserer Vorstellung von äußeren Objekten spielt. Die Schwingungen der Nervenfasern liefern dem Gehirn lediglich Eindrücke; es obliegt dem Ego, sie zu klassifizieren, zusammenzufassen und zu ordnen. Das durch den Geist wirkende Ego unterzieht alles seiner Beurteilung, was die Sinne dem Gehirn übermitteln. Dieses Unterscheidungsvermögen beruht nicht auf einem dem Geist innewohnenden, von Anfang an vollkommenen Instinkt, sondern ist das Ergebnis eines Vergleichs zahlreicher früherer Erfahrungen.

Bevor wir die Möglichkeit erwägen, uns bewusst auf der Kausalebene zu betätigen, sollten wir bedenken, dass ein Mensch, der noch an einen physischen Körper gebunden ist, entweder ein Adept oder einer ihrer eingeweihten Schüler sein muss, um sich in *vollem* Bewusstsein auf der Mentalebene – entweder den niederen oder höheren Stufen – zu bewegen, denn erst wenn der Schüler von seinem Meister gelernt hat, wie er seinen Mentalkörper gebraucht, wird er fähig sein, sich auf den untersten Stufen frei zu bewegen.

Während des irdischen Lebens bewusst auf den höheren Ebenen tätig zu sein, weist auf einen noch größeren Fortschritt hin, denn es bedeutet die Ganzwerdung des Menschen, so dass er hier unten nicht nur eine mehr oder weniger von der über ihr schwebenden Individualität beeinflusste Persönlichkeit darstellt, sondern selbst diese Individualität oder das Ego ist. Gewiss wird er von einem Körper gehemmt und eingeschränkt, aber dennoch trägt er in sich die Macht und das Wissen eines hoch entwickelten Egos.

Zum augenblicklichen Zeitpunkt reicht die Bewusstheit der Menschen gerade bis zum Kausalkörper, und sie können nur in der Materie der dritten Unterebene, nämlich der untersten Kausalstufe, wirken, was gewöhnlich nur in deren niedrigster Materie möglich ist. Befinden sie sich auf dem Pfad, öffnet sich die zweite Unterebene. Der Adept benutzt natürlich den gesamten Kausalkörper, während sein Bewusstsein auf der physischen Ebene weilt. In einem späteren Kapitel werden diese Einzelheiten ein wenig eingehender betrachtet werden.

Auf die speziellen Kräfte des Kausalkörpers eingehend, erinnere man sich, wie es in den beiden ersten Bänden dieser Serie beschrieben wurde, dass der Mensch weder in seinem Astral- noch in seinem Mentalkörper zu einem anderen Planeten unserer Kette zu reisen vermag. In einem hoch entwickelten Kausalkörper kann dies jedoch erreicht werden, obwohl selbst dann keineswegs mit der Leichtigkeit und Schnelligkeit, mit der dies auf der buddhischen Ebene denjenigen möglich wird, denen es gelungen ist, ihr Bewusstsein auf diese Ebene zu erheben.

Es hat den Anschein, dass ein Kausalkörper normalerweise

nicht fähig ist, sich im interstellaren Raum zu bewegen. In diesem Raum scheinen die Atome weit auseinander und in gleichem Abstand zueinander zu liegen, was wahrscheinlich ihr Normalzustand ist, werden sie nicht gestört. Deshalb spricht man auch von den so genannten „freien“ Atomen. Innerhalb der Atmosphäre eines Planeten werden sie niemals in diesem Zustand vorgefunden, denn selbst wenn sie keine Formen bilden, presst sie die Anziehungskraft beachtlich zusammen.

Im interplanetarischen Raum wird es aufgrund der mächtigen Störungen durch die Materie von Meteoren und Kometen wahrscheinlich nicht genau dieselben Bedingungen wie im interstellaren Raum geben. Hinzu kommt die gewaltige Anziehungskraft der Sonne, die ebenfalls für eine starke Kompression innerhalb der Grenzen dieses Systems sorgt.

Somit wird die Kausalmaterie eines Menschen von der Anziehungskraft in eine bestimmte verdichtete Form komprimiert, obwohl sich die Atome selbst dabei nicht verändern oder zu Molekülen zusammenballen. Während ein solcher Körper in der Nachbarschaft eines Planeten, in der die atomare Materie zusammengepresst wird, gut auf seiner eigenen Atomarebene existieren kann, wäre er unfähig, sich im weit entfernten Raum mit den „freien“ und nicht komprimierten Atomen zu bewegen und zu betätigen.

Die Fähigkeit der Vergrößerung gehört zum Kausalkörper und steht in Verbindung mit dem Stirn-Chakra, dem Energiezentrum zwischen den Augenbrauen. Aus dem Mittelpunkt dieses Chakras ragt ein winziges Mikroskop hervor, dessen Linse aus nur einem einzigen Atom besteht. Auf diese Weise bildet sich ein Werkzeug, das die gleiche Größe besitzt wie die winzigen Beobachtungsobjekte. Dabei kann es sich um ein physisches, Astral- oder Mentalatom handeln, das in jedem Fall der speziellen Aufbereitung bedarf. Alle seine Spirillen müssen geöffnet sein, ebenso wie es am Ende unserer Erden-Entwicklung sein wird.

Wird ein Atom aus einer unter der Kausalebene gelegenen

Ebene als Okular verwendet, wird ein System reflektierender Gegenstücke nötig, um jeden erforderlichen Vergrößerungsgrad einstellen zu können, der auf das Untersuchungsobjekt passt. Eine weitere Ausdehnung derselben Kraft ermöglicht es dem Betrachter, sein eigenes Bewusstsein in der Linse, durch die er blickt, zu fokussieren und es dann auf entfernt gelegene Punkte zu projizieren.

Eine andere Anordnung derselben Kraft kann der Verkleinerung dienen, will man etwas als Ganzes betrachten, das zu umfangreich ist, um es mit dem normalen Sehvermögen auf einen Blick zu erfassen.

Mit dem Auge des Kausalkörpers kann man bis zu einem gewissen Grad in die Zukunft blicken. Sogar die physischen Sinne lassen einen bisweilen bestimmte Dinge vorhersagen. Einem Menschen, der ein ausschweifendes Leben führt, kann man mit Gewissheit prophezeien, dass er bald seine Gesundheit und sein Vermögen verlieren wird, falls er sich nicht ändert. Ob er sich nun ändert oder nicht, das entzieht sich einer Vorhersage mit physischen Mitteln.

Ein Mensch mit kausalem Sehvermögen wäre dazu in der Lage, weil für ihn die in diesem Fall noch ungenutzten Kräfte sichtbar sind. Er könnte sehen, wie das Ego dazu steht und ob es stark genug ist, einzugreifen. Keine rein physische Vorhersage ist sicher, da zahlreiche Ursachen, die das Leben beeinflussen, auf dieser niederen Stufe nicht wahrgenommen werden können. Wird aber das Bewusstsein auf höhere Ebenen erhoben, können wir die Ursachen besser erkennen und die Auswirkungen genauer einschätzen.

Es fällt natürlich leichter, die Zukunft eines unentwickelten Menschen vorauszusagen als die eines fortgeschrittenen. Der Durchschnittsmensch besitzt nur geringe Willenskraft; das Karma teilt ihm bestimmte Gegebenheiten zu, und er ist das Geschöpf seines Umfelds. Er akzeptiert das für ihn vorgezeichnete Schicksal, weil er nicht weiß, dass er es ändern kann.

Ein entwickelter Mensch hingegen nimmt sein Schicksal in die Hand und gestaltet es. Er bestimmt seine Zukunft nach seinem Willen, indem er dem Karma aus der Vergangenheit entgegenwirkt, da er neue Kräfte in Bewegung setzt. Daher lässt sich seine Zukunft nicht so leicht voraussagen. Doch zweifellos könnte selbst in einem solchen Fall ein Adept, der den latenten Willen zu sehen vermag, auch einschätzen, wie der Betreffende diesen einsetzen würde.

Leser, die sich mit dem Mentalkörper beschäftigt haben, werden sich an eine Beschreibung der Âkashâ-Chronik, manchmal auch Gedächtnis der Natur genannt, erinnern. Das Lesen dieser Aufzeichnungen geschieht durch den Kausalkörper, wobei der Mentalkörper lediglich in Reaktion auf diese Aktivität mitschwingt. Nur ein vollständig entwickelter Kausalkörper vermag daher die Chronik fehlerfrei und zuverlässig zu lesen.

Charles W. Leadbeater beschreibt einen interessanten und ungewöhnlichen Fall, bei dem ein Mann aufgrund leichtsinniger mentaler Überanstrengung seine kausalen Fähigkeiten in einer Weise antrieb, dass er sprunghaft in der Lage war, die Aufzeichnungen klar und deutlich zu lesen. Außerdem gelang es ihm, bis zu einem gewissen Ausmaß, die Kraft der Vergrößerung einzusetzen, besonders im Hinblick auf Düfte. Die Folge, ein typisches Merkmal dieser Fähigkeit, war die Vergröberung eines Duftes, der seine Feinheit verlor und einer Art Wolltuch oder Sandschale glich. Durch die Kraft der Vergrößerung können die winzigen physischen Partikel, die unseren Geruchssinn anregen, wie Sandpapierkörner einzeln wahrgenommen werden, was ein Empfinden von Rauheit hervorruft.

Es erübrigt sich, darauf hinzuweisen, dass es streng abzulehnen ist, die Kräfte des Kausalkörpers aufgrund von Überanstrengung zu wecken, da es sehr viel eher zu einem Zusammenbruch des Gehirns oder Nervensystems führt, als dass, wie in jenem seltenen Fall, die kausalen Fähigkeiten geweckt werden.

Wenn ein Mensch sein Bewusstsein bis zur höchsten Unterabteilung des Kausalkörpers erhebt und es ausschließlich auf die Atomarsubstanz der Mentalebene konzentriert, sieht er sich drei Möglichkeiten gegenüber, sein Bewusstsein zu bewegen, die in gewisser Weise den drei Raumdimensionen entsprechen.

(1) Offensichtlich bietet sich ihm ein Weg an, es in die zweite Unterstufe der Mentalebene hinunter oder die tiefste Unterstufe der buddhischen Ebene hinauf zu bewegen, vorausgesetzt natürlich, er hat seinen buddhischen Körper ausreichend entwickelt, um ihn als Träger benutzen zu können.

(2)Die zweite Bewegungsbahn bildet die Abkürzung von der atomaren Unterabteilung einer Ebene zu der entsprechenden atomaren Unterabteilung der darüber oder der darunter gelegenen Ebene, ohne eine der dazwischen liegenden Unterebenen zu berühren.

(3)Eine dritte Möglichkeit besteht weniger aus einer zu den beiden anderen rechtwinklig verlaufenden *Bewegung,* als vielmehr aus einem Aufblicken entlang einer solchen Linie, der Verbindunglinie zwischen dem Ego und der Monade, vergleichbar mit jemandem, der vom Grund eines Brunnens zu einem Stern am Himmel über ihm hinaufblickt.

Es besteht eine direkte Kommunikationslinie zwischen der atomaren Unterebene des Mentalen in dieser niedrigsten *kosmischen* Ebene und der entsprechenden atomaren mentalen in der *kosmischen* Mentalebene. Obwohl wir zur Zeit noch unendlich weit davon entfernt sind, diesen Weg emporzuklettern, erklärt Leadbeater, dass wir irgendwann einmal schließlich die Erfahrung machen werden, einen Augenblick lang hinauf schauen zu können. Es sei hoffnungslos, fährt er fort, das Geschaute in Worte kleiden zu wollen, denn kein menschlicher Begriff könnte es auch nur annähernd erfassen. Eines aber wisse man dann mit unerschütterlicher Gewissheit, dass das, was wir bisher für unser Bewusstsein, unseren Intellekt, gehalten haben, überhaupt nicht zu uns gehört, sondern zu Ihm, nicht nur eine Widerspiegelung, sondern wirklich und wahrhaftig ein Teil Seines Bewusstseins,

Seines Intellekts ist. Wir verstehen es vielleicht ein wenig besser, wenn wir bedenken, dass das menschliche Ego selbst eine Manifestation der dritten Ausgießung darstellt, der Seinem ersten Aspekt, dem ewigen, all-liebenden Vater, entspringt.

Das Wachstum und die Entwicklung des Kausalkörpers wird weitgehend durch das Wirken der Meister unterstützt, die sich mehr mit den Egos in ihren Kausalkörpern als mit den niederen Trägern des Menschen befassen. Sie haben es sich zur Aufgabe gemacht, so wie das Sonnenlicht auf die Blumen scheint, ihre geistige Strahlkraft über die Menschen zu ergießen und dabei das Edelste und Beste in allen zu wecken und auf diese Weise ihr Wachstum zu fördern. Viele Leute sind sich bisweilen eines derartig hilfreichen Einflusses bewusst, aber noch unfähig, ihn auf seinen Ursprung zurückzuverfolgen.

KAPITEL 19

Das Leben nach dem Tod – Der fünfte Himmel

In *Der Astralkörper* und *Der Mentalkörper* haben wir uns mit dem Leben des Menschen nach seinem Tod beschäftigt, das er in seinem Mentalkörper auf der Astral- und niederen Mentalebene im ersten, zweiten, dritten und vierten Himmel beziehungsweise in der siebten, sechsten, fünften und vierten Unterebene führt. Nun werden wir uns dem Leben nach dem Tod im Kausalkörper auf den drei höheren Stufen der Mentalebene zuwenden.

Der Unterschied zwischen den beiden Hauptbereichen der Mentalebene – dem niederen oder *rûpa* (formhaften) und dem höheren oder *arûpa* (formlosen) – tritt stark hervor. Die beiden Welten sind so verschieden, dass es unterschiedlicher Bewusstseinsträger bedarf, um darin tätig zu sein.

In *Der Mentalkörper* wurden das Grundprinzip und der Sinn des Devachan bereits erläutert und ebenfalls erklärt, warum dieses für die große Mehrheit der Leute notwendig ist. In gewissen Ausnahmefällen allerdings kann ein genügend entwickelter Mensch mit Erlaubnis einer sehr hohen Autorität dem „Devachan entsagen" und eine Reihe von Inkarnationen, die ohne nennenswerte Abstände rasch aufeinanderfolgen, auf sich nehmen.

In der niederen Mentalebene herrscht die Materie vor; sie springt sofort ins Auge. Bewusstsein schimmert nur mühsam durch die Formen. In den höheren Ebenen hingegen steht das Leben an erster Stelle, und Formen dienen lediglich dazu, seine Zwecke zu erfüllen. Die Schwierigkeit in den niederen Ebenen besteht darin, dem Leben in den Formen Ausdruck zu verleihen. Auf den höheren Stufen verhält es sich genau umgekehrt – es gilt, die Lebensflut zu halten und ihr Form zu verleihen. Nur über der Trennlinie zwischen den niederen und höheren Mentalebenen ist das Bewusstseinslicht keinem Wind ausgesetzt und leuchtet mit eigener Kraft. Das Sinnbild eines geistigen Feuers trifft auf diese Bewusstseinsebene zu, im Unterschied zu den niederen Stufen, auf denen es durch ein Brennstoff verzehrendes Feuer besser symbolisiert wird.

Auf den *Rûpa*-Ebenen untersteht die Materie dem Leben und verändert sich laufend. Mit jedem neuen Gedanken wechselt ein Wesen die Gestalt. Die Materie ist ein Instrument seines Lebens, nicht ein Ausdruck seiner selbst. Eine Form entsteht vorübergehend und wandelt sich mit jeder Veränderung seines Lebens. Dies trifft nicht nur auf die *Arûpa*-Stufen von *Manas*, sondern in feiner Weise auch auf die *Buddhi*-Ebenen und auf das geistige Ego zu.

Das herrliche Leben in den Himmeln der Mentalebene findet schließlich ein Ende. Der Mentalkörper fällt ab, wie die anderen Träger vor ihm, und das Leben des Menschen beginnt in seinem Kausalkörper. Während des gesamten Aufenthalts in den Himmeln wird die Persönlichkeit des letzten physischen Lebens beibehalten. Erst wenn sich das Bewusstsein in den Kausalkörper zurückzieht, geht dieses Empfinden für die Persönlichkeit in der Individualität auf, und der Mensch erkennt sich zum ersten Mal seit seinem Abstieg in die Inkarnation als das wahre und verhältnismäßig dauerhafte Ego.

Im Kausalkörper benötigt er keine „Fenster" – die in den niederen Himmeln durch seine eigenen Gedanken entstanden sind – denn die Kausalebene ist seine wahre Heimat, und alle Mauern sind gefallen.

Die Mehrheit der Menschen wird sich dieser Höhe kaum bewusst; sie befindet sich in einem träumerischen Halbschlaf. So begrenzt ihr Blick aufgrund mangelnder Entwicklung sein mag, ihre Vision ist wahr.

Das Leben im höheren Himmel spielt im Dasein des Durchschnittsmenschen eine nur geringe Rolle, da die Entwicklung seines Egos nicht ausreicht, in seinem Kausalkörper wach zu sein. Zurückgebliebene Egos erreichen den Himmel niemals *bewusst*, während eine noch größere Anzahl einige der niederen Unterebenen nur andeutungsweise berührt.

Ein geistig entwickelter Mensch führt als Ego in seiner eigenen Welt ein herrliches Leben voller Zufriedenheit.

Dennoch, bewusst oder unbewusst, jeder Mensch muss die höheren Stufen der Mentalebene berühren, bevor er wiedergeboren werden kann. Mit fortschreitender Entwicklung wird diese Berührung für ihn immer eindeutiger und wirklicher. Nicht nur, dass er dort bewusster ist, er verbringt auch einen längeren Zeitraum in dieser realen Welt, denn sein Bewusstsein steigt langsam aber sicher die verschiedenen Ebenen des Systems empor.

Die in der höheren mentalen Welt zugebrachte Periode mag der jeweiligen Entwicklungsstufe entsprechend variieren, kann von zwei oder drei Tagen der Unbewusstheit, bei einem unentwickelten Durchschnittsmenschen, bis zu vielen Jahren bewussten, wunderbaren Lebens im Falle ungewöhnlich fortgeschrittener Menschen dauern.

Die zwischen den Inkarnationen in den Himmeln zugebrachte Zeit hängt von drei Hauptfaktoren ab: (1) der Gruppe, der ein Ego angehört; (2) der Art und Weise, in der es zur Individualisation gelangte und (3) der Länge und Natur seines letzten Lebens. Da dieses Thema in *Der Mentalkörper* ausführlich behandelt wurde, erübrigt es sich, an dieser Stelle nochmals darauf einzugehen.

Selbst wenn wir, um das richtige Verhältnis zum Ganzen einigermaßen einzuschätzen, vollständig erkannt haben, welch verhältnismäßig geringer Anteil eines jeden Lebenszyklus auf der physischen Ebene verbracht wird, dürfen wir die weitaus größere Realität des Lebens in den höheren Welten keinesfalls außer Acht lassen. Diesen Punkt kann man nicht genügend hervorheben, denn die meisten Menschen stehen noch derartig stark unter der Herrschaft ihrer physischen Sinne, dass die Unwirklichkeiten der niederen Welt wohl die einzige Wirklichkeit für sie sind, und je stärker etwas der wahren Realität näher rückt, desto unwirklicher und unverständlicher erscheint es ihnen.

Aus ersichtlichen Gründen hat man die Astralwelt die Welt der Illusionen genannt, dennoch kommt sie der Wirklichkeit einen Schritt näher; so weit der Astralblick auch von der klaren, alles umfassenden Schau des Menschen auf seiner eigenen Ebene entfernt sein mag, ist er zumindest schärfer und verlässlicher als der physische Sehsinn. Und wie der astrale zum physischen, so verhält sich der mentale zum astralen, außer dass die Proportion an Stärke gewonnen hat. Der Aufenthalt auf diesen höheren Ebenen umfasst nicht nur einen längeren Zeitraum als das irdische Leben, sondern jeder Augenblick kann, wenn richtig genutzt, sehr viel fruchtbarer sein, als es in derselben Zeitspanne auf der physischen Ebene jemals möglich wäre.

Nach dem Prinzip, welches das Leben nach dem Tod regiert, verkürzt sich mit fortschreitender Evolution das Dasein auf den niederen Ebenen, den astralen und mentalen, während das höhere Leben fortlaufend länger und erfüllter wird. Schließlich kommt die Zeit einer Vereinigung des Bewusstseins, wenn nämlich das höhere und das niedere Selbst unauflöslich miteinander vereinigt sind und der Mensch sich nicht länger in seine eigene Gedankenwolke hüllen und das wenige, das er durchschimmern sieht, für die gesamte große Himmelswelt hält, die ihn umgibt. Dann erkennt er die Möglichkeiten, die ihm sein Leben bietet, und kann zum ersten Mal beginnen, wirklich zu leben. Doch wenn er diese Höhen erreicht, wird er den Pfad bereits betreten haben und seinen weiteren Fortschritt entschlossen in die eigene Hand nehmen.

Erst wenn sich das Bewusstsein aus den niederen Körpern zurückgezogen hat und sich erneut im Ego zentriert, kennt er das endgültige Ergebnis der soeben beendeten Inkarnation. Die in dem speziellen, kleinen Zyklus seiner Evolution neu erworbenen

Eigenschaften werden sichtbar. In diesem Augenblick erhascht er auch einen Einblick in das Leben als Ganzes. Einen Moment lang erhellt ein klarer Bewusstseinsstrahl das Ego, und es erkennt das Resultat des gerade abgeschlossenen Lebens und etwas von dem, was bei seiner nächsten Geburt folgen wird.

Dieser Einblick enthält wohl kaum das Wissen um die Beschaffenheit der nächsten Inkarnation, höchstens äußerst verschwommen und ganz allgemein gesehen. Der Schwerpunkt des kommenden Lebens und der beabsichtigte darin zu machende Fortschritt wären zweifellos sichtbar, doch das Geschaute erfüllt hauptsächlich den Zweck, als Lektion im Hinblick der karmischen Auswirkung seiner vergangenen Handlungsweise zu dienen. Es wird ihm eine Gelegenheit geboten, die es entsprechend seiner bis dahin erreichten Entwicklungsstufe mehr oder weniger nutzt.

Zunächst wird dies kaum der Fall sein, da es sich nur schwach bewusst und wenig geeignet ist, die Fakten und ihr vielfältiges Ineinandergreifen zu begreifen. Doch mit der Zeit wächst die Erkenntniskraft, der später die Fähigkeit folgt, sich an jenes Aufblitzen am Ende früherer Leben zu erinnern und es miteinander zu vergleichen, um so den Fortschritt, den es auf seinem Weg macht, einzuschätzen. Zusätzlich wird es ein wenig Zeit darauf verwenden, das vor ihm liegende Leben zu planen. Sein Bewusstsein nimmt allmählich zu, bis es jedesmal, wenn es sie berührt, ein nennenswertes Dasein auf den höheren Mentalebenen erreicht.

Der fünfte Himmel – die dritte Unterebene

Sie ist die niedrigste der *arûpa* oder formlosen mentalen Unterebenen und von allen uns bekannten Regionen am stärksten bevölkert, weil sich hier zurzeit fast alle sechzig Milliarden Seelen, die an der augenblicklichen Menschenevolution beteiligt sein sollen, aufhalten – alle, ausgenommen die verhältnismäßig geringe Anzahl derjenigen, die fähig sind, auf der zweiten und ersten Unterebene tätig zu sein.

Wie wir bereits gesehen haben, wird jede Seele durch eine Eiform verkörpert, bei der es sich zunächst nur um eine farblose Hülle handelt, die aber später, mit Entwicklung des Egos, wie eine Seifenblase farbig zu schillern beginnt, indem wechselnde Farbtöne über die Oberfläche huschen, so als spiele das Sonnenlicht mit den Tropfen eines Wasserfalls.

Die unterschiedlichen Schwingungen auf der Oberfläche eines Kausalkörpers weisen darauf hin, ob er mit einem physischen Körper verbunden ist oder nicht, weshalb man auf dieser Ebene leicht erkennen kann, ob sich ein Individuum zu diesem Zeitpunkt in der Inkarnation befindet oder nicht.

Die überwiegende Mehrheit, innerhalb oder außerhalb des Körpers, verweilt in träumerischer Halbbewusstheit, obwohl es nur noch wenige in dem Zustand gänzlich farbloser Hüllen gibt. Diejenigen, die voll erwacht sind, bilden die strahlende Ausnahme und erheben sich inmitten der weniger leuchtenden Masse wie Sterne erster Größe. Zwischen ihnen und den am wenigsten entwickelten staffeln sich alle Arten von Größe und Schönheit, so dass jeder Einzelne die genaue Evolutionsstufe widerspiegelt, die er erreicht hat.

Bei den meisten fehlt es selbst der erlangten Bewusstseinsstufe noch an der genügenden Klarheit, den Sinn der Evolutionsgesetze zu verstehen, in die sie verwickelt sind. Sie streben nach Inkarnation, indem sie dem Impuls des kosmischen Willens Gehorsam leisten, aber auch *Tanhâ,* dem blinden Verlangen nach manifestiertem Leben, dem Wunsch, irgendeine Region zu finden, in der sie fühlen und bewusst leben können. In ihren frühen Stadien vermögen solche Wesen die ungeheuer raschen und durchdringenden Schwingungen der höchst feinen Materie ihrer eigenen Ebene nicht zu spüren. Die starken und groben, aber verhältnismäßig langsamen Bewegungen der schwereren

Materie der physischen Ebene sind die einzigen, die irgendeine Reaktion in ihnen hervorzurufen vermögen. Daher fühlen sie sich nur auf der physischen Ebene lebendig, was ihr starkes Verlangen nach Wiedergeburt in das irdische Leben erklärt.

Eine Zeit lang entspricht ihr Verlangen genau dem Evolutionsgesetz. Sie können sich nur durch diese von außen kommenden Einwirkungen entwickeln, auf die sie allmählich reagieren und denen sie auf dieser frühen Stufe nur im Erdenleben ausgesetzt sind. Ihre Reaktionsfähigkeit entfaltet sich langsam immer stärker und erwacht als erstes für die höheren und feineren physischen Schwingungen und noch langsamer für die der Astralebene. Als nächstes bilden sich ihre Astralkörper, die bis dahin nur als Brücken zur Übermittlung von Empfindungen an das Ego wirkten, allmählich zu deutlichen Trägern aus, die sie benutzen können, und ihr Bewusstsein beginnt sich mehr in ihren Emotionen als in ihren rein physischen Empfindungen zu konzentrieren.

Auf einer späteren Stufe, aber immer durch denselben Lernprozess, auf von außen kommende Einwirkungen zu reagieren, gelingt es dem Ego, sein Bewusstsein im Mentalkörper zu konzentrieren, in den Mentalbildern, und ihnen entsprechend zu leben, die es für sich geschaffen hat, um auf diese Weise seine Emotionen durch den Geist zu lenken.

Noch weiter auf dem Evolutionspfad emporsteigend, bewegt sich das Zentrum zum Kausalkörper hinauf, und das Ego erkennt sein wahres Leben. Wenn dieser Grad erreicht ist, wird es sich auf einer höheren, über der dritten Unterebene gelegenen Stufe befinden, und die niedere, irdische Existenz wird nicht mehr nötig sein. Im Moment aber beschäftigen wir uns mit der weniger entwickelten Mehrheit, die ihre Persönlichkeiten auf den unteren Lebensstufen wie tastende Fühler im Ozean der Existenz hin und her bewegt. Dabei ist sie sich noch keineswegs bewusst, dass diese Persönlichkeiten nur dazu dienen, sie zu nähren und ihr zum Wachstum zu verhelfen. Sie sieht nichts von ihrer Vergangenheit oder Zukunft und ist nicht einmal auf ihrer eigenen Ebene bewusst. Dennoch, langsam die Erfahrung in sich aufnehmend und verarbeitend, entwickelt sich ein gewisses Empfinden dafür, welche Verhaltensweise gut und welche schlecht ist, was sich in der dazugehörigen Persönlichkeit als beginnendes Gewissen äußert, sowie ein Gefühl für gut und böse. Mit zunehmender Entwicklung bildet sich dieses Empfinden immer deutlicher in der niederen Natur heraus und wird zur wirkungsvollen Richtschnur für das Verhalten.

Aufgrund der Gelegenheit, die jene Bewusstseinsblitze bieten, von denen wir sprachen, entwickeln sich die fortgeschrittenen Egos dieser Unterebene bis zu einem Punkt, an dem sie sich mit der Betrachtung ihrer Vergangenheit befassen, indem sie die Ursachen aufspüren und eine Menge aus dieser Rückschau lernen, so dass die nach unten gesandten Impulse klarer und eindeutiger werden und sich im niederen Bewusstsein als feste Überzeugungen und zwingende Intuitionen niederschlagen.

Es erübrigt sich hervorzuheben, dass die Gedankenbilder der *Rûpa*- oder Formebenen nicht in den höheren Himmel übertragen werden. Es gibt keinerlei Illusionen mehr, und jedes Ego kennt seine wahre Familie, sieht und wird in seiner eigenen königlichen Natur gesehen, als der wahrhaft unsterbliche Mensch, der, verbunden mit seinem wahren Sein, von Leben zu Leben schreitet.

Auf dieser dritten Unterebene findet man auch die wenigen individualisierten Angehörigen des Tierreichs. Streng genommen, handelt es sich nicht mehr um Tiere. Es sind jene wenigen sichtbaren, in ihrer Größe noch unentwickelten Kausalkörper, die aber schon ganz schwach farbig schillern, was auf die ersten Schwingungen neu entstandener Eigenschaften zurückzuführen ist.

Wenn sich das individualisierte Tier in seinen Kausalkörper zurückzieht und dem Lauf des Evolutionsrades entgegensieht, das ihm die Möglichkeit einer unentwickelten, aber menschlichen Inkarnation bieten wird, scheint es sein Bewusstsein für äußere Dinge fast völlig zu verlieren und seine Zeit in einer Art verzückter Trance tiefsten Friedens und Wohlbefindens zu verbringen. Doch selbst dann findet mit Sicherheit eine Art Entwicklung statt, obwohl wir deren Natur wohl kaum verstehen. In jedem Fall erfreut es sich der höchsten Glückseligkeit, derer es auf seiner Ebene fähig ist.

KAPITEL 20

Der sechste Himmel – Die Zweite Unterebene

Aus dem dicht gedrängten fünften Himmel wenden wir uns nun einer eher dünn besiedelten Welt zu, so als ginge man von einer Großstadt aufs Land. Auf der gegenwärtigen Stufe menschlicher Evolution sind nur sehr wenige Individuen zu dieser hohen Ebene emporgestiegen, auf der selbst der am geringsten Fortgeschrittene eindeutig seiner selbst und seiner Umgebung bewusst ist.

Er vermag zumindest bis zu einem gewissen Grad seine Vergangenheit an sich vorüberziehen zu lassen und Sinn und Weg der Evolution zu sehen. Er weiß, dass er an der Selbstverwirklichung arbeitet und erkennt die Stufen des physischen und des Lebens nach dem Tod, das er in seinen niederen Trägern durchschreitet.

Die Persönlichkeit, mit der er verbunden ist, betrachtet er als einen Teil seiner selbst und bemüht sich, sie zu lenken, indem er sein Wissen aus der Vergangenheit als Erfahrungsschatz einsetzt, anhand dessen er Verhaltensregeln formuliert, eindeutige und unabänderliche Überzeugungen hinsichtlich richtig und falsch. Diese sendet er in den niederen Geist hinunter und überwacht und leitet seine Aktivitäten.

Zu Beginn seines Daseins auf dieser Unterebene mag es ihm nicht gelingen, dem niederen Verstand ein logisches Verständnis für die Grundlagen der Prinzipien nahezulegen, die er ihm einprägt; dennoch vermag er ihn zu beeindrucken, so dass abstrakte Ideen, wie Wahrheit, Gerechtigkeit und Ehre, unangefochtene und prägende Konzepte im niederen mentalen Leben werden.

Solche Grundsätze sind fest in den Fasern seines Seins verankert, ungeachtet des Drucks der Umstände oder der Qual der Versuchung, so dass es unmöglich wird, ihnen zuwider zu handeln. Denn diese Prinzipien entspringen dem Leben des Egos.

Obwohl er seine niederen Träger erfolgreich lenkt, sind seine Kenntnisse von dieser Seinsstufe oft alles andere als genau und klar. Es sieht die niederen Ebenen nur verschwommen und versteht eher ihre Prinzipien als ihre Einzelheiten, und ein Teil seiner Entwicklung auf dieser Unterebene besteht darin, immer bewusster in unmittelbaren Kontakt mit der Persönlichkeit zu treten, die ihn da unten so unvollkommen vertritt.

Nur Personen, die bewusst geistiges Wachstum anstreben, halten sich auf dieser Unterebene auf und sind folglich für Einflüsse aus Ebenen über ihnen weitgehend empfänglich. Die Kommunikation wächst und erweitert sich, und ein zunehmend mächtiger Strom fließt hindurch. Unter diesem Einfluss wird der Gedanke klar und durchdringend, selbst bei den weniger Entwickelten. Die Wirkung macht sich im niederen Geist als eine Neigung zur Philosophie und abstraktem Denken bemerkbar.

In den höher entwickelten Personen reicht der Blick sehr weit; verbunden mit klarer Einsicht schweift er über die Vergangenheit, erkennt die entstandenen Ursachen, ihre Verarbeitung und die verbliebenen, noch nicht ausgemerzten Wirkungen.

Die auf dieser Ebene lebenden Egos verfügen über umfangreiche Wachstumsmöglichkeiten, wenn sie von ihrem physischen Körper befreit sind. Hier empfangen sie Anweisungen von fortgeschritteneren Wesenheiten und treten mit ihren Lehrern in unmittelbaren Kontakt. Die Essenz einer Idee fliegt nicht mehr durch Gedankenbilder, sondern als helle Blitze, die sich kaum beschreiben lassen, wie ein Stern von einem Ego zum anderen, und die Wechselbeziehung erfolgt in Lichtwellen, die aus dem Zentralstern hervorbrechen und keiner besonderen Erklärung bedürfen. Hier gleicht der Gedanke einem in einen Raum gestellten Licht; er leuchtet alles aus, ohne dass Worte es beschreiben müssen.

In diesem sechsten Himmel nimmt ein Mensch auch die

ungeheuren Schätze des göttlichen Schöpfergeistes wahr und kann die Archetypen aller Formen studieren, die sich in den niederen Welten allmählich entwickeln. Er mag die Schwierigkeiten enträtseln, die bei der Ausarbeitung dieser Archetypen entstehen, das partiell Gute, das der begrenzten Sicht des im Fleisch gefangenen Menschen als böse erscheint. Der umfassende Blick dieser Ebene lässt die Erscheinungsbilder ihren angemessenen Stellenwert einnehmen, und ein Mensch erkennt die Richtigkeit der göttlichen Wege im Hinblick auf die Evolution der niederen Welten.

KAPITEL 21

Der siebte Himmel – Die erste Unterebene

In dieser herrlichsten aller Himmelsebenen halten sich nur wenige aus unserer Menschheit auf, denn in ihren Höhen weilen ausschließlich die Meister der Weisheit und des Mitgefühls und deren eingeweihte Schüler.

In einem der frühen Briefe eines Meisters hieß es, dass nur ein Eingeweihter in der Lage sei, den Zustand des ersten und zweiten Elementarreichs – der Kausal- und höheren Mentalebene – zu begreifen. Es wird uns daher wohl kaum gelingen, diese Welten auf der physischen Ebene zu beschreiben.

Es gibt keine Worte, die Schönheit von Form, Farbe und Klang auf der Kausalebene wiederzugeben, denn die Sprache der Sterblichen verfügt über keine Ausdrücke, diesen strahlenden Glanz wiederzugeben.

Der siebte Himmel bringt uns zum ersten Mal mit einer rein kosmischen Ebene in Berührung, denn der atomare Teil unserer Mentalebene ist die niedrigste Unterebene des Mentalkörpers des planetarischen Logos. Auf dieser Ebene finden wir Wesenheiten, die sich mit bloßen Worten nicht beschreiben lassen. Diese kosmischen Scharen wollen wir im Rahmen unserer Abhandlung ausklammern und uns streng auf die Bewohner insbesondere der Mentalebene unserer eigenen Weltenkette beschränken.

Diejenigen, die sich dort aufhalten, haben die mentale Entwicklung abgeschlossen, so dass das Höhere stets das Niedere durchstrahlt. Aus ihrer Sicht ist der Illusionsschleier der Persönlichkeit gelüftet und sie wissen und erkennen, dass sie *nicht* die niedere Natur sind, sondern sie nur als Erfahrungsträger benutzen.

In den weniger entwickelten unter ihnen mag sie noch die Macht besitzen, sie zu schütteln und zu hemmen, aber sie werden niemals mehr dem Trugschluss erliegen, den Träger mit dem dahinter stehenden Selbst zu verwechseln. Davor werden sie bewahrt, denn sie tragen ihr Bewusstsein nicht nur von einem Tag zum anderen, sondern von einer Inkarnation zur nächsten weiter, so dass vergangene Leben nicht so sehr in der Rückschau betrachtet werden, sondern dem Bewusstsein stets präsent sind und der Mensch sie als ein einziges und weniger als mehrere Leben empfindet.

Auf dieser Ebene ist sich das Ego der niederen Himmelswelt ebenso bewusst wie seiner eigenen. Mit einer mentalen Manifestation seiner Freunde kann er in einen intensiven Gedankenaustausch treten.

Auf der dritten Unterebene, und sogar im unteren Bereich der zweiten, nahm er die unter ihm liegenden Unterebenen nur verschwommen wahr, und sein Wirken in der Gedankenform lief weitgehend instinktiv und automatisch ab. Sobald er in der zweiten Unterebene Fuß gefasst hat, wird sein Blick rasch klarer, und voller Freude erkennt er in den Gedankenformen Träger, mittels derer er in der Lage ist, sich selbst in gewisser Hinsicht stärker zum Ausdruck zu bringen als dies über die Persönlichkeit möglich war.

Im Kausalkörper, im strahlenden Licht und in der Herrlichkeit des höchsten Himmels wirkend, kann er sein Bewusstsein jederzeit willentlich sofort in die niederen Bereiche lenken, dort tätig sein und absichtlich zusätzliche Energie in eine solche Gedankenform einfließen lassen, durch die er zu lehren wünscht.

Die Meister der Weisheit wirken hauptsächlich von dieser höchsten Stufe der Mentalebene für die Entwicklung der Menschenrasse, indem sie direkt auf ihre Seelen oder Egos Einfluss nehmen und inspirierende Energien über sie ergießen, die geistiges Wachstum fördern, den Intellekt erleuchten und die Gefühle läutern.

Von hier empfängt das Genie seine Erleuchtung; hier finden alle nach oben gerichteten Bestrebungen ihre Führung. Wie die aus einem Zentrum hervorgehenden Sonnenstrahlen überall hinfallen und jeder Körper, der sie aufnimmt, sie seiner Natur entsprechend nutzt, so erfüllen unsere Älteren Brüder ihre Aufgabe und strahlen Licht und Leben auf alle Menschen aus. Jeder nimmt so viel davon auf, wie er verarbeiten kann, und wächst und entwickelt sich dabei. Die Herrlichkeit des Himmels liegt in der Freude des Dienens, und diejenigen, die ihre mentale Entwicklung abgeschlossen haben, bilden die Kraftquellen für jene, die noch empor klettern.

Auf den drei oberen Stufen der Mentalebene sind die Scharen der *Arûpa* oder formlosen Devas angesiedelt, die keinen Körper besitzen, der gröber als der Kausalkörper ist. Die Natur ihres Lebens scheint sich von dem Leben, das wir führen, so grundlegend zu unterscheiden, dass es sich mit irdischen Worten nicht beschreiben lässt.

Arûpa-Devas haben mit der Lenkung von Welten, Rassen und Nationen zu tun.

Es gibt auch eine sehr begrenzte Klasse von Menschen auf den *Arûpa*-Stufen der Mentalebene, die in der Vergangenheit „Zauberer" gewesen sind. In ihnen ist der höhere Intellekt erwacht und damit das intellektuelle Erfassen der Einheit. Sie erkennen jetzt, dass sie den falschen Weg gegangen sind und es nicht möglich ist, die Welt zurückzuhalten und sie daran zu hindern, den Aufwärtsbogen emporzuklettern. Da sie das Karma, das sie einst bewirkten, noch bindet, müssen sie auf der falschen Seite arbeiten, auf der Seite der Zerstörung. Aber ihr Motiv hat sich geändert, und sie bemühen sich, ihre Kräfte gegen jene Menschen zu richten, die in ihrem Kampf gegen den Widerstand in ihrem geistigen Leben der Stärkung bedürfen. Marie Corelli, die sich in ihrem Buch *The Sorrows of Satan* mit diesem Punkt befasste, scheint diese Wahrheit erkannt zu haben. Der dort beschriebene *Satan* freut sich jedesmal, wenn er geschlagen wurde. Er strengt sich an, den Menschen zu bekämpfen, frohlockt aber, wenn dieser sich als geistig stark genug erweist, ihm zu widerstehen.

Dieser Lebensaspekt wird auch in den *Purânas* der Hindus erkannt. Es gibt Fälle, in denen sich ein Mensch, der sich bis zu einem sehr hohen Wissensstand entwickelt hat, inkarniert, um in Form eines Gegners des Guten, wie *Râvana*, einen Teil seines früheren Karmas abzutragen. Sein vergangenes Karma zwingt ihn, die bösen Kräfte der Welt in sich aufzusammeln, damit sie zerstört werden. Andere Religionen besitzen dieselbe Vorstellung in anderer Gewandung.

KAPITEL 22

Trishnâ – Die Ursache der Reinkarnation

Unsere Betrachtung der Natur und Funktionen, des Wachstums und der Entwicklung des Kausalkörpers ist hiermit praktisch abgeschlossen. Nachdem wir uns bisher mit der so genannten Formseite des Egos beschäftigt haben, sollten wir uns bemühen, das Ego selbst als ein bewusstes, tätiges Wesen ein wenig besser zu verstehen.

In diesem Kapitel beginnen wir unsere Betrachtung mit der Beziehung des Egos zu seinen Persönlichkeiten, was praktisch auf den Lebensaspekt der Reinkarnation hinausläuft. Der erste Teil unseres Themas befasst sich mit *Trishnâ* – jener „Begierde", die das Ego überhaupt nach Wiedergeburt trachten lässt. Im nächsten Kapitel werden wir auf die Formseite der Reinkarnation, nämlich ihre Mechanismen, eingehen.

Nachdem wir einige andere Verhaltensaspekte des Egos den Persönlichkeiten gegenüber betrachtet haben, werden wir uns dem Leben des Egos auf seiner eigenen Ebene zuwenden und schließlich im Rahmen unserer Möglichkeiten sein Verhältnis zur Monade studieren.

Der ursprüngliche und Hauptgrund für die Reinkarnation ist der kosmische Wille, der sich dem Ego aufprägt und als Verlangen nach Manifestation in Erscheinung tritt. Gehorsam wiederholt das Ego die Einwirkung des Logos und ergießt sich in die niederen Ebenen.

Dieses Verlangen wird in Sanskrit als *Trishnâ* oder „Begierden-Durst", in Pali als *Tanhâ* bezeichnet. Es ist das blinde Verlangen nach manifestiertem Leben, der Wunsch, eine Region zu finden, in der sich das Ego (1) zum Ausdruck bringen und (2) jene Eindrücke und heftigen Einwirkungen von Außen erhalten kann, durch die allein es bewusst zu leben und sich selbst lebendig zu fühlen vermag.

Dabei handelt es sich nicht um den Lebenswunsch im üblichen Sinne des Wortes, sondern eher um eine vollkommenere Verwirklichung, der Wunsch, sich durch und durch lebendig und aktiv zu fühlen. Es ist die Sehnsucht nach jenem vollständigen Bewusstsein, das auf alle möglichen Schwingungen aus dem Umfeld auf jeder Ebene zu reagieren vermag, so dass das Ego die Sympathie, das *Mitfühlen*, vervollkommnet.

Wie wir später sehen werden, ist das Ego auf seiner eigenen Ebene weit davon entfernt, sich seiner selbst völlig bewusst zu sein, doch das Bewusstsein, das es besitzt, vermittelt ihm ein Gefühl großer Freude und weckt eine Art Hunger nach einer umfassenderen Lebensverwirklichung.

Nicht äußerer Druck treibt den Menschen zurück in die Inkarnation; er kommt, weil er kommen will. Wenn das Ego nicht zurückkehren wollte, käme es nicht zurück. Aber so lange irgendein Verlangen nach irgendetwas, das ihm die Welt zu bieten vermag, bestehen bleibt, wird es wiederkommen wollen. Ein Ego wird *nicht* gegen seinen Willen zurück in diese Welt der Mühsalen getrieben; sein eigener heftiger Hunger danach treibt ihn erneut dort hin.

Vergleichen wir es mit dem physischen Körper. Wenn die aufgenommene Nahrung vollständig verarbeitet worden ist, verlangt der Körper nach mehr – er wird hungrig. Niemand muss ihn drängen zu essen. Er holt sich die Nahrung und isst sie, weil er es will. Ähnlich verhält es sich mit dem unvollkommenen Menschen, der noch nicht alles aufgenommen und völlig ausgenutzt hat, was die Welt ihm bieten kann, so dass ihn nach nichts mehr in dieser Welt verlangt – er wird wiedergeboren werden.

Trishnâ kann als einer der zahlreichen Wege aufgefasst werden, in denen sich das universale Gesetz der Periodizität manifestiert. In der esoterischen Philosophie versteht man unter diesem Gesetz die Emanation und Resorption des Universums, den Tag und die Nacht von *Brahmân*, das Aus- und Einatmen des erhabenen Geistes.

Die Hindus haben den Gott des Verlangens als den Impuls zur Manifestation dargestellt. „*Kâma*…ist im *Rig Veda* die Personifikation jenes Gefühls, das die Schöpfung lenkt und vorwärts treibt. Es war die *erste Bewegung*, die den Einen nach seiner Manifestation aus dem rein abstrakten Prinzip aufrüttelte zu erschaffen. „Zuerst erhob sich in ihm das Verlangen, das den Urkeim des Geistes bildete und den die Weisen auf ihrer intellektuellen Suche als das Band entdeckten, das Wesenheit mit Nicht-Wesenheit verbindet." (*Geheimlehre*) *Kâma* (Verlangen) ist im Wesentlichen die Sehnsucht nach aktiv fühlendem Dasein, einer Existenz lebendigen Empfindens, dem Wirbelsturm leidenschaftlichen Lebens.

Wenn die geistige Intelligenz mit dem Durst nach Sinneswahrnehmung in Berührung kommt, besteht ihre erste Handlung darin, sie zu intensivieren. Wie es in den „Stanzen des Dzyan" heißt: „Mit ihrem eigenen Wesen erfüllten (verstärkten) sie *Kâma*" (*ibid.*) So wird *Kâma* für das Individuum wie für den Kosmos zur eigentlichen Ursache für die Reinkarnation, und da der Wunsch sich in Wünsche aufteilt, ketten diese den Denker an die Erde und bringen ihn immer wieder in die Geburt zurück. Die hinduistischen und buddhistischen Schriften sind voll von der Darlegung dieser Wahrheit.

Ehe *Brahman* nicht erkannt wird, muss es immer *Trishnâ* geben. Wenn ein Mensch alles Erworbene verarbeitet und zu einem Teil seiner selbst gemacht hat, wird *Trishnâ* sich erheben und ihn auf der Suche nach neuen Erfahrungen hinaustreiben.

Zuerst ist dies ein Verlangen nach *äußeren* Erfahrungen, und in diesem Sinne wird der Begriff *Trishnâ* gewöhnlich angewendet. Es gibt aber noch ein anderes, brennenderes Verlangen, das folgender Ausruf treffend beschreibt: „Meine Seele dürstet nach Gott; fürwahr, nach dem lebendigen Gott." Es ist der Durst des Teiles auf der Suche nach dem Ganzen, zu dem es gehört.

Betrachten wir das Teil, das aus dem Ganzen hervorgeht, aber niemals seine Verbindung zu ihm verliert, so gibt es immer eine gewisse zurückziehende Kraft, die versucht, es wieder einzugliedern. Der göttliche Geist kann außerhalb der Göttlichkeit keine dauerhafte Zufriedenheit finden. Diese Unzufriedenheit, diese Suche, die Wurzel von *Trishnâ*, drängt den Menschen aus dem Devachan oder eigentlich aus jedem Zustand, bis die Suche beendet ist.

Es ist durchaus möglich, dass jemand eine gewisse niedere Art von *Moksha* erreicht – eine vorübergehende Befreiung von der Wiedergeburt. Manche der weniger entwickelten Yogis in Indien töten absichtlich alle Begierden dieser Welt ab. Angesichts der Flüchtigkeit dieser Welt, in der es sich kaum zu leben lohnt, besonders wenn er viel gelitten und große Enttäuschungen durchgemacht hat, gelingt es dem Menschen, diese Form von *Vairâgya* (Nicht-Anhaftung) zu erreichen, eigentlich „brennender Grund *Vairâgya*" genannt; dies aber führt nicht zur vollkommenen, sondern nur zur teilweisen Befreiung.

In einer der Upanishaden heißt es, ein Mensch werde in die Welt geboren, in die seine Wünsche ihn führten. Sobald jegliches Verlangen nach irgendetwas in *dieser* Welt getötet worden ist, wird der Mensch sie verlassen und niemals mehr in sie zurückkehren. Er wird dann in eine Welt (*Loka*) übergehen, die nicht von Dauer ist, in der er aber lange Zeit zubringen wird. Es gibt eine Anzahl solcher Welten, oft in Verbindung mit der Verehrung einer bestimmten Gottesform oder speziellen Meditationsarten. In eine von ihnen wird der Mensch eintreten und unendlich lange dort verweilen. Diejenigen, die sich weitgehend der Meditation hingeben und deren Wünsche folglich hauptsächlich um das Thema Meditation kreisen, verbleiben in der Mentalwelt, in die ihr eigenes Verlangen sie geführt hat.

Obwohl sich solche Menschen der Last dieser Welt entzogen haben, werden sie schließlich in eine Welt zurückkehren, entweder in diese, falls sie noch besteht, oder in eine ähnliche, in der sie ihre Entwicklung an der Stelle wieder aufnehmen können, an der sie diese fallen ließen. Die Mühen sind nur aufgeschoben, und es scheint die Sache nicht wert zu sein, diesen Weg zu beschreiten.

Da die Möglichkeit besteht, die Begierde „abzutöten", befürworten esoterische Lehrer statt dessen ihre Umwandlung. Das, was getötet wurde, wird sich wieder erheben; was umgewandelt wurde, bleibt es für immer. Jemand in einem sehr unvollkommenen Entwicklungszustand, der die Begierde tötet, tötet gleichzeitig jegliche Möglichkeit höherer Entwicklung, denn es gibt nichts umzuwandeln. Die Begierde ist für das gegenwärtige Leben gestorben, das bedeutet, das gesamte höhere Gefühls- und Geistesleben gibt es zeitweise nicht.

Die falsche *Vairâgya* bedeutet eine *Abscheu* vor dem Niedrigen, hervorgerufen durch Enttäuschung, Mühsal oder Überdruss irgendwelcher Art; die wahre *Gleichgültigkeit* den niederen Dingen gegenüber entsteht durch das Verlangen nach dem höheren Leben und bringt ein völlig unterschiedliches Ergebnis mit sich.

In *Die Stimme der Stille* heißt es, die Seele wünscht „Anhaltspunkte, die sie nach oben ziehen". Wenn jemand die Begierde abtötet, verliert er den Geschmack am Leben nur vorübergehend; er bleibt latent vorhanden und wird zum gegebenen Zeitpunkt wieder aufleben.

Hat ein Durchschnittsmensch ohne besondere intellektuelle oder moralische Eigenschaften die Begierde in der beschriebenen Weise abgetötet, wird er abseits von dieser Welt in einem recht glücklichen Zustand leben, in dem er aber weder sich selbst noch anderen von besonderem Nutzen ist.

Hat er andererseits ein beachtliches Stück auf seinem Pfad zurückgelegt, kann er eine Meditationsstufe erreicht haben, auf der seine Mentalkräfte großen Wert besitzen. Selbst wenn es unbewusst geschieht, vermag er die Welt zu beeinflussen und zu dem mächtigen Strom mentaler und geistiger Energien beitragen, auf den die Meister für ihre Arbeit in der Welt zurückgreifen.

Dieses Reservoir wird von den *Nirmânakayas*, die freiwillig auf Nirvana verzichten, mit geistiger Energie angefüllt.

Ein solcher Mensch, erfüllt vom Geist des Dienens, würde sich in eine Welt begeben, in der er dementsprechend wirken könnte. Sie läge etwa auf der Höhe des Kausalkörpers. Hier würde er sozusagen Ewigkeiten zubringen und seinen konzentrierten Gedankenstrom aussenden, um anderen zu helfen und damit dazu beizutragen, dieses Reservoir mit geistiger Kraft zu speisen.

KAPITEL 23

Die permanenten Atome und die Mechanismen der Reinkarnation

In diesem Kapitel werden wir uns mit der Rolle beschäftigen, die die permanenten Atome bei der Reinkarnation spielen sowie mit bestimmten Einzelheiten der Mechanismen einer Wiedergeburt.

Es wurde bereits erklärt, dass sich das Ego nach dem Tod des physischen Körpers Ebene um Ebene zurückzieht, bis es schließlich nur noch von seinem Kausalträger bekleidet wird. Beim physischen Tod wird das Lebensgewebe, zusammen mit dem *Prâna*, um das physische permanente Atom ins Herz zurückgenommen. Dieses Atom steigt entlang des *Sushumna-nâdî,* eines Kanals, der vom Herzen bis zum Kopf verläuft, zum dritten Gehirnventrikel auf. Daraufhin hebt sich das gesamte, um das permanente Atom angesammelte Lebensgewebe langsam zum Verbindungspunkt zwischen Scheitelbein und Hinterhauptbahn empor und verlässt den nun toten Körper.

Während das Ego jeden seiner Körper räumt, gleiten deren permanente Atome in einen Schlummer und werden in diesem Ruhezustand im Kausalkörper aufbewahrt. Obwohl der Mensch sich nur in seinem Kausalkörper aufhält, trägt er in diesem Körper das physische und astrale permanente Atom sowie das permanente Mentalmolekül oder die Mentaleinheit, wie es gewöhnlich genannt wird.

Diese drei erscheinen, eingehüllt in buddhisches Lebensgewebe, einem strahlenden Nukleus gleich, im Kausalkörper. Sie allein sind dem Ego von seinem physischen, astralen und mentalen Körper seiner vorhergehenden Inkarnation geblieben.

Abbildung XXV gibt die einzelnen Stufen wieder. Während der Mensch sich im Besitz aller seiner Körper befindet, werden die permanenten Atome mit von ihnen ausgehenden Strahlen als Zeichen für ihre Aktivität dargestellt. Mit dem Tod und dem Abstreifen der einzelnen Körper begibt sich das jeweilige Atom in den Ruhezustand, was der einfache Ring ohne Strahlen andeuten soll, und zieht sich in den Kausalkörper zurück. Mit dem „Einschlafen" der permanenten Atome lässt der normale Lebensfluss in den Spirillen nach und bleibt während der gesamten Ruhepause sehr gering. In der Abbildung wird der Kausalkörper auf der Kausalebene mit seinen drei schlummernden permanenten Partikeln dargestellt.

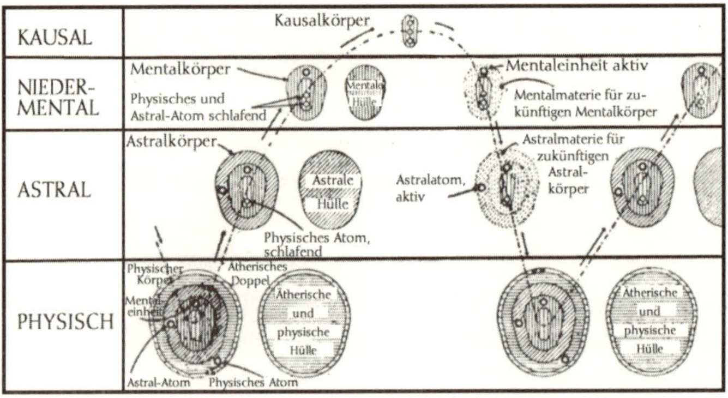

Abbildung XXV – Der Zyklus der Wiedergeburt

Der Leser sollte beachten, dass es die Evolution erfordert, diese permanenten Atome zu übertragen, da der entwickelte Mensch *alle* Ebenen oder Welten beherrschen muss und die permanenten Atome den einzigen direkten, wenngleich unvollkommenen Kanal zwischen der geistigen Triade oder dem Ego und den Formen bilden, mit denen es in Verbindung steht. Wäre es vorstellbar, dass er sich ohne die permanenten Atome entwickeln könnte, würde er möglicherweise ein herrlicher Erzengel auf den höheren Ebenen werden, wäre in diesen niederen Welten jedoch völlig nutzlos, da er sich von der Kraft des Fühlens und Denkens abgeschnitten hätte. Deshalb dürfen wir unsere permanenten Atome nicht fallen lassen; wir müssen sie läutern und entfalten.

An dieser Stelle sollte erwähnt werden, dass die permanenten Atome weiter entwickelt sind als andere Atome und sich auf der Ebene vollkommen entwickelter Atome der siebten Runde befinden, die zu einem Menschen gehören, der im Begriff steht, Adept zu werden. Sie besitzen die höchst mögliche Entwicklungsstufe und sind aufgeladen mit all den Eigenschaften, die sie aus früheren Leben mitgebracht haben.

Wenn jemand die Ebene eines Buddha erreicht, kann er fast unmöglich für ihn brauchbare Atome finden, ausgenommen diejenigen, die von Menschen als permanente Atome verwendet worden sind.

Wenden wir uns nun dem Zeitpunkt zu, in dem das Leben auf den höheren mentalen Unterebenen sein Ende nimmt und *Trishnâ*, das Verlangen nach mehr Erfahrung, sich wieder geltend macht und das Ego erneut seine Aufmerksamkeit nach außen lenkt, indem es die Schwelle des Devachan überschreitet und die so genannte Ebene der Reinkarnation betritt und die kleinen oder großen Ergebnisse seines Wirkens im Devachan mit sich bringt.

Seine Aufmerksamkeit nach außen gerichtet, sendet das Ego einen Lebensimpuls aus, der die Mentaleinheit aufrüttelt. Das Strömen in den Spirillen dieser Einheit und der jeweiligen anderen Atome, das während der Ruhephase nahezu brachlag, setzt nun verstärkt ein, und die auf diese Weise stimulierte Mentaleinheit beginnt, stark zu vibrieren. Auf der Abbildung wird dies durch das erneute Auftauchen der Strahlen rund um die Mentaleinheit dargestellt.

Das Lebensgewebe beginnt sich erneut zu entfalten, und die als Magnet wirkende Mentaleinheit umgibt sich mit Mentalmaterie, deren Schwingungskräfte den ihren gleichen oder in Einklang mit ihnen schwingen.

Die Devas des zweiten Elementarreichs bringen dieses Material in die Reichweite der Mentaleinheit, und in den frühen Entwicklungsstufen formen sie diese auch zu einer lockeren Wolke um die permanente Einheit. Mit fortschreitender Evolution übt das Ego selbst einen zunehmenden Einfluss auf die Gestaltung des Materials aus. Diese Materiewolke, bei der es sich natürlich noch nicht um einen Träger handelt, wird in der Abbildung als punktierter Umriss wiedergegeben.

Sobald der Mentalkörper anteilig entstanden ist, weckt der Lebensimpuls von seiten des Egos das permanente Astralatom, und ein ähnlicher Vorgang findet statt, indem eine Wolke von Astralmaterie um dieses Atom zusammengezogen wird.

Das Ego erhält bei seinem Abstieg in die Inkarnation keinen fertigen Mental- und Astralkörper; statt dessen wird ihm Material zur Verfügung gestellt, aus dem im Laufe des folgenden Lebens diese Körper geformt werden. Dieses Material vermag es sogar mit einem Mental- und Astralkörper genau desselben Typs zu versorgen wie diejenigen, die es am Ende seines letzten Mental- beziehungsweise Astrallebens besaß.

Die Methode, durch die das Ego einen neuen Ätherkörper erlangt, in den der neue physische Körper wie in eine Form hineingepasst wird, wurde bereits in *Der Ätherkörper* ausführlich beschrieben. Hinzuzufügen wäre, dass während des vorgeburtlichen Lebens des Menschen die Verlängerung des *Sûtrâtmân* stattfindet, das aus einem einzigen Faden besteht, der ein Netzwerk webt, ein schimmerndes Geflecht von unvorstellbarer Feinheit und zarter Schönheit, mit winzigen Maschen, das an den eng gewebten Kokon eines Seidenwurms erinnert.

Innerhalb der Maschen dieses Gewebes werden die gröberen Partikel der Körper zusammengebaut. Betrachtet man die Körper daher aus buddhischer Sicht, verschwinden sie, und an ihrer Stelle sieht man dieses Lebensgewebe, wie es genannt wird, das alle Körper unterstützt und belebt.

Während des vorgeburtlichen Lebens wächst der Faden aus dem physischen permanenten Atom und verzweigt sich weiter wachsend in alle Richtungen, bis der physische Körper vollkommen ausgewachsen ist. Das *Prâna* oder die Vitalität durchläuft während des irdischen Lebens die Verzweigungen und Netze.

Es hat den Anschein, dass im Allgemeinen die Gegenwart des permanenten Atoms die Befruchtung des Eis ermöglicht, aus dem der neue Körper wachsen soll. Wird ein Kind tot geboren, hat gewöhnlich kein Ego dahinter gestanden (und aus diesem Grunde wahrscheinlich kein permanentes Atom) und natürlich kein ätherisches Elemental (siehe *Der Ätherkörper*). Obwohl Scharen von Egos die Inkarnation suchen und viele von ihnen auf einer solch frühen Stufe stehen, dass fast jedes gewöhnliche Umfeld gleichermaßen angemessen wäre, geschieht es manchmal zu einer bestimmten Zeit, dass kein Ego fähig ist, eine bestimmte Gelegenheit zu nutzen. In diesem Fall mag der Körper zwar bis zu einem gewissen Ausmaß durch den Gedanken der Mutter gebildet werden, ist aber aufgrund des fehlenden Egos niemals richtig lebendig.

Das durchschnittliche Ego befindet sich durchaus nicht in der Lage, einen Körper für sich auszusuchen. Sein Geburtsort wird in der Regel durch drei Faktoren bestimmt: (1) das Evolutionsgesetz, das ein Ego veranlasst, unter solchen Umständen geboren zu werden, die ihm die Möglichkeit bieten, genau diejenigen Eigenschaften zu entwickeln, derer es am nötigsten bedarf; (2) das karmische Gesetz. Das Ego mag die bestmögliche Gegebenheit nicht verdient haben und muss sich daher mit weniger guten Umständen abfinden. Vielleicht hat es überhaupt keine besondere Möglichkeit verdient, weshalb ein turbulentes Leben mit wenig Fortschritt sein Schicksal sein mag. Auf das Karma des Egos werden wir später eingehen. (3) Die Macht persönlicher Bande von Liebe oder Hass, die das Ego in einem früheren Leben geknüpft hat. Manchmal kann ein Mensch in eine Lage kommen, von der man nicht behaupten könnte, dass sie in irgendeiner anderen Weise als durch eine starke, persönliche Liebe zu jemandem, der höher entwickelt ist als er selbst, verdient wurde.

Ein etwas fortgeschrittener Mensch, der sich bereits auf dem Pfad befindet, mag sich bei der Auswahl im Hinblick auf das Land oder die Familie seiner Geburt bis zu einem gewissen Grad mit beteiligen. Aber ein solcher Mensch würde als Erstes jeden persönlichen Wunsch in dieser Sache beiseite schieben und sich vollkommen in die Hand des ewigen Gesetzes begeben, darauf vertrauend, dass alles, was es ihm geben wird, viel besser für ihn sein wird als seine eigene Wahl.

Eltern können das Ego, das den Körper, den sie zur Welt bringen, bewohnen soll, nicht aussuchen, aber wenn sie in einer Weise leben, dass sie einem fortgeschrittenen Ego eine ungewöhnlich gute Gelegenheit zu weiterem Fortschritt bieten, erhöhen sie dadurch die Wahrscheinlichkeit, dass ein solches Ego bei ihnen einkehren wird.

Wir haben gesehen, wie ein in eine neue Inkarnation herabsteigendes Ego die Bürde seiner Vergangenheit auf sich nehmen muss, von der vieles als Schwingungstendenzen in seinen permanenten Atomen gelagert wird. Die Buddhisten nennen diese Keime oder Samen *Skandhas*, ein zutreffender Begriff, für den es im Deutschen noch keine Entsprechung gibt. Sie bestehen aus materiellen Eigenschaften, Empfindungen, abstrakten Vorstellungen, Neigungen des Geistes und Mentalkräften. Die Essenz all dieser Aspekte wurde in den Kausalkörper eingebaut, und der Rest in den permanenten Atomen und der Mentaleinheit aufbewahrt.

H. P. Blavatsky beschreibt in ihrer lebendigen, kraftvollen und unnachahmlichen Art das zur Wiedergeburt anstehende Ego, das seinen *Skandhas* begegnet, mit folgenden Worten: „Karma, mit seinem Arm voll *Skandhas*, wartet an der Schwelle des Devachan, aus dem das Ego wieder auftaucht, um eine neue Inkarnation auf sich zu nehmen. In diesem Augenblick zittert das zukünftige Schicksal des ausgeruhten Egos in den Waagschalen gerechter Vergeltung, da es erneut unter den Einfluss des aktiven karmischen Gesetzes fällt. In dieser Wiedergeburt, einer Wiedergeburt, ausgesucht und vorbereitet durch jenes geheimnisvolle, unerbittliche, doch in der Gerechtigkeit und Weisheit seiner Urteile unfehlbare Gesetz, werden die Sünden des vergangenen Lebens des Egos bestraft. Es wird nicht in eine imaginäre Hölle mit theatralischen Flammen und Teufeln mit lächerlichen Schwänzen und Hörnern geworfen, sondern auf diese Erde, die Ebene und Region seiner Sünden, wo es für jeden negativen Gedanken und jede schlechte Tat büßen muss. Du erntest, was du säst. Die Reinkarnation wird alle anderen Egos um es versammeln, die direkt oder indirekt unter den Händen oder sogar durch die unbewusste Mitwirkung der früheren Persönlichkeit gelitten haben. *Nemesis* wird sie in den Weg des *neuen* Menschen schleudern, der das *alte*, das ewige Ego verbirgt… Die neue „Persönlichkeit" ist nichts anderes als ein frisches Gewand mit seinen spezifischen Merkmalen, seiner Farbe, seiner Form und seinen Eigenschaften; aber der wahre Mensch, der es trägt, ist derselbe alte Missetäter." (*Der Schlüssel zur Theosophie*)

Folglich ist es das karmische Gesetz, das den Menschen untrüglich zu demjenigen Volk und Land führt, in dem die generellen Eigenschaften zu finden sind, einen Körper zu formen sowie ein soziales Umfeld zu bieten und die sich für die Manifestation der grundlegenden Merkmale eignen, die das Ego in früheren Erdenleben aufgebaut hat und die dazu dienen, das zu ernten, was es säte.

Karma verfolgt die Spur, die den Weg des Egos in die neue Inkarnation bestimmt und bildet die Summe aller von dem Ego selbst hervorgerufenen Ursachen.

Bei der Betrachtung dieses Spiels karmischer Kräfte sollte einem Faktor jedoch besonderes Gewicht beigemessen werden, nämlich der Bereitwilligkeit des klar blickenden Egos, für seine Persönlichkeit Bedingungen zu akzeptieren, die diese sicherlich nicht selbst wählen würde. Die Schulung durch Erfahrung ist nicht immer angenehm, und der Persönlichkeit, die nur wenig weiß, mögen viele Erfahrungen auf der Erde unnötig schmerzlich, ungerecht und sinnlos erscheinen. Aber das Ego, ehe es in die „Vergessenheit des Körpers“ eintritt, sieht die Ursachen, die in den Gegebenheiten der Inkarnation, in die es eintreten wird, münden und die Möglichkeiten, die ihm geboten werden, um zu wachsen. Es ist daher einfach zu erkennen, wie leicht jeder vorübergehende Kummer und Schmerz auf der Waagschale wiegen wird, wie nichtig für den durchdringenden, umfassenden Blick die Freuden und Leiden dieser Erde sind.

Denn jedes Leben ist doch nur ein Schritt im „ewigen Voranschreiten des sich inkarnierenden Egos, der göttlichen Seele, in einer von außen nach innen, vom Materiellen zum Geistigen gerichteten Entwicklung, die schließlich zur vollkommenen Einheit mit dem göttlichen Prinzip führt. Von Stärke zu Stärke, von der Schönheit und Vollkommenheit der einen zu noch größerer Schönheit und Vollkommenheit der nächsten Ebene, in jedem Zyklus neue Herrlichkeit, neues Wissen und frische Kraft gewinnend, das ist das Schicksal eines jeden Egos.“ (*Der Schlüssel zur Theosophie*)

Wie Annie Besant erklärte: „Bei einem solchen Schicksal, was schreckt da das flüchtige Leiden des Augenblicks oder sogar die Qual eines düsteren Lebens?“

Auf die Frage nach dem Karma eines Egos zurückkommend, mag man die große Menge angesammelten Karmas – bekannt als *sanchita* oder aufgetürmtes Karma – über dem Ego schweben sehen. Gewöhnlich handelt es sich dabei um keinen erfreulichen Anblick, denn angesichts der Natur der Dinge enthält es mehr Schlechtes als Gutes. Dies ist auf Folgendes zurückzuführen.

Während ihrer frühen Entwicklungsphasen haben die meisten Menschen aus Unwissenheit viele Dinge getan, die sie besser unterlassen hätten, und haben demzufolge auf physischer Ebene eine Menge Leid für sich selbst angehäuft. Andererseits versucht der durchschnittlich gebildete Mensch, lieber Gutes zu tun als

Schaden anzurichten und wird dadurch eher positives als negatives Karma bewirken. Das gute Karma fließt aber keineswegs vollständig in den angesammelten Vorrat, und wir gewinnen den Eindruck, dass das schlechte das gute überwiegt.

Diese Tatsache bedarf einer näheren Erklärung. Die natürliche Folge guter Gedanken oder Taten besteht in einer Verbesserung des Menschen selbst, in der Qualität seiner Träger, um in ihm Eigenschaften wie Mut, Zuneigung, Demut und so fort hervorzubringen. Diese Auswirkungen zeigen sich demnach im Menschen und in seinen Trägern, *nicht* aber in der Masse aufgetürmten Karmas, die auf ihn wartet.

Begeht er aber eine gute Tat mit dem Gedanken an ihre Belohnung, wird diese Tat ihm gutes Karma bringen und mit dem Übrigen so lange gespeichert werden, bis der Zeitpunkt gekommen ist, dass es wirksam werden kann.

Ein solches Karma bindet den Menschen ebenso an die Erde wie schlechtes. Der Mensch, der wahren Fortschritt anstrebt, lernt zu handeln, ohne dabei an sich selbst oder an das Resultat seines Handelns zu denken. Dies bedeutet nicht, dass irgendjemand die Folgen seiner Handlungen, seien sie gut oder schlecht, vermeiden kann, wohl aber vermag er das Ergebnis an sich zu verändern. Wenn er sich selbst völlig vergisst und aus tiefstem Herzen handelt, trägt die gesamte sich daraus ergebende Kraft zur Bildung seines eigenen Charakters bei und nichts bleibt übrig, um ihn an die niederen Ebenen zu binden. Der Mensch bekommt in jedem Fall das, was er wünscht; mit den Worten Christi: „Wahrlich, ich sage euch, sie erhalten ihren Lohn."

Manchmal entscheidet sich das Ego, im jetzigen Leben bestimmtes Karma aufzunehmen, obwohl das Gehirnbewusstsein oft nichts von diesem Entschluss wissen mag. Gerade die widrigen Umstände, über die ein Mensch murrt, mögen daher genau das sein, was er absichtlich für sich ausgesucht hat, um seine Entwicklung vorwärts zu treiben.

Oft mag der Schüler eines Meisters sein Karma beherrschen und es weitgehend verändern, indem er neue Kräfte in verschiedene Richtungen in Bewegung setzt, die natürlich die Auswirkungen der alten abwandeln.

Hinter uns allen steht mehr oder weniger schlechtes Karma, das nicht eher aufhört, unser höheres Wirken zu hemmen, als bis wir uns seiner entledigt haben. Einer der ersten Schritte in Richtung auf ernsthaften Fortschritt besteht darin, das verbleibende Übel auszumerzen. Die Verwalter des Karmas bieten uns dann die Möglichkeit, mehr von unserer Schuld abzutragen, damit der Weg für unsere zukünftige Arbeit frei wird, was natürlich mit sehr viel mehr Leid aller Art einhergehen mag.

Der karmische Anteil, der in einem bestimmten Leben gelöscht werden soll, ist bekannt als „reifes" oder *prârabda* Karma. Der Mental-, Astral- und physische Körper werden dementsprechend für eine bestimmte Lebensspanne aufgebaut. Hierin liegt einer der Gründe, weshalb Selbstmord ein solch schwerwiegender Irrtum ist. Er bekundet die direkte Ablehnung, sich dem Karma zu stellen, das eigens für dieses Leben gewählt wurde, was die Schwierigkeiten nur hinausschiebt und zusätzlich neues, unerfreuliches Karma schafft.

Ein weiterer Grund gegen den Selbstmord besteht darin, dass jede Inkarnation dem Ego nicht nur eine beachtliche Mühe der Vorbereitungen kostet, sondern auch die ermüdende Periode der frühen Kindheit, in der es allmählich und unter großen Anstrengungen ein wenig Kontrolle über seine neuen Träger gewinnt. Aus Pflicht und Interesse sollte es das Beste aus seinen Trägern machen und sie möglichst sorgfältig erhalten. Mit Sicherheit darf es sie auf keinen Fall eher aufgeben, als bis das erhabene Gesetz dazu auffordert, ausgenommen auf Geheiß irgendeiner höheren und übergeordneten äußeren Pflicht, wie etwa der Pflicht eines Soldaten gegenüber seinem Land.

Die Auswahl „reifen" Karmas für eine bestimmte Inkarnation ist natürlich ein hoch komplizierter Vorgang; so muss es *geeignet* sein, in einem bestimmten Zeitalter, in einer bestimmten

Familie, einem bestimmten Umfeld von Leuten und Gegebenheiten aufgearbeitet werden zu können.

Da der Mensch einen freien Willen besitzt, kann es geschehen, dass sein für ein bestimmtes Leben ausgesuchtes Karma schneller aufgearbeitet worden ist, als die Verwalter des Karmas erwartet hatten, wenn man so sagen darf. In einem solchen Fall geben sie ihm noch mehr, was die ansonsten recht verwirrende Aussage erklärt: „Wen Gott liebt, den züchtigt er."

Das *prârabda* Karma eines Individuums teilt sich in zwei Abschnitte. Der Anteil, der sich im physischen Körper zum Ausdruck bringen soll, wird von den *Devarâjas* zu dem Elemental geformt, das den Körper aufbaut, wie es in *Der Ätherkörper* (Kapitel XV) beschrieben wurde.

Aus dem zweiten, weitaus größeren Anteil, der auf sein Lebensschicksal hinweist, sein Glück oder Unglück, wird eine andere Gedankenform gebildet, die nicht abwärts steigt. Über dem Embryo schwebend, verbleibt sie auf der Mentalebene. Von dort aus den Menschen betrachtend, nimmt sie die Gelegenheit wahr oder schafft sie, sich stückweise zu entladen, indem sie manchmal bis weit auf die physische Ebene hinunter einen Strahl entsendet, der einem einschlagenden Blitz oder einem tastenden Finger gleicht. Manchmal reicht er nur bis zur Astralebene und manchmal verläuft er horizontal auf der Mentalebene.

Diese Gedankenform fährt fort, sich zu entladen, bis sie ganz leer ist und kehrt dann in die Materie der Ebene zurück. Der Mensch kann natürlich ihre Tätigkeit aufgrund des neuen Karmas, das er ständig bewirkt, abwandeln. Der Durchschnittsmensch besitzt gewöhnlich kaum genügend Willen, irgendwelche starken neuen Ursachen zu schaffen, und so entleert sich das Elemental seines Inhalts sozusagen entsprechend des ursprünglichen Programms, indem es günstige astrologische Perioden und Gegebenheiten nutzt, die seine Arbeit vereinfachen oder wirkungsvoller machen. Auf diese Weise kann sich das Horoskop eines Menschen mit verblüffender Genauigkeit erfüllen.

Besitzt ein Mensch aufgrund seiner Entwicklung einen starken Willen, wird die Tätigkeit des Elementals wahrscheinlich beachtlich abgewandelt, und das Leben wird keineswegs in den im Horoskop vorgezeichneten Bahnen verlaufen.

Manchmal vermag sich das Elemental aufgrund der eingeführten Abänderungen bis zum Tode des Menschen nicht völlig zu entladen. In einem solchen Fall wird der verbliebene Rest wieder in das allgemein angehäufte Karma (*sanchita*) aufgenommen, aus dem für das nächste irdische Dasein ein mehr oder weniger ähnliches Elemental entsteht.

Zeit und Ort der physischen Geburt werden von dem „Temperament", bisweilen auch „Farbe" oder „Grundton" einer Person genannt, bestimmt, was bis zu einem gewissen Ausmaß wieder von dem permanenten Atom abhängt. Der physische Körper *muss* zu einer Zeit in die Welt hinein geboren werden, in der die physischen, planetarischen Einflüsse dem „Temperament" angemessen sind – er wird also astrologisch „unter seinem Stern" geboren. Aber es ist nicht der Stern, der auf das Temperament einwirkt, sondern das Temperament legt den Geburtszeitraum unter diesem Stern fest. Hieraus ergibt sich die Entsprechung von Stern und Charakter, und ein sorgfältig erstelltes Horoskop, das als Wegweiser für das persönliche Temperament des Kindes dient, kann für erzieherische Zwecke sehr nützlich sein.

In den meisten Fällen wird der genaue Zeitpunkt und die Art des Todes eines Menschen wahrscheinlich *nicht* vor oder bei seiner Geburt festgelegt. Astrologen versichern oft, dass sie nicht in der Lage sind, den Tod einer Person vorauszusagen, obwohl sie genau berechnen können, dass zu einem bestimmten Zeitpunkt unheilvolle Einflüsse so stark sein werden, dass der Mensch *vielleicht* stirbt. Falls er dann aber nicht stirbt, wird sein Leben bis zu einer anderen Gelegenheit, in der die üblen Kräfte ihn erneut bedrohen, weitergehen.

Es mag sein, dass solche Ungewissheiten, Möglichkeiten für spätere Entscheidungen widerspiegeln, die weitgehend von den Veränderungen abhängen, die der Mensch durch sein Handeln und die Art und Weise, in der er Gelegenheiten nutzt, hervorgerufen hat.

In jedem Fall sollten wir nicht in den Fehler verfallen, dem Zeitpunkt und der Art des Todes eine übertriebene Bedeutung beizumessen. Wir können versichert sein, dass jene, in deren Obhut diese Angelegenheit steht, die Bezugswerte richtig beurteilen und den Fortschritt des betreffenden Egos als den wichtigsten Aspekt achten.

Im Zusammenhang mit dem Thema des Todes soll darauf hingewiesen werden, dass der grundlegende Einspruch gegen das Töten darauf beruht, dass es den Evolutionsablauf stört. Einen Menschen zu töten bedeutet, ihn von der Entwicklungsmöglichkeit abzutrennen, die er ansonsten in diesem Körper gehabt hätte. Es wird ihm natürlich in einem späteren Leben in einem anderen Körper eine neue Möglichkeit geboten werden, aber er ist aufgehalten worden, und die Verwalter des Karmas sehen sich der zusätzlichen Aufgabe gegenüber, einen anderen Ort für seine Entwicklung ausfindig zu machen.

Es ist offensichtlich schwerwiegender, einen Menschen als ein Tier zu töten, weil der Mensch eine völlig neue Persönlichkeit entwickeln muss, während das Tier in die Gruppenseele zurückkehrt, aus der eine andere Inkarnation verhältnismäßig leicht erfolgt. Aber selbst dieses geringere Karma sollte nicht gedankenlos oder unnötig erzeugt werden.

Für ein fortgeschrittenes Ego sind die frühen Kindheitsstufen äußerst ermüdend. Eine wirklich fortgeschrittene Person vermeidet manchmal all dies, indem sie jemanden bittet, ihr einen Erwachsenenkörper zu geben, ein Opfer, zu dem jeder Schüler nur allzu bereit wäre.

Diese Methode hat aber auch ihre Nachteile. Jeder besitzt seine besonderen Eigenarten und Gewohnheiten, die sich nicht umgehend verändern lassen, was für ein anderes Ego bis zu einem gewissen Grad unpassend sein muss. In besagtem Fall hätte der Mensch seinen alten Mental- und Astralkörper, also Gegenstücke zu seinem früheren physischen Körper, beibehalten. Diese einem neuen, von jemand anderem aufgebauten, physischen Körper anzugleichen, ist oft mit Schwierigkeiten verbunden. Falls dieser neue physische Körper ein Säugling wäre, könnte die Anpassung stufenweise erfolgen, bei einem Erwachsenenkörper hingegen muss sie augenblicklich geschehen, was eindeutig eine unangenehme Anstrengung bedeutet.

In *Der Ätherkörper* wurde bereits erklärt, wie der neue physische Körper allmählich in die vom Ätherkörper bereitgestellte Form eingebaut wird. Der Ätherkörper selbst wurde bereits zuvor für das eintretende Ego von einem Elemental gestaltet, das eine gemeinsame Gedankenform der vier *Devarâjas* darstellt.

Dieses Elemental kümmert sich von Anfang an um den Körper, aber einige Zeit vor der physischen Geburt nimmt auch das Ego Verbindung zu seiner zukünftigen Wohnstatt auf, und von diesem Zeitpunkt an arbeiten die beiden Kräfte Seite an Seite. Manchmal gibt es nur wenige Merkmale, die das Elemental angewiesen wurde einzuführen, und folglich kann es sich in verhältnismäßig jungem Alter zur Ruhe setzen und dem Ego die volle Verantwortung für den Körper überlassen. In Fällen, in denen aufgrund gewisser Einschränkungen eine geraume Zeit für die Entwicklung benötigt wird, mag es seine Position beibehalten, bis der Körper sieben Jahre zählt.

In den meisten Fällen ist die Arbeit des Egos an seinen neuen Trägern bis zu dem Zeitpunkt, in dem das Elemental sich zurückzieht, unerheblich. Es steht zweifellos mit dem Körper in Verbindung, beachtet ihn gewöhnlich aber kaum und zieht es vor zu warten, bis er eine Stufe erreicht hat, auf der er für seine Bemühungen empfänglicher ist.

Während der Embryo-Phase, in der der physische Körper aus der mütterlichen Substanz gebildet wird, schwebt das Ego über der Mutter, vermag aber wenig zur Gestaltung des Körpers beizutragen. Der Embryo ist sich seiner Zukunft nicht bewusst und nimmt nur den von Hoffnung und Furcht, Gedanken und Wünschen durchdrungenen mütterlichen Lebensfluss verschwommen wahr. Nichts von seiten des Egos kann ihn berühren, nur ein schwacher Einfluss erreicht ihn durch das permanente physische Atom; es nimmt keinen Anteil, denn auf die weitreichenden Gedanken, die emporstrebenden Gefühle des Egos, die dieses im Kausalkörper zum Ausdruck bringt, vermag er nicht zu reagieren.

Obwohl das Ego im Laufe der Jahre mit seinen neuen Trägern enge Verbindung aufnimmt, führt es sein eigenes weites und reiches Leben fort. Sein Kontakt zu dem neuen physischen Körper offenbart sich als das Wachstum des *Gehirn*-Bewusstseins.

Hinsichtlich ihres Interesses an ihren physischen Trägern unterscheiden sich die Egos stark voneinander. Einige schweben von Anbeginn ängstlich über ihnen und bemühen sich sehr um sie, während andere sich kaum darum kümmern.

Bei einem Adepten verhält es sich völlig anders. Da es kein negatives Karma gibt, das aufgearbeitet werden muss, fehlt ein künstliches Elemental, und das Ego trägt von Anfang an die alleinige Verantwortung für die Entwicklung des Körpers und sieht sich höchstens durch die Erbmasse behindert.

Dadurch wird es möglich, ein sehr viel feineres und zarteres Werkzeug hervorzubringen, was für das Ego aber auch mehr Mühe bedeutet und es einige Jahre lang einen beachtlichen Zeit- und Energieaufwand kostet. Aus diesen und zweifellos vielen anderen Gründen möchte ein Adept einen solchen Prozess nur so oft wiederholen, wie es unbedingt notwendig ist und sorgt dafür, dass sein Körper möglichst lange durchhält.

Während unsere Körper aus unterschiedlichen Gründen altern und sterben, sei es aufgrund von angeborener Schwäche, Krankheit, Unfall, Maßlosigkeit, Sorge oder Überarbeitung, spielen diese Faktoren bei einem Adepten keine Rolle, auch wenn wir bedenken müssen, dass die Arbeitsfähigkeit und Ausdauer eines solchen Körpers die körperliche Kapazität eines Durchschnittsmenschen um ein Vielfaches übersteigt.

Beim gewöhnlichen Menschen scheint es kaum eine Kontinuität der persönlichen Erscheinung in den aufeinanderfolgenden Leben zu geben, obwohl Fälle mit starken Ähnlichkeiten bekannt sind. Da der Körper bis zu einem gewissen Grad das Ego zum Ausdruck bringt und das Ego dasselbe bleibt, muss es Fälle geben, in denen es sich in ähnlicher Gestalt ausdrückt. In der Regel aber überwiegen völkische, familiäre oder andere Charakteristika diese Tendenz.

Ist ein Individuum so weit fortgeschritten, dass Persönlichkeit und Ego sich vereinigen, neigt die Persönlichkeit dazu, die Merkmale der im Kausalkörper glorifizierten, verhältnismäßig dauerhaften Form zu tragen.

Handelt es sich bei einem solchen Menschen um einen Adepten, ist das gesamte negative Karma aufgearbeitet; der physische Körper stellt die nächst mögliche Wiedergabe jener glorifizierten Form dar. Aus diesem Grund sind die Meister in jeder Inkarnation wiederzuerkennen, so dass man keine wesentlichen Unterschiede in ihrem Körper erwarten würde, obwohl sie einem anderen Kulturkreis angehören könnten.

Im Zusammenhang mit dem Ego, das herabsteigt, um den physischen Körper vollkommen in Besitz zu nehmen, ist oft die Periode von sieben Jahren hervorgehoben worden. Dafür gibt es eine physische Begründung. Im menschlichen Embryo gibt es eine Gruppe von Zellen, die sich nicht wie alle anderen einer Teilung unterziehen. Dieser Zellverband arbeitet sich in den oberen Bereich des Embryos vor, ohne sich zu teilen. Wird das Kind geboren, sind sie immer noch ungeteilt und bleiben es lange Zeit nach der Geburt. Aber es finden Veränderungen in ihnen statt und sie verzweigen sich. Diese Abzweigungen treffen sich nach einer gewissen Zeit, die dazwischen liegenden Trennwände werden absorbiert, so dass die Zellen miteinander verbunden sind und ein Kanal entsteht. Dieser Prozess dauert etwa sieben Jahre, bis ein zartes Netzwerk entstanden ist, das später immer komplizierter wird.

Physiologen und Psychologen weisen darauf hin, dass bis zur Vollendung dieses Netzwerks das Kind kaum logisch zu denken vermag und keinen mentalen Übungen unterzogen werden soll, um es nicht zu überanstrengen. Die Wissenschaft versichert, dass mit dem Wachstum dieses Gewebes das logische Denken zunimmt. Der Esoteriker würde dieses Phänomen dahingehend erklären, dass die Vervollkommnung des physischen Mechanismus der Kraft logischen Denkens, die bereits im Ego vorhanden ist, die Möglichkeit gibt, sich zu manifestieren. Das Ego muss warten, bis das Gehirn bereit ist, dass es mit ihm in engen Kontakt treten und es durchdringen lassen kann.

Wie bereits erwähnt, sammeln sich beim Abstieg des Egos in die Wiedergeburt um die permanenten Atome Materialien für die Bildung des neuen Mental- und Astralkörpers. Bleibt das kleine Kind vollständig sich selbst überlassen, wird das permanente Astralatom dazu neigen, genau den gleichen Astralkörper für sich zu gestalten, den es im letzten Leben besaß. Es gibt aber keinen Grund, warum das gesamte Material verwendet werden sollte, und wenn man das Kind weise behandelt und vernünftig lenkt, wird es ermutigt, alle positiven Samen, die es aus seinem früheren Leben mitgebracht hat, voll zu entwickeln, während die negativen schlummern dürfen. Wenn dies geschieht, werden letztere allmählich verkümmern und von ihm abfallen, und das Ego wird in sich die gegenteiligen Tugenden entfalten und in allen zukünftigen Leben von den negativen Eigenschaften, die jene Keime andeuteten, befreit sein.

Eltern und Lehrer können ihm helfen, dieses wünschenswerte Ziel zu erreichen, nicht so sehr durch bestimmte Dinge, die sie es lehren, als vielmehr dadurch, dass sie es ermutigen, sich auf das Kind einstellen und es vernünftig und freundlich behandeln, vor allem aber durch die Zuneigung, die sie ihm entgegenbringen.

In *Der Astralkörper* und *Der Mentalkörper*, in den Kapiteln über die Wiedergeburt, haben wir bereits hervorgehoben, welchen ungeheuren Dienst die für die Erziehung und Schulung Verantwortlichen dem Ego erweisen können und sollen.

Wir möchten hinzufügen, dass jemand, der anstatt Liebe und gute Eigenschaften in seinen Schützlingen zu wecken, negative, wie Furcht, Betrug und dergleichen, hervorruft, den Fortschritt des betreffenden Egos behindert und ihm dadurch ernsthaften Schaden zufügt. Der Missbrauch einer solchen Gelegenheit bedeutet einen schrecklichen Sturz für den Menschen. In einigen Fällen kann eine derartige Grausamkeit zu Geisteskrankheit, Hysterie oder Nervenschwäche führen. In anderen Fällen sind die Folgen möglicherweise in verschlechterten Lebensbedingungen erkennbar.

Nach dem gleichen Prinzip verursacht ein reicher und mächtiger Mann sehr schlechtes Karma, wenn er seine Position ausnutzt, um seine Angestellten zu unterdrücken. Der einzige Aspekt, für den die Verwalter des Karmas sich interessieren, ist der, dass ein Mann in einer solchen Position die Möglichkeit besitzt, das Leben vieler Menschen positiv zu beeinflussen. Er vernachlässigt oder missbraucht eine solche Gelegenheit auf eigene Gefahr.

KAPITEL 24

Das Ego und die Reinkarnation

Betrachten wir nun die Einstellung des Egos im Hinblick auf seine Inkarnation in einer Persönlichkeit.

Da der vorgegebene Weg zur Entwicklung der Qualitäten des Egos über heftige, von außen kommende Einwirkungen verläuft, leuchtet es ein, dass das Ego tief genug absteigen muss, um sich einem solchen Druck aussetzen zu können. Die Methode, dies zu erreichen, ist bekanntlich die Inkarnation, bei der das Ego einen Teil seiner selbst in die niederen Ebenen hinausschickt, um dort Erfahrungen zu sammeln und sich dann mit den Resultaten seiner Bemühung wieder in sich selbst zurückzieht.

Man darf aber nicht denken, das Ego bewege sich im Raum. Es bemüht sich vielmehr, sein Bewusstsein auf eine niederere Ebene zu konzentrieren, um sich mittels einer dichteren Materieart auszudrücken.

Einen Teil seiner selbst in die Inkarnation zu senden, hat man oft mit einer Investition verglichen. Das Ego will, wenn alles gut geht, nicht nur das gesamte Investitionskapital zurückfordern, sondern auch eine beträchtliche Menge an Zinsen, was es gewöhnlich auch erhält. Aber genau wie bei anderen Investitionen, gibt es manchmal Verluste, anstatt Gewinne; denn irgendein Anteil von dem, das es entsendet, mag sich so stark in die niedere Materie verstricken, dass es unmöglich vollkommen zurückgefordert werden kann. Mit diesem „Investitions“ Aspekt der Reinkarnation werden wir uns im nächsten Kapitel eingehender befassen.

Der Schüler wird bemerkt haben, dass sich das Ego mit jeder Stufe, die es im Laufe seines Abstiegs in die Inkarnation nimmt, der Begrenzung unterwirft; folglich kann niemals eine der

Ausdrucksformen auf den niederen Ebenen eine vollkommene Wiedergabe sein. Sie weist lediglich auf seine Eigenschaften hin, so wie ein Bild die Darstellung einer dreidimensionalen Szene auf einer zweidimensionalen Oberfläche ist. Genau in derselben Weise kann die wahre Tugend, wie sie im Ego existiert, nicht in der Materie irgendeiner niederen Ebene ausgedrückt werden. Die Schwingungen der niederen Materie sind insgesamt zu dumpf und träge, um sie wiederzugeben, die Saite ist nicht genügend gespannt, um auf den von oben ertönenden Klang reagieren zu können. Sie lässt sich aber stimmen, damit sie ihm in einer niederen Oktave entspricht, vergleichbar mit der Stimme eines Mannes, der in Einklang mit der Stimme eines Jungen singt, die denselben Ton so hervorbringt wie es die Möglichkeiten des kleineren Organismus erlauben.

Es ist unmöglich, diesen Abstieg des Egos in der irdischen Sprache exakt beschreiben zu wollen. Aber bis es uns gelingt, unser eigenes Bewusstsein auf jene Höhen zu erheben und genau zu sehen, was geschieht, kommen wir der Sache vielleicht am nächsten, wenn wir uns vorstellen, dass es einen Teil seiner selbst wie eine Feuerzunge in Ebenen hinunter sendet, deren Materie gröber ist als die seiner eigenen.

Das einer höheren Ebene angehörende Ego besitzt eine Größe und Erhabenheit, die in keiner seiner Manifestationen zum Ausdruck kommt. Sein Verhältnis zu seinen Persönlichkeiten entspricht dem Verhältnis von einer Dimension zu einer anderen – von einem Quadrat zu einer Linie, einem Kubus zu einem Quadrat. Es gibt keine mögliche Anzahl von Quadraten, die einen Kubus bilden könnte, denn das Quadrat besitzt nur zwei und der Kubus drei Dimensionen. Auch noch so viele Ausdrucksformen auf irgendeiner niederen Ebene werden der Fülle des Egos nicht gerecht. Selbst wenn es tausend Persönlichkeiten annähme, wäre es ihm immer noch nicht möglich, sich erschöpfend zum Ausdruck zu bringen. Das Ego kann nur hoffen, dass die Persönlichkeit nichts enthalten wird, das seiner

Absicht widerspricht – dass die Persönlichkeit so viel von dem Ego zum Ausdruck bringt, wie in dieser niederen Welt überhaupt ausgedrückt werden *kann*.

Auch wenn das Ego nur einen einzigen physischen Körper annimmt, was dem Gesetz entspricht, vermag es zahlreiche Gedankenformen zu beseelen, die liebende Freunde von ihm gestalten, und es begrüßt diese zusätzlichen Möglichkeiten, um sich durch solche Gedankenformen zu verwirklichen, um Tugenden in sich zu entwickeln.

Ebenso wie ein Mensch sich in seinem irdischen Bewusstsein vieler physischer Kontakte, Emotionen und Gedanken gleichzeitig bewusst sein mag, ohne dass es ihn verwirrt, so kann das Ego durch seine eigene Persönlichkeit und die Gedankenformen seiner Freunde, die sie von ihm erschaffen, bewusst aktiv sein.

Der weise Mensch erkennt, dass das Ego der wahre Mensch ist, nicht die Persönlichkeit oder der physische Körper, und dass nur das Leben des Egos zählt und alles, was mit dem Körper in Zusammenhang steht, ohne zu zögern diesen höheren Interessen unterworfen werden muss. Er erkennt, dass ihm dieses Erdenleben zu Zwecken des Fortschritts gegeben wurde und dieser Fortschritt allein von Bedeutung ist. Der wahre Sinn des Lebens besteht in der Entfaltung seiner Kräfte als Ego, in der Entwicklung seines Charakters. Er erkennt, dass diese Entwicklung in seinen eigenen Händen liegt, und je rascher sie abgeschlossen ist, desto glücklicher und nützlicher wird er sein.

Außerdem lernt er bald aus Erfahrung, dass nichts für ihn als Ego oder für irgendjemanden wirklich gut sein kann, das nicht allen zugute kommt. Schließlich gelingt es ihm, sich selbst völlig zu vergessen und nur danach zu fragen, was dem Wohle der gesamten Menschheit dient.

Die Entwicklung des Egos ist somit der einzige Zweck für den gesamten Prozess des Abstiegs in die Materie. Das Ego umhüllt sich nur mit Materie, weil es durch sie Schwingungen aufzunehmen vermag, auf die es reagieren kann, wodurch seine latenten Fähigkeiten entwickelt werden.

Mit seinem Abstieg beabsichtigt es, sich genauer zu definieren, so dass seine unbestimmten edlen Gefühle, in der Entschlossenheit zu handeln, konkrete Form annehmen. Seine Inkarnationen dienen ihm dazu, Präzision und Bestimmtheit zu gewinnen.

In der Spezialisierung liegt der Weg seines Wachstums. Es steigt in jede Rasse oder Unterrasse hinab, um die Eigenschaften zu erwerben, für deren Vervollkommnung diese arbeitet. Das von dem Ego entsandte Fragment wird ganz besonders spezialisiert. Eine bestimmte entwickelte Tugend nimmt es mit der Zeit in sich auf und wiederholt diesen Vorgang immer wieder. Die Persönlichkeit streut ein wenig von ihren speziellen Errungenschaften über das Ganze, wenn sie in das Ego zurückgezogen wird, so dass dieses etwas weniger vage ist als zuvor.

In *Der Schlüssel zur Theosophie* beschreibt H. P. Blavatsky den Sinn der Reinkarnation sehr anschaulich: „Versuche, dir einen „Geist" vorzustellen, ein himmlisches Wesen, ob wir ihm nun diesen oder jenen Namen geben, das göttlich in seiner ureigenen Natur ist und trotzdem noch nicht makellos genug, um eins mit dem All zu sein und aus diesem Grunde seine Natur in einer Weise läutern muss, bis es dieses Ziel schließlich erreicht. Dazu muss es als *Individualität* und *Persönlichkeit*, also geistig und körperlich, jede Erfahrung und jedes Gefühl durchleben, die es in dem mannigfaltig differenzierten Universum gibt. Nachdem es solche Erfahrungen in den niederen Reichen gewonnen und die Leiter des Seins immer höher erklommen hat, muss es alle Erfahrungen durchlaufen, die ihm die menschlichen Ebenen bieten. In seinem innersten Kern ist es Gedanke und wird daher in seiner Mehrzahl *Mânasaputra*, „die Söhne des (universellen) Geistes", genannt. Es ist dieser *individualisierte* „Gedanke", den die Theosophen das *wahre* menschliche Ego nennen, das denkende Wesen, eingeschlossen in einem Gehäuse aus Fleisch und Knochen. Zweifellos handelt es sich um ein geistiges Wesen, keine *Materie* (also keine Materie, wie wir sie auf der Ebene des objektiven Universums kennen), und solche Wesen sind die sich inkarnierenden Egos, die das Bündel animalischer Materie, das sich Menschheit nennt, unterrichten und die sich *Mânasa* oder Geist nennen."

Der Begriff *Mânasaputra*, was wörtlich übersetzt die „Söhne des Geistes" bedeutet, wird in dem angeführten Zitat in besonderem Sinne verwendet. Er erfasst mehrere Stufen von Intelligenzen, von den „Söhnen der Flamme" selbst bis hinunter zu den Wesen, die sich im Mondzyklus individualisierten und ihre rein menschliche Inkarnation in der Erdkette begannen.

Immer wieder hat man die Beziehung zwischen dem Ego und seinen Persönlichkeiten oder Inkarnationen durch Gleichnisse und Metaphern dargestellt. So wurden die Inkarnationen mit einem Schultag verglichen. Am Morgen eines jeden neuen Lebens nimmt das Ego seine Lektionen an dem Punkt wieder auf, an dem es sie am Abend zuvor liegen ließ. Wieviel Zeit sich der Schüler für seine Qualifikation nimmt, bleibt ganz seinem eigenen Ermessen und seiner Energie überlassen. Der weise Schüler erkennt, dass das Schulleben in sich selbst keinen Abschluss findet, sondern nur als Vorbereitung für eine wunderbare und erfüllte Zukunft dient. Er arbeitet klug mit seinen Lehrern zusammen und achtet darauf, ein Maximum an Arbeit zu leisten, damit er möglichst bald mündig wird, um als leuchtendes Ego in sein Reich eintreten zu können.

Das Eintauchen des Egos in die physische Welt zum Zwecke kurzer Augenblicke sterblichen Lebens hat man mit einem Vogel verglichen, der nach einem Fisch im Meer taucht. Die Persönlichkeiten kann man auch mit den Blättern eines Baumes vergleichen: Die aus der Umgebung aufgenommenen Stoffe wandeln sie in nützliche Substanzen um und schicken sie in den Saft des Baumes, durch den dieser genährt wird. Wenn die Blätter ihrer Jahreszeit gedient haben, verwelken sie und fallen ab, um zum gegebenen Zeitpunkt von einer neuen Blattfülle gefolgt zu werden.

Wie der Taucher auf der Suche nach einer Perle in die Tiefen des Meeres taucht, begibt sich das Ego auf der Suche nach Erfahrungen in die Abgründe des Lebens. Aber es bleibt nicht lange dort, denn sie sind nicht sein Element. Es erhebt sich wieder in seine eigene Sphäre und schüttelt das schwerere Element ab und lässt es hinter sich. Es trifft zu, dass die der Erde entronnene Seele an ihren eigenen Ort zurückkehrt, denn ihre Heimat ist das „Land der Götter“ und die Erde nur Exil und Gefängnis.

Man mag das Ego als Arbeiter betrachten, der hinausgeht aufs Feld, sich bei Regen und Sonnenschein, Kälte und Hitze abrackert und am Abend in sein Haus zurückkehrt. Aber er ist gleichzeitig auch der Besitzer, und die Ernte seiner Mühen füllt seine eigenen Scheunen und bereichert seinen Vorrat. Jede Persönlichkeit repräsentiert als unmittelbar wirksamer Teil der Individualität diese in den niederen Welten. Es gibt keine Ungerechtigkeit bei dem Los, das der Persönlichkeit zufällt, denn das Ego säte das Karma in der Vergangenheit – und das Ego muss es ernten. Der Arbeiter, der den Samen säte, muss ihn ernten, obwohl das Gewand, das er als Sämann trug, bis zur Ernte verschlissen sein mag. Derjenige, der erntet, ist derselbe, der säte, und hat er nur wenige oder schlechte Samen ausgeworfen, wird er es sein, der eine armselige Ernte vorfindet, geht er wieder hinaus aufs Feld, um sie einzuholen.

Man hat das Ego als Pendel beschrieben, das in der Ewigkeit zwischen den Lebensphasen auf der Erde und jenen nach dem Tod hin und her schwingt. Für jemanden, der versteht, ist das Leben nach dem Tod die einzige Wirklichkeit. Das *Ego* beginnt daher sehr oft seinen persönlichen Lebenszyklus mit dem Eintritt in den Himmel und schenkt der Persönlichkeit während der Zeit, in der sie Material sammelt, kaum Beachtung.

Betrachtet man den Inkarnationszyklus, könnte man den im Devachan zugebrachten Zeitraum, der für alle, außer für die sehr unentwickelten Menschen, verglichen mit den kurzen, irdischen Unterbrechungen unendlich lange dauert, wohl als Normalzustand bezeichnen. Ein weiterer Grund, diesen als normal und das irdische Dasein als unnormal zu erachten, liegt darin, dass der Mensch im Devachan der Quelle seines göttlichen Lebens sehr viel näher steht.

Man mag das Ego mit einem Schauspieler vergleichen und die vielen verschiedenen Inkarnationen als seine Rollen. Ebenso wie der Schauspieler, muss das Ego alle Rollen spielen, die ihm oft unliebsam sind. Wie die Biene, die aus jeder Blüte allein den Nektar sammelt, trägt das Ego nur den Nektar von Tugend und Bewusstsein aus jeder irdischen Persönlichkeit zusammen, in die es sich kleiden muss, bis es schließlich alle diese Eigenschaften in einer einzigen vereinigt und zum vollkommenen Wesen wird, manchmal auch *Dhyân Chohan* genannt.

In *Die Stimme der Stille* werden die Persönlichkeiten als „Schatten" bezeichnet. Der Einweihungskandidat wird ermahnt: „Sei ausdauernd wie jemand, der immerfort erduldet. Deine Schatten leben und schwinden dahin; das, was ewig in dir leben wird, das in dir *weiß*, denn es ist Wissen, gehört nicht dem flüchtigen Leben an; es ist der Mensch, der war, der ist und sein wird und dem niemals die Stunde schlägt."

Im Laufe der Zeitalter bemüht sich das Ego, der unsterbliche Denker, den Tiermenschen empor zu führen, bis er die Fähigkeit besitzt, eins mit dem Göttlichen zu werden. Vielleicht erhält es aus jedem einzelnen Leben nur einen winzigen Bruchteil für seine harte Arbeit, doch nach diesem unmerklich verbesserten Modell wird der nächste Mensch geformt, der in jeder Inkarnation ein wenig fortgeschrittener sein wird, auch wenn dies in den frühen Stadien kaum auffällt. Langsam wird das Ziel erreicht, das Tierische zu verringern und das Menschliche zu vermehren. Auf einer bestimmten Stufe dieses Prozesses werden die Persönlichkeiten allmählich lichtdurchlässig, reagieren auf die Schwingungen des Denkers und beginnen, undeutlich zu spüren, dass sie nicht nur isolierte Leben, sondern verbunden mit etwas Dauerhaftem und Unsterblichem sind. Sie mögen ihr Ziel nicht klar erkennen, doch unter der Berührung des Egos erzittern und beben sie. Danach beschleunigt sich der Prozess, und die Entwicklungsrate steigt in den späteren Phasen beträchtlich.

Die genannten Vergleiche mögen zwar nützlich sein, sind aber doch recht grob, denn es gestaltet sich äußerst schwierig, die Beziehung des Egos zur Persönlichkeit wiederzugeben. Insgesamt gesehen, könnte man sagen, das Ego verleiht unter größten Schwierigkeiten einem winzigen Bruchteil seiner selbst in der Persönlichkeit Ausdruck. Begegnen wir auf physischer Ebene einer anderen Person, käme es der Wahrheit in etwa nahe zu erklären, ein Tausendstel des wirklichen Menschen zu kennen; mehr noch, jener Teil, den wir sehen, ist der schlimmste. Selbst wenn wir den Kausalkörper eines anderen Menschen zu erkennen vermögen, sehen wir nur eine Manifestation des Egos auf seiner eigenen Ebene und sind immer noch weit davon entfernt, den wahren Menschen wahrzunehmen.

Betrachten wir das Ego als den wahren Menschen auf seiner eigenen Ebene, erkennen wir in ihm tatsächlich ein herrliches Wesen. Um es uns hier unten überhaupt vorstellen zu können, denken wir es uns als strahlenden Engel. Die Form, in der sich dieses wunderschöne Wesen auf physischer Ebene zum Ausdruck bringt, kann ihm nicht gerecht werden, denn erstens gibt sie nur einen winzigen Bruchteil wieder und zweitens engen die Gegebenheiten es gewaltig ein.

Steckt jemand seinen Finger in ein Loch in der Wand oder in eine enge Metallhülse, so dass er ihn nicht einmal mehr krümmen kann, wird offensichtlich, wie wenig er in der Lage ist, sich durch diesen Finger auszudrücken. Ähnlich verhält es sich mit dem Schicksal des Fragments, das vom Ego in diesen grobstofflichen Körper entsandt wird.

Die Analogie weiterführend, nehmen wir an, der Finger besitze ein gewisses Eigenbewusstsein und vergäße aufgrund seiner Lage vorübergehend, dass er nur ein Teil des gesamten Körpers ist. Die Freiheit des umfassenderen Lebens vergessend, versucht er, sich dem Loch anzupassen, schmückt die Seiten aus und macht es zu einem erfreulichen Bau, indem er Geld, Besitz, Ruhm und dergleichen erwirbt, ohne zu bemerken, dass er erst in dem Moment richtig zu leben beginnt, wenn er sich von dem Ganzen zurückzieht und es als Teil des Körpers erkennt. Trotz der Plumpheit dieses Bildes, mag es in etwa eine Vorstellung von dem Verhältnis der Persönlichkeit zum Ego vermitteln.

Viele anschauliche Vergleiche finden sich in einigen uralten Mythen. Der bildschöne Jüngling Narzissus verliebte sich in sein eigenes Bildnis, das sich im Wasser widerspiegelte und fühlte sich so stark zu ihm hingezogen, dass er hinein fiel und ertrank. Später verwandelten ihn die Götter in eine Blume, gebunden an die Erde. Diese Analogie bezieht sich auf das Ego, das auf die Wasser der Astralebene und die niedere Welt hinunter blickt, sich in der Persönlichkeit widerspiegelt und mit dieser identifiziert, sich in sein Bildnis verliebt und an die Erde gefesselt wird.

Proserpina wurde beim Pflücken der Narzisse ergriffen und durch ihr Verlangen in die Unterwelt gezogen. Obwohl sie durch die Bemühung ihrer Mutter vor der völligen Gefangenschaft bewahrt blieb, musste sie danach ihr Leben halb in der niederen Welt, halb in der darüber verbringen, also teils *in* der materiellen Inkarnation, teils *außerhalb* von dieser.

Eine andere alte Mysterienlehre berichtet vom Minotaurus, dem Symbol der niederen Natur im Menschen – die Persönlichkeit, die halb Mensch und halb Tier ist. Dieser wurde schließlich von Theseus erschlagen, der das höhere Selbst oder die Individualität versinnbildlicht, das allmählich heranwächst und erstarkt, bis es schließlich das Schwert seines göttlichen Vaters, des Geistes, zu führen vermag.

Durch das Labyrinth der Illusion, aus der sich diese niederen Ebenen zusammensetzen, mit Hilfe des Fadens okkulten Wissens, den ihm Ariadne (Vertreterin der Intuition) reicht, wird das Höhere Selbst befähigt, das niedere zu erschlagen und dem Netz der Illusion zu entrinnen. Geistigen Hochmut entwickelnd, bleibt die Gefahr, nicht auf die Intuition zu achten, so wie Theseus Ariadne übersah und diesmal seine höchsten Fähigkeiten nicht erkannte.

Es leuchtet durchaus ein, dass die Inkarnation nur aus der Sicht des Egos in der richtigen Perspektive betrachtet werden kann. Jede seiner Bewegungen in Richtung auf die niederen Ebenen verläuft in einem weit ausholenden Bogen. Die begrenzte Sichtweise der Persönlichkeit vermag nur einen geringen Anteil des unteren Kreisbogens zu erfassen und sieht eine gerade Linie, deren Anfang und Ende sie eine unnötige Bedeutung beimisst, weil der wirkliche Wendepunkt sich völlig ihrem Blick entzieht.

Im Hinblick auf das Ego ist dessen nach außen gerichtete Kraft während der frühen Existenzphase dieses winzigen Fragments auf der physischen Ebene, die wir Leben nennen, noch stark; in der mittleren Periode erschöpft sie sich im Normalfall, und der große, nach innen gerichtete Bogen beginnt.

Dennoch findet keine plötzliche oder gewaltige Veränderung statt, da es sich nicht um einen Winkel, sondern noch um einen Teil desselben Kreisbogens handelt – der exakt dem entferntesten Punkt der Umlaufbahn eines Planeten entspricht. Doch es ist der wirkliche Wendepunkt dieses kleinen Evolutionszyklus.

In dem alten indischen Lebensplan *kennzeichnete* er das Ende des *grihastha* oder der Periode als „Haushaltsvorstand" in der irdischen Existenz eines Mannes.

In jenem alten System widmete ein Mann die ersten einundzwanzig Jahre seines Lebens der Erziehung und die nächsten einundzwanzig Jahre der Erfüllung seiner Pflicht als Haushaltsvorstand und Familienoberhaupt. Dann aber, mit Erreichen der Lebensmitte, gab er alle weltlichen Verpflichtungen auf, überließ sein Haus und seinen Besitz dem Sohn und zog sich mit seiner Frau in eine nahe gelegene Hütte zurück, wo er sich die folgenden einundzwanzig Jahre der Ruhe, dem geistigen Gespräch und der Meditation hingab. Dann kam, wenn er es wollte, die vierte Phase, die er, in völliger Isolation und in Kontemplation versunken, im Dschungel zubrachte. Die Lebensmitte bildete den wirklichen Wendepunkt, und es ist offensichtlich, dass diesem weitaus größere Bedeutung beizumessen ist als der irdischen Geburt oder dem physischen Tod, denn er kennzeichnet die Grenze der nach außen gerichteten Energie des Egos, sozusagen den Wechsel zwischen seinem Aus- und Einatmen.

Von diesem Zeitpunkt an sollte die gesamte Kraft des Menschen nur noch nach innen gerichtet sein und seine Aufmerksamkeit mehr und mehr von den rein irdischen Dingen abgezogen und den höheren Ebenen zugewendet werden. Angesichts solcher Überlegungen kann man sich des Eindrucks nicht erwehren, dass sich die Gegebenheiten des modernen europäischen Lebens für wirklichen Fortschritt wohl kaum eignen.

In diesem Evolutionsbogen ist der Punkt, an dem der Mensch seinen physischen Körper abstreift, nicht von besonderer Bedeutung; viel bedeutungsloser als die nächste Veränderung, sein Tod auf der Astralebene und seine Geburt im Himmel oder, anders ausgedrückt, der Übergang seines Bewusstseins von der Astral- zur Mentalmaterie im Laufe seines gleichbleibenden Rückzugs.

Wie bereits in Kapitel XIII erwähnt, nennt man in Indien die gesamte Abwärtsbewegung in die Materie *pravritti mârga*, wörtlich der *Pfad des Strebens*, des Vorwärtskommens; *nivritti mârga* ist der *Pfad der Rückkehr*, des sich Zurückziehens, der Entsagung. Diese Begriffe sind relativ und können auf den gesamten Evolutionsverlauf des Egos, die individuelle Inkarnation in einer Persönlichkeit und dergleichen angewendet werden.

Auf dem *pravritti mârga*, auf dem sich die Mehrheit der Menschen befindet, sind Begierden unerlässlich und nützlich, da sie den Menschen zur Aktivität anregen. Auf dem *nivritti mârga* muss die Begierde aufhören. Was auf dem *pravritti mârga Begierde* gewesen ist, wird auf dem *nivritti mârga Wille*, ähnlich wie der lebendige, fahrige, wechselnde *Gedanke* zur *Vernunft* und Arbeit, Aktivität und ruheloses *Handeln* zum *Verzicht* wird, was die bindende Kraft bricht.

KAPITEL 25

Das Ego und seine „Investition"

Wir wollen uns nun dem Thema der Reinkarnation im Hinblick auf das Einbringen der Persönlichkeit als „Investition" von seiten des Egos zuwenden.

Diese „Investment"-Analogie ist nicht nur eine Metapher, sondern besitzt einen durchaus materiellen Aspekt. Wenn das Ego in seinem Kausalkörper zusätzlich einen Mental- und Astralkörper annimmt, verwickelt sich ein Teil der kausalen Materie mit der Materie der niederen astralen und mentalen Arten. Dieses „Einbringen" eines Teils seiner selbst kommt einer Investition gleich.

Wie bei allen Anlagen, so erhofft sich auch das Ego einen Gewinn; es besteht aber die Gefahr, enttäuscht zu werden, sowie die Möglichkeit, einen Teil zu verlieren. Unter höchst ungewöhnlichen Umständen kann sogar alles verloren gehen, was das Ego zwar nicht völlig bankrott, wohl aber ohne verfügbares Kapital sein lässt.

Diese Analogie weiterführend, sollten wir bedenken, dass sich der Kausalkörper aus der Materie der ersten, zweiten und dritten Unterstufe der Mentalebene zusammensetzt. Der weitaus größte Anteil gehört zu der ersten Unterstufe, ein geringerer zur zweiten und ein noch geringerer zur dritten.

Außer in diesen drei niedrigsten Bereichen findet man bei den meisten Menschen noch keinerlei Aktivität und selbst dort recht partiell. Daher kann kaum etwas von der untersten Stufe kausaler Materie auf die niederen Ebenen eingebracht werden, und von diesem Wenigen verknüpft sich nur ein ganz geringer Anteil mit Mental- und Astralmaterie. Im Hinblick auf die Persönlichkeit ist das Ego also kaum aktiv.

Bei unentwickelten Menschen beträgt jener Anteil wahrscheinlich höchstens ein Hundertstel der Materie der dritten Ebene. Schüler der Esoterik weisen im Allgemeinen zusätzlich eine geringe Aktivität der Materie der zweiten Unterebene auf. Bei fortgeschritteneren Schülern nimmt die Aktivität hier beträchtlich zu, und auf der Stufe unterhalb der eines Arhat ist etwa die Hälfte des Egos aktiv.

Das noch im Halbschlaf liegende Ego hat den eingebrachten Anteil nur schwach und unvollkommen unter Kontrolle. Mit dem Heranwachsen seines physischen und der zunehmenden Entwicklung seines Mental- und Astralkörpers erwacht die mit ihnen verwickelte Kausalmaterie aufgrund der heftigen Schwingungen, die sie durch diese Körper erreicht. Der völlig verstrickte Bruchteil eines Bruchteils gibt diesen Trägern Leben und Energie und ein Empfinden von Individualität; diese ihrerseits reagieren stark darauf und rufen ein heftiges Lebensgefühl in ihm wach.

Genau dies ist notwendig und der eigentliche Grund dafür gewesen, jenen Anteil einzubringen. Es ist die Sehnsucht nach diesem starken Lebensgefühl, *Trishnâ*, mit dem wir uns bereits beschäftigt haben.

Aufgrund derartiger Erfahrungen ist jener Anteil sehr viel stärker erwacht als das übrige Ego, was sich in einer Weise intensivieren mag, dass er sich als das Ganze betrachtet und für den Augenblick seine Beziehung zu seinem „Vater im Himmel“ vergisst. Er mag sich vorübergehend mit der Materie identifizieren, durch die er wirken soll und sich dem Einfluss jenes anderen Teils widersetzen, der eingebracht, aber nicht *verwickelt* wurde – die Verknüpfung mit dem großen Ganzen des Egos auf seiner eigenen Ebene.

Abbildung XXVI soll diesen Sachverhalt erläutern. Der Kausalkörper wird hier als eine Art Kelch dargestellt, der unterteilt ist. Der auf der dritten kausalen Unterebene erwachte Bereich des Egos teilt sich in drei Abschnitte ein, die wir (a), (b) und (c) nennen wollen. (a) ist ein sehr kleiner Anteil des Egos und bleibt auf seiner eigenen Ebene; (b), ein geringer Anteil von (a), wird eingebracht, verwickelt sich aber nicht mit der Materie der niederen Ebenen, er agiert als Verbindungsglied zwischen (a) und (c); (c) seinerseits ist ein winziger Teil von (b) und eng verwoben mit niederer Materie des Astral- und Mentalkörpers.

(a) können wir uns als den Körper eines Menschen denken; (b) als seinen ausgestreckten Arm; (c) als die Hand, die ergreift oder besser die Fingerspitzen, die in die Materie eintauchen.

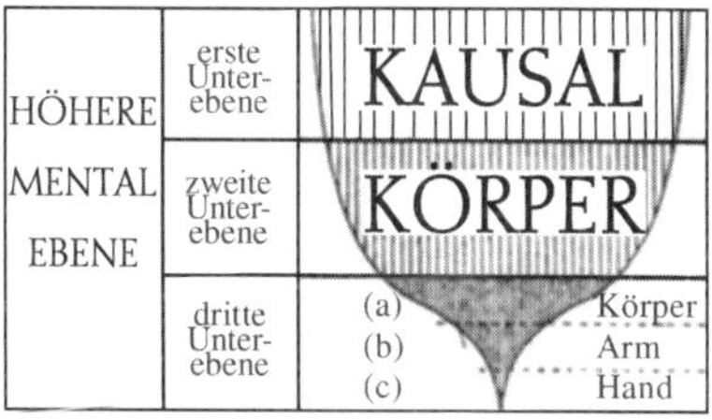

Abb. XXVI. Der Kausalkörper als Kelch

Diese höchst fein ausgewogene Zusammenstellung kann in verschiedener Weise beeinflusst werden. Die Hand (c) soll die Materie, mit der sie verwoben ist, fest ergreifen und führen und wird dabei über den Arm (b) vom Körper (a) gelenkt. Unter günstigen Umständen werden zusätzliche Kraft und sogar Materie vom Körper (a) durch den Arm (b) in die Hand (c) geleitet, damit die Steuerung immer vollkommener wird.

Die Hand (c) mag an Größe und Kraft zunehmen, was von Vorteil ist, so lange die Verbindung durch den Arm (b) uneingeschränkt offen bleibt und der Körper (a) die Kontrolle behält. Denn gerade die Verstrickung der Kausalmaterie, die die Hand (c) ausmacht, regt sie zu einer starken Aktivität und einer Genauigkeit an, auf feine Schwingungsschattierungen zu reagieren, was in keiner anderen Weise erreicht werden könnte; dies durch den Arm (b) auf den Körper (a) übertragen, bedeutet die Entwicklung des Egos selbst.

Leider folgt der Lauf der Dinge nicht immer dem idealen Arbeitsplan. Wenn die Kontrolle des Körpers (a) schwach ist, kann es geschehen, dass die niedere Materie die Hand (c) derartig gefangen nimmt, dass diese sich mit ihr identifiziert, für den Moment ihren hohen Stand vergisst und sich als das gesamte Ego betrachtet.

Gehört die Materie der niederen Mentalebene an, werden wir einen völlig materialistisch eingestellten Menschen vor uns haben. Er mag hoch intellektuell sein, nicht aber spirituell; der Spiritualität wird er wohl intolerant gegenüberstehen und unfähig sein, sie zu begreifen oder zu schätzen. Wahrscheinlich betrachtet er sich als praktisch, sachlich und unsentimental, während er in Wirklichkeit hart ist wie der Bodenstein. Aufgrund dieser Härte ist sein Leben aus der Sicht des Egos ein Fehlschlag, und er macht keinen geistigen Fortschritt.

Hat er sich in Astralmaterie verstrickt, wird er auf der physischen Ebene jemand sein, der nur an seine eigene Genugtuung denkt und eine Sache, die er begehrt, rücksichtslos verfolgt, also ein Mensch ohne Prinzipien und von brutaler Selbstsucht. Eine solche Person lebt in ihren Leidenschaften so wie jene, die sich in die Mentalmaterie verstrickt hat, in ihrem Verstand lebt. Diese Leute hat man als „verlorene Seelen“ bezeichnet, obwohl sie nicht unwiderruflich verloren sind.

H. P. Blavatsky sagte von einem solchen Menschen: „Es gibt immer noch Hoffnung für eine Person, die ihre höhere Seele durch ihre Verderbtheit verloren hat, während sie noch in ihrem Körper weilt. Sie kann erlöst und dazu gebracht werden, sich gegen ihre materielle Natur zu wenden. Denn ein starkes Gefühl der Reue oder ein einziger Appell an das entflohene Ego, noch besser, das aktive Bemühen, sich zu ändern, mag das höhere Ego zurückbringen. Der Verbindungsfaden ist noch nicht vollkommen gerissen.“ (*Geheimlehre*).

Auf unsere Investment-Analogie zurückkommend, sehen wir, dass das Ego nicht nur die Hand (c) zurück haben möchte, sondern auch erwartet, dass diese an Qualität und Quantität gewonnen hat. Ihre *Qualität* sollte sich verbessert haben, denn sie dürfte wacher und fähiger sein, unverzüglich und sehr genau auf eine breitere Schwingungsskala zu reagieren als vorher.

Diese von ihr resorbierte Fähigkeit vermittelt die Hand (c) dem Körper (a), obwohl die gespeicherte Energie, die in der Hand (c) eine solch mächtige Woge hervorruft, nur eine kleine Welle bewirkt, wenn sie über die gesamte Körpersubstanz verteilt wird.

Obwohl die Träger auf negative Gedanken und Gefühle reagieren und sie zum Ausdruck bringen können und ihre durch solche Schwingungen hervorgerufene Aufregung die verwickelte Kausalmaterie (c) beunruhigen mag, ist es dieser (c) nicht möglich, derartige Schwingungen selbst zu erzeugen oder sie dem Arm (b) oder dem Körper (a) weiterzuleiten, einfach weil die Materie der drei höheren Mentalebenen ebenso wenig in der Frequenz der niedrigsten Ebene zu schwingen vermag, wie die auf eine bestimmte Tonhöhe eingestellte Violinsaite einen tieferen Ton hervorbringen kann.

Die Hand (c) sollte auch an *Quantität* zunehmen, denn ebenso wie alle anderen Träger, verändert der Kausalkörper fortlaufend seine Materie, und wenn ein bestimmter Teil in bestimmter Weise trainiert wird, nimmt er an Umfang und Kraft zu, vergleichbar mit einem Muskel, der angestrengt wird.

Jede Inkarnation ist eine sorgfältig berechnete Gelegenheit für die qualitative und quantitative Entwicklung des Egos, derer es am nötigsten bedarf. Wird diese Gelegenheit versäumt, bedeutet dies die Mühe und Verzögerung einer weiteren Inkarnation mit wahrscheinlich vermehrtem Leid aufgrund des zusätzlich aufgeladenen Karmas.

Gegen den Gewinnzuwachs, den das Ego mit Recht aus jeder Inkarnation zu erwarten hat, müssen wir einen gewissen Verlust aufrechnen, der sich in den Anfangsstadien kaum vermeiden lässt. Um erfolgreich zu sein, bedarf es einer engen Verknüpfung mit der niederen Materie, und es hat sich herausgestellt, dass in diesem Fall fast unmöglich jeder einzelne Partikel zurückgewonnen werden kann, besonders wenn es sich um eine Verwicklung mit dem Astralkörper handelt.

Kommt die Zeit der Trennung vom Astralkörper, wird fast immer ein Schatten, weniger eine Hülle zurückgelassen; und gerade dieser Unterschied bedeutet, dass etwas von der Kausalmaterie verloren ging. Außer im Falle eines ungewöhnlich schlechten Lebens, sollte dieser Anteil sehr viel geringer als der durch Wachstum gewonnene sein, so dass insgesamt gesehen die Transaktion Gewinn abwirft.

Abbildung XXVII A stellt diesen Fall dar, der als Normalfall gelten mag.

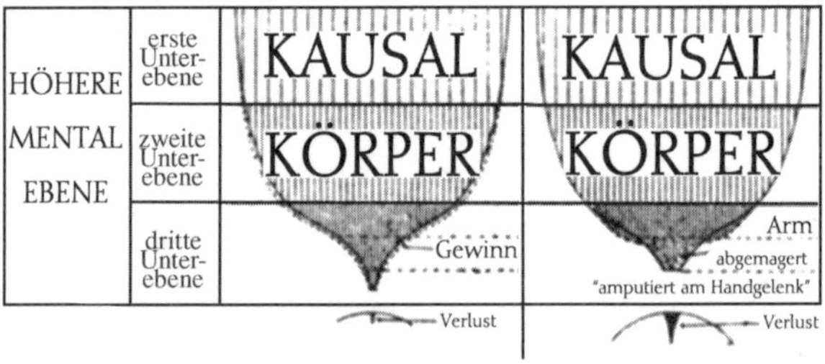

A. Normalfall B. Unnormaler Fall

Abbildung XXVII – Das Ego und seine Investition (I)

Der Vergleich mit der Hand und dem Arm darf nicht zu der fälschlichen Annahme führen, den Arm (a) und die Hand (c) als dauerhaftes Zubehör des Egos zu sehen. Während einer Lebensperiode mag man sie als getrennt betrachten, am Ende eines jeden Lebens ziehen sie sich aber wieder in den Körper (a) zurück, und der Erfahrungsschatz wird sozusagen über seine gesamte Substanz verteilt. Sobald für das Ego erneut die Zeit kommt, einen Teil von sich in die Inkarnation zu senden, wird und kann es nicht wieder den alten Arm (b) und die alte Hand (c) ausstrecken, denn sie wurden von ihm absorbiert, ebenso wie ein in einen Eimer ausgeleertes Glas Wasser Teil des Wassers im Eimer wird und sich nicht von ihm trennen lässt.

Irgendeine Farbsubstanz im Glas – sie symbolisiert die durch Erfahrung entwickelte Eigenschaft – färbt, wenngleich in einem blasseren Ton, das gesamte Wasser im Eimer. Die Methode entspricht genau derselben, die wir bereits bei der Gruppenseele besprochen haben, außer dass die Gruppenseele mehrere Fühler gleichzeitig ausstreckt, während das Ego jedesmal nur einen einzigen hinausschiebt. Jede Inkarnation weist eine andere Persönlichkeit auf als die vorangegangenen, obgleich das dahinterstehende Ego stets dasselbe bleibt.

Ein Mensch, der vollkommen in seinen Leidenschaften oder seinem Verstand aufgeht, wird weder einen qualitativen noch einen quantitativen Gewinn einbringen, da solche Schwingungen nicht im Kausalkörper gespeichert werden können. Andererseits wird aufgrund der engen Verknüpfung bei der Trennung mit Sicherheit ein beachtlicher Verlust eintreten.

In Fällen, in denen sich die Hand (c) gegen den Arm (b) durchgesetzt und ihn an den Körper (a) gepresst hat, ist der Arm verkümmert und nahezu gelähmt, und seine Kraft wurde in den Körper zurückgezogen, während die Hand (c), sich selbst überlassen, auf eigene Rechnung ruckartige, krampfhafte Bewegungen macht, die nicht vom Gehirn gesteuert sind. Eine vollkommene Trennung entspräche einer Amputation am Handgelenk, was während der physischen Existenz höchst selten geschieht, obwohl nur so viel Verbindung bestehen bleibt, um die Persönlichkeit am Leben zu erhalten. Abbildung XXVII B stellt dies dar.

Ein solcher Fall ist nicht hoffnungslos, denn selbst im letzten Augenblick kann bei genügender Anstrengung frisches Leben durch diesen gelähmten Arm geschickt werden, und das Ego vermag etwas von der Hand (c) zurückzugewinnen, wie dies bereits größtenteils mit dem Arm (b) geschehen ist. Trotzdem wurde ein solches Leben vergeudet, obwohl der Mensch es gerade noch geschafft hat, einem ernsthaften Verlust zu entrinnen. Gewonnen hat er in keinem Fall, und es wurde viel Zeit vergeudet.

Die verheerendste Katastrophe, die einem Ego passieren kann, tritt ein, wenn die Persönlichkeit den vom Ego eingebrachten Teil festhält und bewirkt, dass er wegbricht. Solche Fälle sind äußerst selten, aber es gibt sie. Anstatt den Arm (b) abzuweisen und ihn allmählich in den Körper (a) zurückzustoßen, absorbiert die Hand (c) ihn diesmal stufenweise und trennt ihn vom Körper (a) ab. Siehe hierzu Abbildung XXVIII C. Dies kann nur durch die entschlossene Beharrlichkeit geschehen, sich absichtlich dem Bösen hinzugeben, also durch Schwarze Magie. Um bei unserem Vergleich zu bleiben, entspräche dies einer Amputation an der Schulter oder dem Verlust fast des gesamten verfügbaren Kapitals, das vom Ego angelegt wurde. Zu seinem Glück kann es nicht alles verlieren, denn der Arm (b) und die Hand (c) bilden zusammen nur einen geringen Anteil des Körpers (a), und hinter (a) steht der große, unentwickelte Anteil des Egos auf der ersten und zweiten mentalen Unterebene. Glücklicherweise vermag sich ein Mensch, so unglaublich töricht oder verkommen er auch sein mag, nicht völlig zugrunde zu richten, da er jenen höheren Teil des Kausalkörpers nicht eher aktivieren kann, als bis er eine Stufe erreicht hat, auf der das Böse undenkbar ist.

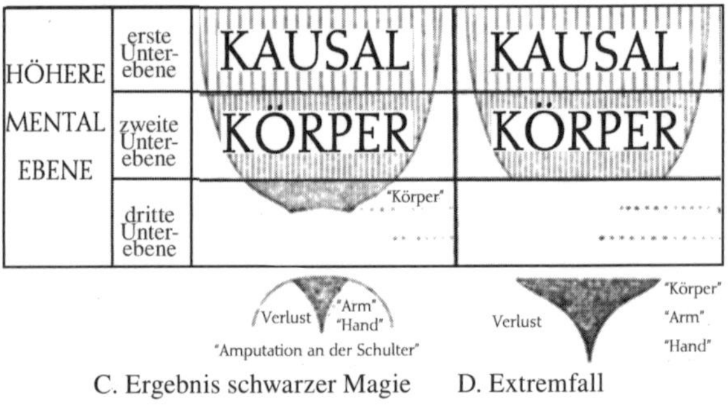

Abbildung XXVIII – Das Ego und seine Investition (II)

Es gibt Menschen, die sich absichtlich der Natur widersetzen. Anstatt für die Einheit zu wirken, der die gesamte Kraft des Universums entgegen strebt, entwürdigen sie jede Fähigkeit, die sie besitzen, für rein selbstsüchtige Zwecke. Ziel ihres Lebens ist die Absonderung, die sie für lange Zeit erreichen. Es heißt, das Gefühl, im Weltraum völlig allein gelassen zu sein, sei das schlimmste Schicksal, das einem Menschen jemals widerfahren kann.

Diese ungewöhnliche Entwicklung der Selbstsucht ist ein Merkmal des Schwarzmagiers, und nur in ihren Reihen gibt es Menschen, denen die Gefahr eines solch schrecklichen Schicksals droht. Die Vielfalt der Abscheulichkeiten lässt sich zwei großen Klassen zuordnen. Beide bedienen sich ihrer magischen Künste zu selbstsüchtigen Zwecken, die aber unterschiedlicher Natur sind.

Der gängige und weniger Furcht erregende Typ sucht Genugtuung in der sinnlichen Begierde irgendeiner Art; als Folge eines solchen Lebens konzentriert sich die Energie des Menschen in seinem Astralkörper. Nachdem es ihm gelungen ist, jedes selbstlose oder liebevolle Gefühl, jeden Funken eines höheren Impulses in sich auszumerzen, bleibt nichts übrig, außer einem hartherzigen, skrupellosen, wollüstigen Scheusal, das nach seinem Tod sich über die niedrigsten Unterabteilungen der Astralebene weder erheben kann noch will. Ein solcher Geist befindet sich völlig im Griff der Begierde, und wenn der Kampf stattfindet, vermag das Ego nichts von ihm zurückzuholen und ist folglich sehr geschwächt.

Vorläufig hat er sich selbst vom Evolutionsstrom abgeschnitten, und bis er sich erneut inkarnieren kann, steht er – so erscheint es ihm zumindest – außerhalb dieser Evolution im Zustand von *avîchi*, dem Schwingungslosen. Selbst wenn er in die Inkarnation zurückkehrt, kann es nicht unter jenen sein, die er vorher gekannt hat, da ihm kein ausreichendes Kapital zur Verfügung steht, einen Geist und Körper auf seiner früheren Stufe zu beseelen. Er muss sich damit zufriedengeben, Träger einer viel geringer entwickelten Art in Besitz zu nehmen, die irgendeiner früheren Entwicklungsstufe angehören. Er hat sich selbst in seiner Evolution weit zurückgeworfen und muss erneut viele Stufen der Leiter empor klettern.

Er wird wahrscheinlich unter Wilden als ihr Häuptling geboren werden, da er noch ein wenig Intellekt besitzt. Vielleicht wirft er sich sogar so weit zurück, dass er in der Welt in ihrem gegenwärtigen Zustand keinen menschlichen Körpertyp finden kann, der tief genug ist, seiner erforderlichen Manifestation gerecht zu werden, was ihn unfähig macht, an diesem Evolutionsplan weiterhin teilzunehmen. Er muss daher, wie in einer Art Bewährungsprobe, auf den Beginn eines neuen warten.

Inzwischen kann man von der amputierten Persönlichkeit, die den „silbernen Faden, der sie an den Meister bindet", zerrissen hat, nicht mehr als von einem sich fortlaufend entwickelnden Wesen sprechen, sondern sie bleibt erfüllt von energischem und gänzlich bösem Leben, völlig ohne Reue oder Verantwortungsgefühl. Da sie dazu bestimmt ist, sich inmitten der unerfreulichen Umgebung der „achten Sphäre" aufzulösen, versucht sie, auf der physischen Ebene möglichst lange eine Art Existenz aufrechtzuerhalten. Die einzige Möglichkeit, ihre verderbliche Existenz zu verlängern, besteht in einer Art „Vampir"-Dasein. Schlägt dies fehl, kann es geschehen, dass sie irgendeinen verfügbaren Körper ergreift und dessen rechtmäßigen Besitzer vertreibt. Der übernommene Körper wird wahrscheinlich der eines Kindes sein, weil zu erwarten ist, dass dieser länger hält, und weil ein Ego, das noch keinen rechten Halt darin gefunden hat, leichter vertrieben werden kann.

Trotz ihrer ununterbrochenen Bemühungen scheinen ihre Kräfte bald zu versagen, und es gibt keinen bekannten Fall, bei dem sie einen zweiten Körper erfolgreich stehlen konnte, nachdem der erste Diebstahl sich verbraucht hatte. Die Kreatur ist ein Dämon der schlimmsten Art, ein Monster, für das es in dem Evolutionsplan, dem wir angehören, keinen dauerhaften Platz gibt.

Daher ist es seine natürliche Tendenz, aus dieser Evolution hinauszugleiten und in den astralen Sündenpfuhl, bekannt als die „achte Sphäre", gezogen zu werden, denn alles, was in ihn hinein rutscht, steht außerhalb des Rings unserer sieben Entwicklungsbereiche und kann nicht in ihre Evolution zurückkehren. Umgeben von den abscheulichen Relikten aller zusammengeballten Gemeinheiten der vergangenen Jahrhunderte, stets vor Verlangen brennend, doch ohne die Möglichkeit der Befriedigung, zerfällt diese Ungeheuerlichkeit langsam, was ihre mentale und astrale Materie schließlich freisetzt. Eine solche Materie wird sich niemals mehr mit dem Ego, von dem sie sich selbst fortgerissen hat, vereinigen, sondern sich unter die übrige Materie der Ebene mischen, um allmählich in frische Kombinationen einzutreten und besser verwendet zu werden. Solche Wesen sind ausgesprochen selten, und sie können nur von denjenigen Besitz ergreifen, deren Natur Mängel der genau gleichen Art aufweist.

Eine andere, wenn auch in ihrem äußeren Erscheinungsbild respektable Art des Schwarzmagiers, ist sogar noch gefährlicher, da sie noch mächtiger ist. Dieser Mensch gibt sich zwar nicht völlig der Sinnlichkeit hin, verfolgt aber das Ziel einer verfeinerten, doch nicht weniger skrupellosen Selbstsucht. Er beabsichtigt, sich eine höhere und umfassendere magische Kraft anzueignen, aber auch in diesem Fall ausschließlich zum Zweck der Selbstbefriedigung und des eigenen Fortschritts, um seine persönlichen Ambitionen zu fördern oder seine Rachsucht zu stillen.

Um dies zu erreichen, kasteit er seine rein fleischliche Begierde und hungert die gröberen Partikel seines Astralkörpers ebenso beharrlich aus wie der Schüler der großen weißen Bruderschaft. Obwohl er seinem Geist nur eine weniger materielle Form der Begierde zugesteht, bleibt das Zentrum seiner Energie völlig in seiner Persönlichkeit verankert. Daher vermag das Ego bei der Trennung am Ende des astralen Lebens nichts von seiner Investition zurückzugewinnen. Dieser Mensch blickt also einem ähnlichen Resultat entgegen wie jener im ersten Fall, vermag aber mit der Persönlichkeit viel länger in Berührung zu bleiben und bis zu einem gewissen Ausmaß ihre Erfahrungen zu teilen, soweit dies für ein Ego möglich ist.

Das Schicksal dieser Persönlichkeit verläuft jedoch sehr unterschiedlich. Die verhältnismäßig dünne Astralhülle ist nicht stark genug, um sie auf der Astralebene zu halten, hat aber die Verbindung zum Himmel, der eigentlichen Heimat, schon völlig verloren. Ein Leben lang galten seine Bemühungen dem Abtöten von Gedanken, die sich auf dieser Ebene auswirken. Er trachtete nur danach, sich der natürlichen Entwicklung zu widersetzen, eine Trennung von dem großen Ganzen zu verfolgen und es zu bekämpfen – und was die Persönlichkeit betrifft, so hat er Erfolg gehabt. Sie ist von dem Licht und Leben des Sonnensystems abgeschnitten. Ihr ist lediglich das Gefühl völliger Isolation geblieben, das Empfinden, allein im Universum zu sein.

In diesem seltenen Fall teilt die Persönlichkeit praktisch das Schicksal des Egos, von dem sie im Begriff ist, sich zu trennen. Im Hinblick auf das Ego handelt es sich dabei nur um eine vorübergehende Erfahrung, obwohl sie, wie wir es nennen würden, einen sehr langen Zeitraum dauern und in einer neuen Inkarnation, einer neuen Möglichkeit, enden wird.

Für die Persönlichkeit bedeutet das Ende die Auflösung – ein unvermeidliches Ende für etwas, das sich selbst von seiner Quelle getrennt hat.

Ein derartiger Verlust der gesamten Persönlichkeit beruht nicht auf einem absichtlichen Vorgehen des Egos. Es hat die Persönlichkeit aus der Hand gleiten gelassen, und dafür trägt es die Verantwortung. Demnach ist es für Schwäche, weniger für direkte Böswilligkeit verantwortlich. Obwohl das Ego schrecklich zurückgefallen ist, schreitet es voran; wahrscheinlich nicht sofort, denn zunächst ist es wie betäubt.

Nach einer derartigen Erfahrung wird ein Ego immer etwas seltsam sein, eine gewisse Unzufriedenheit empfinden und Erinnerungen an etwas besitzen, das höher liegt als das Erreichbare. Es ist ein fürchterlicher Zustand, aber das Ego hat die karmischen Auswirkung zu tragen und muss erkennen, dass es sich diese selbst zuzuschreiben hat.

Berichten zufolge gibt es noch eine andere vage Möglichkeit. So wie die Hand (c) den Arm (b) absorbieren und gegen den Körper (a) eigenverantwortlich aufbegehren und völlig wegbrechen mag, besteht (oder jedenfalls bestand) die Möglichkeit, das die Krankheit der Trennung und Selbstsucht den Körper (a) befallen kann. Selbst dann würde es in das monströse Gewächs des Bösen aufgenommen und dem unentwickelten Anteil des Egos entrissen, so dass der Kausalkörper verhärtet und weggetragen wird, anstatt nur die Persönlichkeit. (Abbildung XXVIII D veranschaulicht diesen Fall)

Diese Fallgruppe entspräche nicht einer Amputation, sondern einer völligen Zerstörung des Körpers. Ein solches Ego könnte sich nicht in der Menschheit inkarnieren; obwohl ein Ego, würde es in die Tiefen animalischen Lebens hinabstürzen, eine sehr lange Zeit benötigen würde, um den Status wiederzugewinnen, den es verloren hat. Obgleich theoretisch möglich, ist dies praktisch unvorstellbar. Doch sogar in einem solchen Fall bleibt der unentwickelte Teil des Egos Träger der Monade.

Die alten Schriften sprechen von Menschen, die in das Tierreich zurücksinken, doch es gibt keine direkten Beweise für solche Fälle. Es gibt Menschen, die mit dem tierischen Bewusstsein in Berührung kommen und schrecklich darunter leiden, sich aber jetzt als Tier zu inkarnieren, ist unmöglich, gleichgültig was in ferner Vergangenheit möglich gewesen sein mag.

Wir wollen nun ein wenig abschweifen und den Grund erläutern, weshalb selbst in Fällen wie den beschriebenen ein wirklicher Verlust sich nicht einfach gestaltet.

Infolge der Tatsache, dass sich gute Gedanken und Gefühle in den höheren Materiearten auswirken und feinere Materie sehr viel leichter zu bewegen ist als grobe, vermag eine bestimmte Menge an Kraft, die auf gute Gedanken oder Gefühle verwendet wird, die hundertfache Wirkung von dem hervorzurufen, zu dem genau derselbe Krafteinsatz in der gröberen Materie fähig wäre. Offensichtlich könnte der Durchschnittsmensch ansonsten keinen Fortschritt machen.

Steckt ein Mensch einen bestimmten Kraftaufwand in eine

schlechte Eigenschaft, muss sie sich durch die niedere und schwere Astralmaterie zum Ausdruck bringen. Obwohl jede Art von Astralmaterie, verglichen mit der physischen Ebene, äußerst fein ist, ist sie im Vergleich zur höheren Materie ihrer eigenen Ebene so grob wie Blei im Gegensatz zu Äther.

Wendet ein Mensch genau dieselbe Kraft auf das Gute an, bewegt sich diese durch die höheren feinstofflichen Unterebenen und wird mindestens hundertmal oder, wenn wir die niedrigste mit der höchsten Schicht vergleichen, sogar tausendmal wirksamer sein.

Etwa neunzig Prozent der Gedanken und Gefühle eines unentwickelten Menschen sind wohl ichbezogen, wenn nicht sogar selbstsüchtig. Sind zehn Prozent geistiger und selbstloser Natur, wird sich ein Mensch ein wenig über den Durchschnitt erheben. Würden sich die Resultate entsprechen, machten die meisten Menschen neun Rückwärts- für einen Vorwärtsschritt, und der Niedergang erfolgte mit einer solchen Geschwindigkeit, dass einige wenige Inkarnationen genügten, uns ins Tierreich zu versetzen, aus dem wir uns entwickelten.

Glücklicherweise überwiegt das Ergebnis der zehn Prozent an Kraftaufwand für das Gute den neunzigprozentigen Einsatz für selbstsüchtige Zwecke bei weitem, so dass der Mensch, insgesamt gesehen, von Leben zu Leben einen merklichen Fortschritt zu verzeichnen hat.

Selbst jemand, der nur ein Prozent Gutes tut, kommt einen Schritt vorwärts. Halten sich Fort- und Rückschritt die Waage, muss dieser Mensch ein eindeutig übles Leben geführt haben, wohingegen ein Evolutionsabstieg nur einen hartnäckigen Schurken ereilt.

Abgesehen von diesen Überlegungen, müssen wir bedenken, dass der Logos selbst mit seiner unwiderstehlichen Macht das gesamte System unaufhörlich vorwärts und aufwärts drängt. Gleichgültig wie langsam uns der zyklische Fortschritt erscheinen mag, es lässt sich nicht übersehen, dass jemand, der Gut und Böse genau ausbalanciert, nicht in dieselbe *tatsächliche*, sondern dieselbe *entsprechende* Position zurückkehrt. Er hat sogar einen geringen Fortschritt gemacht und befindet sich in einer etwas besseren Lage, als er sie eigentlich verdient und sich selbst geschaffen hat.

Verhält sich tatsächlich jemand so töricht, gegen den Strom zu schwimmen, muss er hart und eindeutig für das Böse arbeiten. Die Furcht zurückzufallen, ist unbegründet. Sie gehört zu dem alten, orthodoxen Irrglauben an den „Teufel", der die Gottheit an Kraft so weit übertraf, dass alles zu seinen Gunsten arbeitete. Das genaue Gegenteil trifft zu: Alles im Umfeld des Menschen ist darauf ausgerichtet, ihn zu unterstützen, wenn er es nur verstehen wollte.

KAPITEL 26

Das Ego und die Persönlichkeit

In *Der Mentalkörper* untersuchten wir die Beziehung zwischen Persönlichkeit und Ego hauptsächlich vom Gesichtspunkt der Persönlichkeit. Zunächst wollen wir die wesentlichen Fakten im Hinblick auf die Beschaffenheit des Menschen als Monade, Ego und Persönlichkeit wiederholen.

Das Fragment göttlichen Lebens, das wir als Monade bezeichnen, manifestiert sich auf der Ebene von *Âtmâ* als der dreifache Geist (siehe Abbildung XII).

Von diesen drei Aspekten verbleibt der Geist selbst auf seiner eigenen, der *Âtmâ* -Ebene. Der zweite Aspekt, die Intuition oder reine Vernunft, wie er manchmal genannt wird, lässt sich auf einer tieferen Stufe nieder und drückt sich durch die Materie der *Buddhi*-Ebene aus. Der dritte Aspekt, die Intelligenz, äußert sich durch die Materie der darunterliegenden, höheren mentalen Ebene.

Die auf den Ebenen von *Âtmâ*, *Buddhi* und *Manas* zum Ausdruck gebrachte Monade bildet das Ego oder die Individualität. Auf den niederen Ebenen erscheint das Ego als eine Persönlichkeit, deren Manifestation ebenfalls dreifacher Natur ist und das genaue Abbild des Egos darstellt; doch, wie bei allen Reflexionen, in umgekehrter Sicht.

Intelligenz oder höheres *Manas* spiegelt sich im niederen *Manas* wider. Die reine Vernunft oder *Buddhi* reflektiert im Astralkörper, und, was in gewisser Weise schwieriger zu verstehen ist, der Geist von *Âtmâ* äußert sich auf der physischen Ebene.

Es besteht immer eine Verbindung oder Kommunikationslinie zwischen dem höheren Selbst oder Ego und dem niederen Selbst oder der Persönlichkeit. Dieses Bindeglied nennt man auch *Antahkarana*. Dieser Begriff aus dem Sanskrit bezeichnet das *innere Organ* oder *innere Werkzeug*. H. P. Blavatsky spricht von der Verbindung, dem Kanal oder der Brücke zwischen dem höheren *Manas* und *Kâma-Manas* während der Inkarnation. Wenn jemand *Kâma-Manas* mit dem höheren *Manas* durch das niedere *Manas* vereinigen kann, bezeichnet sie das niedere *Manas, wenn es rein und frei von Kâma ist*, als *Antahkarana*.

Antahkarana mag als der Arm betrachtet werden, ausgestreckt zwischen dem kleinen Teil des Egos, der erwacht ist, und der Hand, dem eingebrachten Anteil. Wenn beide vollkommen miteinander verbunden sind, wenn das Ego und die Persönlichkeit also völlig übereinstimmen, hört der dünne Faden von *Antahkarana* auf zu existieren. Seine Zerstörung bedeutet, dass das Ego kein *Werkzeug* mehr braucht, sondern direkt mit der Persönlichkeit zusammenarbeitet. Wenn ein einziger Wille das Ego und die Persönlichkeit lenkt, wird *Antahkarana* überflüssig.

Der Begriff *Antahkarana* oder *inneres Werkzeug* bezeichnet ebenfalls das gesamte dreifache höhere Selbst oder Ego, da dieses den Kanal oder die Brücke zwischen der Monade und dem niederen Selbst bildet.

Die frühen Entwicklungsstadien des Menschen dienen der Öffnung von *Antahkarana* oder der Kommunikationslinie, damit das Ego auf diesem Wege in zunehmendem Maße seinen Einfluss geltend machen kann und die Persönlichkeit schließlich vollkommen beherrscht, so dass diese keinen gesonderten Gedanken oder Willen mehr besitzt und bloß, wie es sein soll, das Ego auf den niederen Ebenen im Rahmen ihrer Begrenzungen zum Ausdruck bringt.

Das Verbindungsglied zum höheren Selbst wurde oft als ein Faden bezeichnet – ein silberner Faden als Symbol der Reinheit.

Das Herz bildet im Körper das Zentrum für die höhere Triade *Âtmâ-Buddhi-Manas*. Wenn sich das Bewusstsein während der Meditation im Herzen konzentriert, wird es für die Einwirkung des höheren Selbst oder Egos höchst empfänglich. Der Kopf ist Sitz des seelisch-intellektuellen Menschen; die einzelnen Funktionen sind in den sieben Höhlen, zu denen auch die Hypophyse und die Zirbeldrüse gehören, angesiedelt. Wenn man während der Konzentration das Bewusstsein vom Kopf in das Herz fließen lässt, wird es möglich, *Kâma-Manas* mit dem höheren *Manas* durch das niedere *Manas* (also *Antahkarana*) zu verbinden, falls dieses rein und frei von *Kâma* ist. Dann wird man in der Lage sein, die Stimme der höheren Triade zu vernehmen.

Ein völlig ungeschulter Mensch besitzt praktisch keinerlei Verbindung zum Ego; der Eingeweihte andererseits steht in ständigem Kontakt zu ihm. Zwischen diesen beiden Polen liegen erwartungsgemäß sämtliche Stufen.

Der geistig Strebende wird wohl bemerkt haben, wie ungeheuer wichtig es ist, die Beziehung zwischen dem niederen und dem höheren Selbst zu erkennen und alles in seiner Macht stehende zu unternehmen, um diese Verbindung zu stärken, damit Ego und Persönlichkeit immer mehr als ein einziges Wesen arbeiten. Ihn in dieser Aufgabe zu unterstützen, mag vielleicht als das *Hauptanliegen* der vorliegenden Buchreihe betrachtet werden, die der Erläuterung von der Beschaffenheit des Menschen und seinen verschiedenen Körpern, durch die er sich auswirkt, dienen soll.

In verschiedenen Richtungen den gewaltigen Unterschied zwischen der Sichtweise der Persönlichkeit und des Egos herausarbeitend, dürfen wir nicht übersehen, dass es nur *ein* Bewusstsein gibt, obwohl wir uns oft des Gefühls nicht erwehren können, zwei Bewusstseine zu besitzen und uns fragen, ob sich das Ego völlig vom physischen Körper getrennt hat. Wir müssen uns vor Augen halten, dass es nur *ein* Bewusstsein gibt und die scheinbaren Unterschiede auf die Begrenzungen der einzelnen Träger zurückzuführen sind.

Wir dürfen uns keine zwei Wesen in einem Menschen vorstellen. Es gibt niemals ein eigenständiges, niederes Selbst, sondern das Ego legt einen winzigen Teil seiner selbst in die Persönlichkeit, um die Schwingungen der niederen Ebenen zu erfahren.

Es sollte stets die fundamentale Identität zwischen höherem und niederem *Manas* bedacht werden. Der Einfachheit halber unterteilen wir sie; der Unterschied ist aber nur eine Frage der Aktivität, nicht der Natur. Das niedere *Manas* ist eins mit dem höheren *Manas,* so wie der Strahl eine Einheit mit der Sonne bildet.

Das winzige, in einer Persönlichkeit inkarnierte Fragment des Egos bewegt sich im Menschen als Bewusstseinsfunken, den ein Hellseher wahrnehmen kann. Man spricht auch von dem „goldenen Däumling“ im Herzen. Andere sehen ihn als strahlenden Lichtstern.

Ein Mensch kann diesen Bewusstseinsstern in irgendeinem der sieben Haupt-Chakras oder Zentren im Körper bewahren, was weitgehend von der Art seines Typus oder „Strahls“ abhängt und wahrscheinlich auch von seinem Umfeld.

Bei den fortgeschrittenen Menschen findet man dieses Bewusstsein fast immer im Gehirn, dem von der Hypophyse abhängigen Zentrum angesiedelt. Andere Menschen mögen es im Herzen, in der Kehle oder im Sonnengeflecht tragen. Der Bewusstseinsstern vertritt das Ego auf den niederen Ebenen, und da es sich durch die niederen Träger manifestiert, bezeichnen wir ihn als Persönlichkeit, als den Menschen, den seine Freunde hier unten kennen.

Obwohl es sich bei dem Ego nur um ein Fragment der Monade handelt, ist es in seinem Kausalkörper als Ego vollständig, selbst wenn seine Kräfte unentwickelt sind. In der Persönlichkeit hingegen befindet sich nur ein Hauch von seinem Leben.

Beim Durchschnittsmenschen zeigt sich das Ego auf seiner Ebene einseitig und vage, steht aber immer auf seiten des Guten, denn es begehrt, was seine eigene Entwicklung als Seele fördert.

Die stets bleibende Sehnsucht des Egos gilt dem Fortschritt, der Entfaltung des höheren Selbst und der Einstimmung der niederen Träger als dessen Instrumente.

So genannte böse Gedanken sind ihm unmöglich, denn jede in ihm entwickelte Eigenschaft ist rein. Zuneigung bleibt völlig unbefleckt von Eifersucht, Neid oder Selbstsucht. Das Ego spiegelt die Gottesliebe wider, da es diese auf seiner Ebene zu reproduzieren vermag.

Es hat wahrscheinlich niemals Unrecht und erliegt anscheinend keiner Täuschung, wohl aber weiß es bestimmte Dinge nicht, und der eigentliche Sinn der Inkarnation besteht darin, diese Unwissenheit zu beseitigen.

Das in die niedere Materie eingebrachte Fragment des Egos wird sich dieser so eindeutig und lebendig bewusst, dass es wie ein eigenständiges Wesen denkt und handelt. Es vergisst seine Zugehörigkeit zu dem geringer entfalteten, aber viel umfassenderen Bewusstsein des Egos und lebt sein eigenes Leben anstatt es nach den Wünschen des Egos auszurichten.

Trotz all seiner Macht zeigt sich das Ego als sehr viel ungenauer als der niedere Geist, und die Persönlichkeit, die das Unterscheidungsvermögen des niederen Geistes, das sie entwickeln soll, über alles schätzt, verachtet oft das weitaus höhere, aber unbestimmte Selbst und macht es sich zur Gewohnheit, sich als vom Ego unabhängig zu betrachten.

Während unserer gesamten Evolution besteht immer die Gefahr, dass sich der Mensch mit dem Aspekt oder Träger, dessen er sich am stärksten bewusst ist, identifiziert.

Daher hat es manchmal den Anschein, als arbeite das Fragment dem Ganzen zuwider; aber der unterwiesene Mensch lehnt es ab, sich täuschen zu lassen und greift durch das hellwache Bewusstsein des Fragments zurück auf das dahinter stehende, wenngleich noch wenig entwickelte Bewusstsein. Sinnett bezeichnet dies als „dem höheren Selbst Gehorsam leisten".

Es liegt in der Natur der Sache, dass es im Kausalkörper oder Ego nichts Böses gibt. Weist der Kausalkörper aber eine Lücke auf, besteht die Möglichkeit, dass die niederen Träger in irgendeine Art negativer Aktivität stürzen. So kann das Astral-

Elemental Besitz vom Menschen ergreifen und ihn zur Ausübung eines Verbrechens verleiten. In einem solchen Falle ist das Ego entweder nicht genügend erwacht, um einzugreifen oder versteht vielleicht nicht, dass die Leidenschaft oder Gier des Astralkörpers das niedere Selbst zu diesem Verbrechen treibt. Das Böse entspringt nicht dem höheren Selbst; es rührt von einem *Mangel* im höheren Selbst her. Wäre das Ego weiter entwickelt, würde es den Menschen am Rande des bösen Gedankens in Schach halten, und das Verbrechen würde nicht begangen werden.

Da das Ego des Durchschnittsmenschen die Persönlichkeit kaum zu steuern vermag und diese keine klare Vorstellung von seiner Absicht besitzt, warum es sie hinaussandte, entfaltet der kleine Anteil, dem wir in der Persönlichkeit begegnen, immer stärker seine eigenen Wege und Ansichten. Er entwickelt sich durch seine gewonnene Erfahrung, die an das Ego weitergeleitet wird. Abgesehen von der tatsächlichen Entwicklung, trägt die Persönlichkeit gewöhnlich eine Menge Dinge zusammen, die man wohl kaum mit diesem Ausdruck bezeichnen kann. Sie erwirbt Kenntnisse, aber auch Vorurteile, die mit Wissen im eigentlichen Sinne nichts zu tun haben. Sie kann sich von derartigen Vorurteilen – hinsichtlich Wissen, Gefühlen und Handlungsweisen – erst befreien, wenn die Stufe eines Adepten erreicht wurde. Allmählich erkennt sie, dass es sich um Vorurteile handelt, was ihre Entwicklung fördert; dennoch sieht sie sich ständig Beschränkungen unterworfen, von denen das Ego völlig frei ist.

Eltern und Lehrer können in den frühen Entwicklungsjahren eines Kindes beträchtlich dazu beitragen, dass das Ego lernt, seine Träger zu beherrschen und für seine eigenen Ziele einzusetzen. Es macht einen gewaltigen Unterschied, ob zuerst die guten oder die schlechten Anlagen in den Körpern eines Kindes geweckt werden. Achten die Eltern besonders sorgfältig darauf, vor der Geburt und einige Jahre danach ausschließlich positive Neigungen anzuregen, wird sich das Ego fast mühelos in dieser Richtung Ausdruck verleihen, was zur entschlossenen Gewohnheit werden wird. Ein eventueller negativer Anreiz trifft dann auf einen solch starken, auf das Gute hin ausgerichteten Impuls, den es vergeblich zu überwältigen sucht.

Wurde andererseits zunächst die negative Tendenz geweckt, wird ein Impuls zugunsten des Guten gegen die Anfälligkeit für das Böse ankämpfen müssen. Die Persönlichkeit besitzt eine Neigung zum Negativen, die Bereitschaft, es anzunehmen und darin zu schwelgen. Im ersten Fall besteht eine starke Abneigungen gegenüber dem Bösen, was die Arbeit des Egos bedeutend vereinfacht.

Im Durchschnittsmenschen herrscht eine ständige Spannung zwischen dem Astral- und dem Mentalkörper; hinzu kommt noch, dass keiner von beiden auch nur im geringsten mit dem Ego in Einklang steht oder darauf vorbereitet ist, als dessen Träger zu agieren. Aus diesem Grunde muss die Persönlichkeit unbedingt geläutert und der Kanal zwischen ihr und dem Ego geöffnet und erweitert werden.

Bevor dies nicht geschehen ist, nimmt die Persönlichkeit alles und jeden aus ihrer sehr beschränkten Sichtweise wahr. Das Ego vermag nicht zu sehen, was tatsächlich vor sich geht. Es erkennt nur das verzerrte Bild der Persönlichkeit, die einer Kamera mit defektem Objektiv, das die Lichtstrahlen verzerrt, und einer fehlerhaften Photoplatte gleicht, die zu einem unscharfen, undeutlichen und ungleichmäßigen Ergebnis führt.

In den meisten Fällen stellt die Persönlichkeit das Ego nicht eher zufrieden, als bis sie den Himmel erreicht hat. Das Ego selbst kann das Wahre vom Falschen unterscheiden; es erkennt die Wahrheit, wenn es sie sieht, und weist die Unwahrheit zurück. Wirft es einen Blick hinunter auf die Persönlichkeit, findet es gewöhnlich ein solch verrücktes Wirrwarr inkonsequenter Gedankenformen vor, dass es nichts deutlich zu unterscheiden vermag. Es wendet sich verzweifelt ab und beschließt, auf die

Stille des Himmels zu warten, ehe es versucht, aus diesem Chaos die Fragmente der Wahrheit herauszufischen.

Unter den friedvolleren Bedingungen des Devachan, wenn die Gedanken und Gefühle des vorangegangenen physischen Lebens nacheinander auftauchen und sich selbst in dem lebendigen Licht jener Welt ins Auge blicken, werden sie mit klarem Blick geprüft, der Unrat verworfen und das Wertvolle aufbewahrt.

Man sollte natürlich bemüht sein, diesen Zustand herbeizuführen, während man noch in seinem physischen Körper weilt, indem man die Persönlichkeit läutert und sie mit dem Ego oder der Seele in Einklang bringt.

Obwohl der physische Körper dem Ego zweifellos nur sehr partiell Ausdruck verleiht, kann man es nicht unbedingt als von diesem Körper getrennt bezeichnen. Stellen wir uns das Ego als festen Körper und die physische Ebene als Fläche vor, würde die Berührungsfläche nur einen winzigen Abdruck des Festkörpers darstellen. Legt man die unterschiedlichen Seiten des Festkörpers eine nach der anderen auf die Oberfläche, erhalten wir wahrscheinlich völlig verschiedene Abdrücke. Jeder einzelne von ihnen wäre unvollkommen und einseitig, da die Ausdehnung des Festkörpers jedesmal in eine andere Richtung weist, die sich auf der Oberfläche nicht zeigt.

Im Falle eines Durchschnittsmenschen stellen wir uns vor, der Festkörper sei sich seiner Berührung mit der Oberfläche bewusst. Die durch die Äußerung eines solchen Bewusstseins gewonnenen Resultate sind dem gesamten Festkörper zu eigen und treten in jeder späteren Ausdrucksform erneut auf, obwohl sie sich jedesmal erheblich voneinander unterscheiden mögen.

Ein noch unentwickeltes Ego vermag nur auf einige wenige der äußerst feinen Schwingungen der höheren Mentalebene zu reagieren, so dass sie es durchpulsen, ohne es zu beeinflussen. Zunächst bedarf es kräftiger und verhältnismäßig grober Schwingungen, damit es reagiert. Da diese auf seiner eigenen

Ebene nicht existieren, muss es sich auf niedere Ebenen hinunter begeben, um sie dort zu finden.

Daher erlangt es zuerst nur im niedrigsten und gröbsten seiner Träger volles Bewusstsein, indem es seine Aufmerksamkeit lange Zeit auf die physische Ebene konzentriert. Obwohl diese Ebene weit unter seiner eigenen liegt und viel weniger Spielraum bietet, um sich zu betätigen, fühlt es sich in den Anfangsstadien lebendiger, wenn es dort wirken kann.

Mit wachsendem Bewusstsein weitet sich der Gesichtskreis, und es beginnt, mehr und mehr auf einer höheren Stufe, in der Astralmaterie, zu arbeiten. Sehr viel später, wenn es gelernt hat, sich frei darin zu bewegen, äußert es sich allmählich durch die Materie seines Mentalkörpers. Seine momentanen Mühen finden ein Ende, sobald es in der Materie des Kausalkörpers auf der höheren Mentalebene ebenso klar und uneingeschränkt wirkt wie zurzeit auf der physischen Ebene.

Sobald die Entwicklung eines Egos so weit fortgeschritten ist, dass es in den unmittelbaren Einflussbereich eines Meisters tritt, hängt die mögliche Einwirkung auf die Persönlichkeit von der Verbindung zwischen dieser und dem Ego ab, was in den einzelnen Fällen sehr unterschiedlich sein kann. Das menschliche Leben zeigt eine ungeheure Vielfalt.

Die auf das Ego strahlende geistige Kraft muss teilweise durch die Persönlichkeit fließen, da das Niedere an dem Höheren hängt wie die Hand am Arm. Die Persönlichkeit vermag aber nur so viel aufzunehmen, wie sie sich selbst dazu befähigt hat.

Hinzu kommt ein weiterer wesentlicher Faktor. Der Meister spricht oft Tugenden im Ego an, die in der Persönlichkeit noch arg im Dunklen liegen, so dass recht wenig bis zu dieser vordringt. Ebenso wie allein diejenigen Erfahrungen der Persönlichkeit an das Ego weitergegeben werden können, die sich mit der Natur und den Interessen des Egos vereinbaren lassen, können nur solche Impulse sich in der Persönlichkeit zum Ausdruck bringen, auf die diese zu reagieren vermag. Das Ego neigt dazu, das Materielle zugunsten des Geistigen auszuschließen, wohingegen die Persönlichkeit im Allgemeinen dahin tendiert – zumindest am Anfang – sich gegenüber dem Geistigen zu verschließen und das Materielle anzuerkennen.

Ein Hellseher sieht manchmal die Wirkung derartiger Einflüsse. So mag er mitunter in der Persönlichkeit ein, ohne äußeren Anlass, stark intensiviertes Charakteristikum wahrnehmen. Der hierfür verantwortliche Grund liegt in dem, was sich gerade auf höherer Ebene abspielt – die Belebung dieser Eigenschaft im Ego. Vielleicht fühlt sich jemand von Zuneigung oder Hingabe überwältigt, was er sich auf physischer Ebene nicht zu erklären weiß. Die Ursache ist gewöhnlich in einer Belebung des Egos zu suchen – oder aber das Ego zeigt in diesem Moment ein besonderes Interesse an der Persönlichkeit.

Die Beziehung zwischen einem Schüler und seinem Meister ist derjenigen zwischen Persönlichkeit und Ego keineswegs unähnlich. So wie das Ego einen kleinen Anteil seiner selbst in die Persönlichkeit legt und sich – wenn auch unvollkommen – durch diese Persönlichkeit ausdrückt, repräsentiert der Schüler sozusagen nicht nur den Meister, sondern *ist* der Meister, aber ein Meister unter ungeheuren Einschränkungen. Diese Begrenzungen beruhen auf den Bedingungen der niederen Ebenen selbst, aber natürlich auch auf der Persönlichkeit des Schülers, die keineswegs transzendiert ist.

Selbst wenn das Ego des Schülers seine niederen Träger vollkommen beherrschen würde, bliebe der Unterschied hinsichtlich der *Größe* seines Egos verglichen mit dem Ego des Meisters bestehen, da der Schüler ein kleineres Ego ist als der Meister, dem er folgt und ihn daher nur unvollkommen vertreten kann.

In der Meditation wird die Aufmerksamkeit des Egos angezogen. Wir sollten aber bei ihrer Ausübung eher zu ihm und seiner höheren Aktivität emporstreben, als zu versuchen, das Ego zu stören und in die Persönlichkeit hinunter zu ziehen. Durch die Meditation wird höherer Einfluss erbeten, der stets wirksam ist, obwohl die Dinge auf physischer Ebene recht langweilig und wenig begeisternd zu sein scheinen. Das Gefühl von Langeweile in der Persönlichkeit mag darin zu suchen sein, dass sich das Ego nach oben wendet und folglich versäumt, Energie hinunter in die Persönlichkeit zu schicken.

Meditation und die Beschäftigung mit geistigen Dingen in diesem Erdendasein wirken sich zweifellos erheblich auf das Leben des Egos aus; eine bewusst ausgeübte Meditation öffnet den Kanal zwischen Persönlichkeit und Ego und hält ihn offen. Trotzdem sollten wir bedenken, dass physische Meditation nicht direkt dem Ego, sondern der Ausbildung der einzelnen Träger dient, für das Ego als Kanal zu wirken. Während der Meditation betrachtet das Ego die Persönlichkeit vielfach ebenso wie zu jeder anderen Zeit – ein wenig verächtlich. Die herabsteigende Kraft entstammt immer dem Ego, da es sich aber nur um einen geringen Anteil handelt, besteht die Tendenz einer einseitigen Vorstellung der Dinge.

Bei einem Durchschnittsmenschen, der sich mit den geistigen Dingen noch nicht ernsthaft beschäftigt hat, wird die Persönlichkeit nur durch einen Faden mit dem Ego verbunden; eigentlich ist dieser Kanal oft derart eng, dass er manchmal fast verstopft zu sein scheint. Bei bestimmten Anlässen – etwa bei einer inneren Umkehr – mag die Kraft wieder durchbrechen. In entwickelten Personen herrscht in gewissem Maße ein ständiges Fließen zwischen Ego und Persönlichkeit.

Diese Überlegungen sollten uns in Erinnerung bringen, dass man das Ego aufgrund seiner Manifestation in der Persönlichkeit nicht richtig zu beurteilen vermag. Ein ungewöhnlich praktisch veranlagtes Ego macht auf physischer Ebene vielleicht mehr Eindruck als ein anderes, weit höher entwickeltes, dessen Energie sich fast ausschließlich auf den kausalen oder buddhischen Ebenen konzentriert. Leute, die bloß nach irdischem Erscheinen urteilen, liegen in ihrer Einschätzung der relativen Entwicklung anderer häufig völlig falsch.

Jeder der aufeinanderfolgenden Abstiege des Egos in die niederen Ebenen bedeutet eine solch unbeschreibliche Einschränkung, dass der Mensch, dem wir hier unten auf physischer Ebene begegnen, höchstens den Bruchteil von einem Bruchteil darstellt und als Ausdruck des wahren Menschen so unzulänglich ist, dass er uns nichts bietet, was auch nur im Entferntesten einer Vorstellung dessen gleichkommt, was dieser Mensch am Ende seiner Evolution einmal sein wird.

Ehe man nicht das Ego sieht, kann man sich nicht vorstellen, wie erhaben es in Wirklichkeit ist, wie unendlich viel weiser und stärker als das inkarnierte Wesen. Jeder ist im Grunde genommen besser, als er jemals zu sein scheint. Der größte Heilige vermag sein Ego niemals vollständig zum Ausdruck zu bringen; auf dieser höheren Ebene ist er ein noch viel größerer Heiliger, als er es hier unten jemals sein kann. Doch so herrlich er sein mag, er bleibt immer vage in seiner 'Pracht', wenn wir so sagen dürfen.

Es gibt drei Wege, auf denen das Ego sich entwickeln und das Leben beeinflussen kann. (1) Der Weg des Wissenschaftlers und Philosophen; diese entwickeln nicht nur den niederen, sondern auch den höheren Geist, so dass ein großer Anteil seiner abstrakten und umfassenden Gedanken das Bewusstsein erreicht. Für sie wird die Entwicklung des buddhischen Bewusstseins zu einem späteren Zeitpunkt eintreten.

(2) Die Methode, sich der höheren Gefühle, wie Zuneigung, Hingabe oder Sympathie, zu bedienen und dadurch das buddhische Prinzip weitgehend zu wecken, ohne den dazwischen liegenden Kausalkörper besonders zu entwickeln. Dennoch wird dieser beeinflusst, da jede buddhische Entwicklung sich stark auf den Kausalkörper auswirkt. Diese Menschen erbauen keinen buddhischen Träger, in dem sie dauerhaft leben, aber die höheren Gefühle bringen die Materie zweifellos zum Schwingen. Es kommt Bewegung in den noch ungeformten buddhischen Träger, und viele seiner Schwingungen steigen hinunter und schweben

über dem Astralkörper. Auf diese Weise mag der Mensch noch vor der vollständigen Entfaltung des Trägers einen beträchtlichen Einfluss aus der Buddhi-Ebene erfahren.

(3) Die noch im Dunklen liegende Methode, bei der der Wille aktiviert wird und der physische Körper in gewisser Weise auf die âtmische Materie reagiert. Über den Ablauf ist kaum etwas bekannt.

Der Weg der meisten Schüler verläuft über Hingabe und das feine Mitgefühl für ihre Brüder.

Ein einigermaßen fortgeschrittenes Ego berücksichtigt den Körper manchmal vielleicht nicht besonders, denn was es in die Persönlichkeit steckte, geht ihm ab, und bisweilen mag es über einen solchen Kraftaufwand murren. Es wird leicht ungeduldig und zieht sich zurück, was den Verbindungsstrom zwischen ihm und der Persönlichkeit aber nicht zum Erliegen bringt, wie etwa im Falle eines Durchschnittsmenschen. Bei diesem wird das eingebrachte Fragment sich selbst überlassen, auch wenn die Verbindung nicht völlig abbricht. Auf einer fortgeschrittenen Stufe bleibt eine fortlaufende Kommunikation mittels des Kanals bestehen. Das Ego mag sich jederzeit nach Wunsch zurückziehen und eine armselige Repräsentation seiner selbst zurücklassen. Wir erkennen also, dass das Verhältnis zwischen dem höheren und dem niederen Selbst in den einzelnen Personen und auf unterschiedlichen Stufen sich stark unterscheidet.

Ein völlig auf seiner eigenen Ebene mit seinen Angelegenheiten beschäftigtes Ego mag der Persönlichkeit vorübergehend nicht genügend Beachtung schenken, vergleichbar mit einem guten und umsichtigen Mann, der gelegentlich, unter dem Druck der Arbeit, sein Pferd oder seinen Hund vergisst. Mitunter macht sich die Persönlichkeit in solchen Fällen bemerkbar, indem sie unbesonnen handelt und dadurch großes Leid verursacht.

Es kann geschehen, dass nach Beendigung einer bestimmten Aufgabe, die weitgehend der Mitarbeit des Egos bedurfte – vielleicht ein Vortrag vor einer riesigen Zuhörerschaft – das Ego seine Energie fast vollkommen abzieht und die Persönlichkeit recht bedrückt zurücklässt. Da es der Arbeit eine gewisse Bedeutung zugestand, brachte es sich ein wenig mehr ein, überlässt die unglückliche Persönlichkeit danach aber ihrem Gefühl der Niedergeschlagenheit.

Wir dürfen niemals vergessen, dass das Ego lediglich einen ganz geringen Anteil seiner selbst in der Persönlichkeit inkarniert und sich dieses Fragment ständig in Interessen verwickelt, die sich aufgrund ihrer Einseitigkeit von den üblichen Aktivitäten des Egos unterscheiden, weshalb das Ego das niedere Leben der Persönlichkeit nicht sonderlich beachtet, es sei denn, es geschieht etwas Ungewöhnliches.

Im physischen Leben des Durchschnittsmenschen oder der üblichen Welt gibt es für das Ego wenig von Interesse, und nur hin und wieder geschieht etwas wirklich Bedeutsames, das seine Aufmerksamkeit für einen Moment anzieht, woraufhin es der Sache entnimmt, was es für angebracht hält.

Der Durchschnittsmensch lebt abgespalten; mehr als die Hälfte der Zeit kommt ihm das wirkliche und höhere Leben gar nicht zum Bewusstsein. Wenn jemand sich beklagt, dass sein Ego ihn kaum beachtet, sollte er sich seinerseits fragen, wieviel Beachtung er seinem Ego geschenkt hat. Wie oft hat er überhaupt an es gedacht?

Will er die Aufmerksamkeit des Egos auf sich ziehen, muss er dafür sorgen, dass die Persönlichkeit ihm zum Nutzen gereicht. Sobald er beginnt, den Hauptanteil seiner Gedanken höheren Dingen zu widmen – mit anderen Worte, sobald er beginnt, wirklich zu leben – wird das Ego wahrscheinlich etwas mehr Notiz von ihm nehmen.

Das Ego ist sich durchaus der Tatsache bewusst, das gewisse notwendige Schritte in seiner Entwicklung nur durch seine Persönlichkeit, in deren Mental-, Astral- und physischem Körper, erfolgen können. Es weiß, dass es sie für eine Weile beachten, in die Hand nehmen und unter Kontrolle bringen muss.

Verständlicherweise erscheint eine solche Aufgabe manchmal wenig verlockend, und eine bestimmte Persönlichkeit zeigt sich alles andere als attraktiv oder hoffnungsvoll. Betrachten wir einige der vielen Persönlichkeiten um uns herum, ihre physischen Körper vollgestopft mit Drogen und Giften, ihre Astralkörper vor Gier und Sinnlichkeit stinkend und ihre Mentalkörper nur interessiert an Geldverdienen und an rauem „Sport", dann kann man verstehen, warum ein sie aus seinen lichten Höhen betrachtendes Ego beschließen mag, seine ernsthaften Bemühungen auf eine andere Inkarnation zu verschieben, in der Hoffnung, dass die nächsten Körper für eine Beeinflussung zugänglicher sein werden als jene, auf die sein entsetzter Blick fällt. Man kann sich gut vorstellen, dass es zu sich selbst spricht. „Ich kann nichts damit anfangen; ich riskiere es, das nächste Mal etwas Besseres zu bekommen; es kann kaum schlimmer werden, und in der Zwischenzeit habe ich hier oben Wichtigeres zu tun."

In ähnlicher Weise verhält es sich häufig in den frühen Stadien einer neuen Inkarnation. Von der Geburt des Kindes an schwebt das Ego über ihm und beginnt in einigen Fällen, seine Entwicklung bereits sehr früh zu beeinflussen. In der Regel schenkt es ihm bis etwa zum Alter von sieben Jahren, wenn die Arbeit des karmischen Elementals praktisch beendet sein sollte, kaum Beachtung.

Kinder sind aber so unterschiedlich, dass es nicht verwundert, wenn die jeweiligen Beziehungen zwischen Ego und Persönlichkeit sich ebenfalls stark unterscheiden. Einige Kind-Persönlichkeiten reagieren sehr rasch, andere verhalten sich träge und launisch. Überwiegen Dumpfheit und Teilnahmslosigkeit, zieht das Ego sein aktives Interesse oft vorübergehend in der Hoffnung zurück, dass mit dem Heranwachsen des kindlichen Körpers Klugheit und Aufnahmebereitschaft zunehmen.

Uns mag eine derartig Entscheidung als unklug erscheinen, denn vernachlässigt das Ego seine momentane Persönlichkeit, ist es höchst unwahrscheinlich, dass die nächste besser sein wird; und wenn es dem Kinderkörper erlaubt, sich ohne seinen Einfluss zu entwickeln, können sich die eingefahrenen, unerwünschten Eigenschaften möglicherweise verstärken, anstatt sich zu verlieren. Doch ein Urteil steht uns kaum an, da wir weder die Sachlage genau kennen noch die höhere Aufgabe sehen, der sich das Ego widmet.

Daraus ergibt sich die Schwierigkeit, den Entwicklungsstand irgendeiner Person, die wir auf der physischen Ebene sehen, auch nur annähernd beurteilen zu können. In dem einen Fall mögen karmische Ursachen eine recht ordentliche Persönlichkeit hervorgebracht haben, hinter der ein kaum entwickeltes Ego steht. Im anderen Fall haben diese Ursachen vielleicht zu einer minderwertigen oder unvollkommenen Persönlichkeit geführt, die zu einem verhältnismäßig fortgeschrittenen Ego gehört.

Beschließt das Ego, seine gesamte Energie auf die Persönlichkeit zu richten, wird es eine gewaltige Veränderung bewirken. Niemand ohne persönliche Erfahrung kann sich vorstellen, wie wunderbar, rasch und durchgreifend sich ein solcher Wandel unter günstigen Gegebenheiten vollzieht – das bedeutet, wenn das Ego einigermaßen stark und die Persönlichkeit nicht unheilbar verderbt ist – insbesondere dann, wenn die Persönlichkeit sich entschlossen darum bemüht, ein vollkommenes Abbild des Egos zu werden und eine gewisse Anziehungskraft auf es ausübt.

Um dies zu verstehen, müssen wir das Ganze gleichzeitig von zwei Gesichtspunkten aus betrachten. Die meisten von uns hier unten sind ganz entschiedene Persönlichkeiten und denken und handeln ausschließlich als solche. Wir wissen aber, dass wir im Grunde genommen Egos sind, und diejenigen unter uns, die aufgrund langjähriger Meditation empfänglicher für feinere Einflüsse geworden sind, nehmen oft das Eingreifen des höheren Selbst bewusst wahr.

Je stärker wir es uns zur Gewohnheit machen, uns mit dem Ego zu identifizieren, desto klarer und vernünftiger werden wir die Schwierigkeiten des Lebens sehen. Insoweit wir uns aber als Persönlichkeit fühlen, ist es offensichtlich unsere Pflicht und unser Interesse, uns dem Ego zu öffnen, zu ihm aufzublicken und beharrlich solche Schwingungen in uns hervorzurufen, die ihm von Nutzen sind. Zumindest sollten wir sichergehen, dem Ego nicht im Wege zu stehen und ihm, unserem Licht entsprechend, stets unser Bestes geben.

Selbstsucht stärkt die Persönlichkeit, deshalb sollten wir uns von diesem Laster als erstes befreien. Der Geist sollte von hohen Gedanken erfüllt sein, denn wenn er sich ununterbrochen mit niederen Angelegenheiten beschäftigt – auch wenn diese in ihrer Weise durchaus zu achten sind – kann das Ego ihn nicht ohne weiteres als Ausdrucksmittel benutzen.

Wenn das Ego sich vorsichtig bemüht, sozusagen den Finger zu erheben, sollte dies mit Begeisterung aufgenommen und seinem Geheiß auf der Stelle gefolgt werden, damit es von dem Geist zunehmend Besitz ergreift und so im Hinblick auf diese niederen Ebenen sein Erbe antritt. Die Persönlichkeit sollte beiseite stehen und das Ego, den „Krieger", in ihm kämpfen lassen. Dies setzt voraus, dass sie sich der *Arbeit* verschreibt, nicht ihrem *persönlichen* Anteil. Sie muss darauf achten, sich stets vor Augen zu halten, dass es das Ego ist, das in ihr wirkt, wenn die Persönlichkeit sie übermannt.

Die Unbestimmtheit eines unentwickelten Egos mag es daran hindern, eine bestimmte Arbeitsrichtung zu weisen, doch wenn die klarer umrissene Persönlichkeit sie gefunden hat, bringt sich das Ego ein und befähigt sie, die Aufgabe in einer viel besseren Weise und Gemütsverfassung zu erfüllen, als es der Persönlichkeit ohne seine Unterstützung gelungen wäre.

„Aber wenn du (Persönlichkeit) nicht nach ihm (Ego) Ausschau hältst, wenn du an ihm vorübergehst, gibt es keine Sicherheit für dich. Dein Gehirn wird taumeln, dein Herz unsicher werden, und im Staub des Schlachtfeldes werden dein Blick und deine Sinne schwinden, und du wirst deine Freunde nicht von deinen Feinden unterscheiden können." (*Licht auf den Pfad*)

Dies geschieht, wenn die Persönlichkeit nicht nach der höheren Führung des Egos Ausschau hält. Dieser Schritt muss genommen werden, will ein Mensch seinen Fuß auf den Einweihungspfad setzen, denn bei der Einweihung vereinigen sich das Niedere und das Höhere miteinander, beziehungsweise das Geringe wird von dem Erhabenen absorbiert, so dass nichts in der Persönlichkeit verbleibt, das nicht ein Abbild des Egos darstellt, denn das Niedere ist lediglich ein Ausdruck des Höheren. In Kapitel 30 werden wir uns eingehender mit der Einweihung befassen.

Die Persönlichkeit sollte sich bemühen, die Wünsche des Egos in Erfahrung zu bringen und ihm die entsprechenden Möglichkeiten zur Verfügung zu stellen. Das Studium der Esoterik und eine geistige Lebensführung weckt das Ego auf und erregt seine Aufmerksamkeit. Nehmen wir ein Ego an, das sich hauptsächlich durch Zuneigung manifestiert und diese Eigenschaft durch seine Persönlichkeit bekunden möchte; versucht die Persönlichkeit nun, starke Zuneigung zu empfinden und sie besonders hervorzuheben, wird das Ego unverzüglich mehr von sich in sie einbringen, da es in ihr genau das findet, was es wünscht.

Im völlig unentwickelten Menschen drückt sich das Selbst durch alle Arten von Emotionen und Leidenschaften aus, die das Ego unmöglich gutheißen kann, in einer entwickelten Person gibt es nur Gefühle, die sie zulässt. Anstatt von Emotionen übermannt und fortgerissen zu werden, wählt sie diese aus. Vielleicht äußert sie: „Liebe ist etwas Gutes; ich werde es zulassen, Liebe zu empfinden. Hingabe ist eine gute Sache, ich werde es zulassen, Hingabe zu spüren. Mitgefühl ist wunderbar; ich werden es zulassen, mitzufühlen." Dies beschließt es mit wachem Blick und klarer Absicht. Die Gefühle unterstehen somit der Herrschaft des Geistes, und dieser Geist ist Ausdruck des Kausalkörpers, so dass der Mensch sehr nahe an den Zustand vollkommener Vereinigung von höherem und niederem Selbst herantritt.

Die Verbindung zwischen dem Ego und dem Mentalkörper ist von größter Bedeutung, und es sollte jede Anstrengung unternommen werden, sie aktiv und lebendig zu erhalten. Denn das Ego ist die dahinterstehende Kraft, die sich die Tugenden und Kräfte der Persönlichkeit zunutze macht. Um an irgendetwas zu denken, müssen wir uns zuerst daran erinnern; um uns an etwas zu erinnern, müssen wir es beachtet haben. *Die Achtsamkeit ist der Abstieg des Egos in seine Träger*, um durch sie zu schauen.

Mancher Mensch mit einem feinen Mentalkörper und einem guten Gehirn macht nur wenig Gebrauch davon, da er das Leben kaum beachtet – das bedeutet, da das Ego sich kaum in diese niederen Ebenen einbringt, dass sich die Träger willentlich austoben können. Das Heilmittel wurde bereits erwähnt. Stellt man dem Ego die gewünschten Gegebenheiten zur Verfügung, gibt es keinen Grund, sich über seine Antwort zu beklagen.

Es hat den Anschein, dass die eigentliche Erfahrung der Persönlichkeit dem Ego nicht übermittelt werden kann, wohl aber deren Essenz. Das Ego kümmert sich wenig um Einzelheiten, es wünscht den Kern der Erfahrung. Aus diesem Grunde besitzt der Durchschnittsmensch offensichtlich wenig, das dem Ego zusagt.

Die Ergebnisse der niederen Arbeit, nicht aber der einzelnen Erfahrungen aufzugeben, setzt sich fort, bis die Stufe des Adepten erreicht ist.

Der Schüler tut gut daran, den Rat aus *Licht auf den Pfad* zu befolgen. Halte Ausschau nach dem Ego und lasse es durch dich kämpfen; gleichzeitig aber erinnere dich stets daran, dass du das Ego *bist*. Deshalb identifiziere dich mit ihm und lasse das Niedere vor dem Höheren weichen. Selbst wenn du viele Male stürzen solltest, gibt es keinen Grund zur Entmutigung, denn selbst Versagen ist bis zu einem gewissen Ausmaß Erfolg. Durch

Versagen lernen wir und begegnen der nächsten Schwierigkeit weiser. Es wird nicht von uns erwartet, ausnahmslos erfolgreich zu sein, sondern nur, dass wir stets unser Bestes geben.

Wir dürfen nicht vergessen, dass das Ego sich mit der Persönlichkeit verbunden hat, weil es nach lebendiger Erfahrung hungert oder dürstet (*Trishnâ*). Im Laufe seiner Entwicklung lässt der Hunger allmählich nach, und manchmal, wenn es fortgeschritten und empfänglicher für die Freuden und Aktivitäten seiner eigenen Ebene geworden ist, fällt das Ego in das andere Extrem und vernachlässigt seine in den Griff des Karmas geratene Persönlichkeit, die nun aus Sicht des Egos in einen traurigen und langweiligen Zustand gesunken ist, weil das Ego glaubt, es sei ihr entwachsen.

Die Begierde wurde weniger, während es seine Persönlichkeit entwickelte. Als es sich der Astralwelt vollkommen bewusst war, begann die physische Ebene im Vergleich dazu langweilig zu werden. Die niedere Mentalebene erreichend, empfand es die astrale als düster und trostlos; alle vier niederen Ebenen verloren ihre Anziehungskraft, sobald es begann, sich des noch lebendigeren und leuchtenderen Lebens des Kausalkörpers zu erfreuen.

Wie bereits erwähnt, sollte man niemals die *Einheit* des Bewusstseins vergessen, und es ist daher falsch, sich das Ego oder höhere Selbst als „oben“, als etwas uns völlig Fremdes und folglich kaum Erreichbares vorzustellen.

Wir sprechen häufig von der „ungeheuren Anstrengung“, das höhere Selbst zu erreichen, oder von der Inspiration, die aus dem höheren Selbst zu uns herab kommt. In beiden Fällen begehen wir den grundlegenden Fehler, uns mit dem, was wir nicht sind, zu identifizieren, anstatt mit dem, was wir tatsächlich sind. Die erste Voraussetzung für geistigen Fortschritt ist die über alle Zweifel erhabene Gewissheit, dass wir das Ego oder höhere Selbst *sind*; die zweite, dass wir volles Vertrauen in unsere eigenen Kräfte als Ego besitzen und den Mut haben, sie einzusetzen.

Anstatt das Bewusstsein der Persönlichkeit als üblich und

normal zu betrachten, sollten wir uns daran gewöhnen, es genau umgekehrt zu sehen und das Leben des Egos als unser eigenes, wahres Leben zu erachten, dem wir ohne fortlaufende Bemühung entfremdet bleiben.

Diese Einstellung den verschiedenen Körpern gegenüber sollte sich im praktischen Leben widerspiegeln. Der physische Körper darf nicht eigenverantwortlich arbeiten, sondern muss bewusst geschult werden, den Wünschen des Egos zu entsprechen. Auf diese Weise erfolgt die „Erneuerung" des Körpers, wie die Hermetiker es nannten. Ein solcher Wandel wird die Herrschaft des physischen Körpers über das Bewusstsein für immer brechen und ihn zum Werkzeug des Egos machen.

Ähnlich verhält es sich mit dem Astralkörper. Anstatt der Welt der Emotionen zu erlauben, ihn zu beeinflussen und seine Aktivität zu bestimmen, entscheidet und bestimmt das Ego selbst, auf welche Emotionen es sich einlassen will und welche Gefühle sein Astralkörper ausstrahlen darf. So löst sich sein Bewusstsein aus der engen Verbindung mit diesem Träger, der sich den Wünschen des Egos unterwirft.

Der Kontrolle des Mentalkörpers müssen wir die größte Bedeutung beimessen, denn der Gedanke ist eine Manifestation der allerhöchsten kreativen Energie. Von außen einfallende Gedankenbilder dürfen wir niemals zulassen, nur diejenigen, die das Ego bewusst und absichtlich erschafft.

Die ungeschulte Imagination birgt eine außerordentliche Gefahr. Ohne sie besäßen äußere Wunschobjekte keinerlei Macht über uns. Die Imagination sollte der Kontrolle des Egos unterstehen, das bestimmt, in welchen Bereichen sie erfolgen darf.

Unkontrolliert besitzt sie die Macht, den Willen zu untergraben und zu schwächen. Wie oft geschieht es, dass in der Vorstellung die unangenehmen Aspekte eines Entschlusses durchgespielt werden, bis sie uns schließlich derartig unerfreulich erscheinen, dass wir die gesamte Angelegenheit fallen lassen.

Das Heilmittel für diese verhängnisvolle Angewohnheit

liegt auf der Hand: Der Wille und die Aufmerksamkeit sollten unwiderruflich konzentriert sein, nicht auf die Schwierigkeiten oder Unerfreulichkeiten, denen wir uns in unserer Vorstellung gegenüber sehen, sondern auf die Aufgabe, die erfüllt werden muss.

Wir sollten die weitverbreitete Annahme, dass der Wille die Dinge *vollbringt* und wir etwas mittels Willensanstrengung vollbringen, aufgeben. Zu handeln und etwas auszuführen, gehört nicht zu den Funktionen des Willens, sondern zu einem völlig anderen Aspekt des Egos, der kreativen Aktivität.

Der Wille ist der Herrscher, der König, der spricht: „Dies soll geschehen", der aber nicht hinausgeht und die Dinge selbst tut. Psychologisch ausgedrückt, der Wille ist die Kraft, das Bewusstsein auf einen Punkt zu konzentrieren und alles andere auszuschließen. Heiter, ruhig und unbeweglich ruht er in sich selbst, die Kraft, eine einzige Sache zu halten und alles andere auszuschließen.

Die Grenzen der richtig ausgerichteten menschlichen Willenskraft lassen sich kaum festlegen. Sie reichen viel weiter, als der Durchschnittsmensch jemals vermutet, so dass die herbeigeführten Ergebnisse ihn verblüffen und ihm als übernatürlich erscheinen. Eine nähere Betrachtung dieser Macht lässt uns die Bedeutung der Aussage erkennen, dass Glaube Berge versetzen und ins Meer stürzen könnte. Selbst diese orientalische Beschreibung scheint kaum übertrieben, angesichts der authentischen Berichte, welche wunderbaren Dinge diese Kraft vollbracht hat. Vollkommenes Vertrauen ist vielleicht der wichtigste Aspekt eines erfolgreich eingesetzten Willens, das, der jeweiligen Person entsprechend, auf unterschiedliche Weise gewonnen werden kann.

Sobald dem Menschen bewusst wird, dass es die innere und geistige Welt des Egos gibt, deren Bedeutung alles Äußere in jeder Hinsicht bei weitem übersteigt, mag er sich wie ein Schauspieler verhalten, der seinen Part in der Welt nur wegen des wahren Lebens im Innern spielt. Ein Schauspieler übernimmt zu verschiedenen Zeiten unterschiedliche Rollen, so wie wir in jeder neuen Inkarnation eine andere Art von Körpern besitzen. Der Schauspieler führt immer das Leben eines Menschen und ebenso eines Künstlers, und wegen dieses eigenen Lebens will er im Bühnenleben seine Rolle gut spielen. Auch wir sollten in unserem zeitlich begrenzten physischen Leben, das nur einen winzigen Bruchteil des dahinterstehenden wirklichen Lebens darstellt, gut sein wollen.

Dies klar erkennend, werden wir der Bedeutung des äußeren Lebens ihren richtigen Stellenwert beimessen; wichtig ist nur, dass wir unseren Part gut spielen, wie immer er auch sein mag. Welche Rolle uns zufällt und was uns in dieser Scheinexistenz geschieht, diese Dinge zählen kaum. Obwohl der Schauspieler in seinen Rollen Sorgen und Kummer vortäuschen mag, in Wirklichkeit berühren sie ihn nicht im geringsten. Vielleicht muss er jeden Abend im Duell sein Leben lassen; doch was bedeutet ihm der simulierte Tod? Ihn kümmert nur, dass er seine Sache gut macht.

Es sollte nicht schwierig sein, die Welt um uns her als eine Scheinwelt zu betrachten, in der es keinerlei Rolle spielt, welchen Erfahrungen wir begegnen. Alles, was den Menschen von außerhalb zustößt, sind Folgen ihres Karmas. Die Ursachen wurden lange zuvor in früheren Leben bewirkt und können jetzt nicht geändert werden. Deshalb ist es sinnlos, sich über die Geschehnisse aufzuregen, man sollte ihnen weise gegenübertreten. Die Art und Weise, in der man mit ihnen umgeht, formt den Charakter für die Zukunft, und das allein ist wichtig. Man sollte Karma nutzen, Mut, Ausdauer und verschiedene andere gute Eigenschaften zu entwickeln und es dann aus den Gedanken verbannen.

Das suchende, strebende, ringende göttliche Selbst wird mit fortschreitender Entwicklung der wahre Herrscher sein, der innere, unsterbliche Herrscher. Ein Mensch, der sich selbst als dieser unsterbliche Regent begreift, der in den von ihm selbst geschaffenen Ausdrucksträgern wohnt, gewinnt ein wachsendes und die niedere Natur immer stärker zwingendes Gefühl von Würde und Macht. Das Wissen um die Wahrheit setzt uns frei.

Der innere Herrscher wird vielleicht noch durch die Formen, die er zum Zwecke seines Selbstausdrucks gestaltet hat, behindert werden, doch sich selbst als Herrscher zu sehen, bedeutet, er kann unermüdlich daran arbeiten, sich sein Reich vollkommen zu unterwerfen. Er weiß, dass er diese Welt mit der Absicht betreten hat, ein würdiger Mitarbeiter des höchsten Willens zu werden und kann alles erdulden, was notwendig ist, um dieses Ziel zu erreichen.

Er begreift sich selbst als göttlich und dass seine Selbstverwirklichung nur eine Frage der Zeit ist. Obwohl nach außen noch nicht zum Ausdruck gebracht, wird im Innern die Göttlichkeit gespürt. Seine Aufgabe besteht darin, in der Manifestation zu werden, was er im Wesen bereits ist. Er ist ein König *de jure*, noch nicht *de facto*.

Wie sich ein Kronprinz duldsam der Disziplin unterwirft, um der Krone würdig zu sein, entwickelt sich der königliche Wille, bis er die königliche Macht ergreift, und kann sich daher beharrlich der nötigen Lebensdisziplin unterwerfen.

Eine korrekte Sichtweise des Verhältnisses zwischen dem Ego und seinen aufeinanderfolgenden Persönlichkeiten sollte genügen, um die Missverständnisse auszuräumen, die in Bezug auf die Lehren des Buddha entstanden sind. Buddha predigte fortwährend gegen die zu seiner Zeit offensichtlich vorherrschende Vorstellung von einer Kontinuität der *Persönlichkeit*. Er lehrte, dass nichts von alledem, womit sich die Menschen gewöhnlich identifizieren, dauerhaft ist und machte unzweideutige Aussagen über die aufeinanderfolgenden Leben. Er brachte Beispiele von vorangegangenen Leben und verglich sukzessive Inkarnationen mit Tagen, die jemand in diesem oder jenem Dorf zugebracht haben mag.

Dennoch predigt die Südliche Schule des Buddhismus heute, dass nur das Karma fortbesteht, nicht ein Ego, so als ob ein Mensch im Laufe eines Lebens ein gewisses Karma anhäufte, stürbe und nichts bliebe von ihm übrig. Dann aber wird eine andere Person geboren und hat das Karma zu tragen, das sie nicht bewirkte.

Mit seltsamer Unlogik bleibt trotz der gegenteiligen offiziellen Lehre der *praktische* Glaube an eine fortdauernde Existenz des Individuums bestehen. So sprechen buddhistische Mönche davon, *Nirvâna* zu erreichen und geben zu, dass dies zahlreiche Leben in Anspruch nehmen wird.

Die wirkliche Bedeutung der Lehre Buddhas liegt in der Betonung, dass der äußere, zeitlich begrenzte Teil des Menschen *nicht* fortdauert, die nicht vergänglichen oder inneren Teile aber als das bleibende Ego, der wahre Mensch, überleben.

Seine Lehren gingen aber noch tiefer. Im *Shrî Vakya Sudhâ* gibt es eine Passage, in der der Jünger gewarnt wird, darauf zu achten, was er mit „Ich" meint, wenn er die Gebetsformel „Ich bin Das" wiederholt. In der Erklärung heißt es, das einzelne Individuum müsse als dreifach betrachtet werden, und in der Vereinigung mit Brahman wird *nur der Höchste dieser drei* mit „Du bist Das" und Ähnlichem bezeichnet. Die Persönlichkeit ist nicht das „Ich", und selbst das „Du" in mir ist nicht „Ich"; das „Ich" lässt sich von dem universellen Selbst, in dem die Vielen und das Eine eins sind, kaum unterscheiden. Buddhas Lehre lehnt die Dauerhaftigkeit des „Du", das die Menschen „Ich" nennen, ab.

Die Etymologie birgt oft große Weisheit. Das Wort „Person" setzt sich aus den beiden lateinischen Wörtern *per* und *sona* zusammen und bedeutet „das, wodurch der Klang kommt" – die Maske des römischen Schauspielers, die darauf hinweist, welche Rolle er gerade spielt. Eine Gruppe von zeitweiligen niederen Trägern, die ein Ego annimmt, wenn es sich in die Inkarnation begibt, bezeichnen wir demnach sehr treffend als seine „Persönlichkeit".

Fast ebenso aufschlussreich sind die Wörter *Individuum* und *Individualität*, die genau auf das Ego zutreffen. *Individuum* bedeutet das, *was nicht ohne Verlust von Identität teilbar ist* und *als eins bestehen bleibt. Individualität* wird definiert als *gesonderte und selbstständige Existenz.* Noch einen Schritt weitergehend, zeigt sich, dass das Wort *existieren* von *ex* (aus) und *sistere* (zum Stehen bringen) stammt. Das Ego oder die Individualität wird dazu *gebracht*, (aus der Monade) *herauszustehen* und manifestiert sich *durch* die Maske seiner Persönlichkeit.

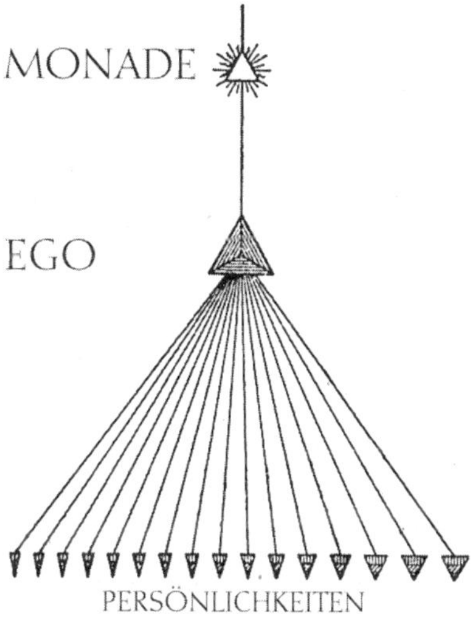

AbbildungXXIX – Das Ego und die Persönlichkeiten

Abbildung XXIX versucht, einen Aspekt der Beziehung zwischen dem Ego und seinen aufeinanderfolgenden Persönlichkeiten darzustellen. Die Monade empfängt ihr Leben von dem Unmanifestierten und projiziert unterhalb von sich das Ego mit seinen dreifachen Charakteristika oder Aspekten. Das Ego seinerseits projiziert in die niederen Ebenen eine Reihe von aufeinanderfolgenden Persönlichkeiten. Diese werden in der Zeichnung als sich im Laufe ihrer Entwicklung allmählich erweiternd dargestellt, bis schließlich die letzte Persönlichkeit gleichseitig geworden, also völlig symmetrisch entwickelt ist und die Natur und Kräfte des Egos so vollkommen zum Ausdruck bringt, wie es die ihr anhaftenden Begrenzungen erlauben.

Während sich die Menschen entwickeln, mag sich das persönliche Bewusstsein mit dem Leben des Egos vereinigen – insoweit dies möglich ist – und dann gibt es nur das eine Bewusstsein. Selbst im persönlichen Bewusstsein wird das Bewusstsein des Egos sein, dem nichts entgeht. Doch bei vielen der heutigen Menschen besteht ein gewaltiger Widerspruch zwischen der Persönlichkeit und dem Ego.

Jemand, dem es gelungen ist, sein Bewusstsein auf die Ebene des Kausalkörpers zu erheben und dabei das Bewusstsein des niederen und des höheren Selbst, der Persönlichkeit mit der Individualität oder dem Ego zu vereinen, dem steht natürlich während seines ganzen irdischen Lebens das Bewusstsein des Egos zur Verfügung. Dies wird weder vom Tod des physischen Körpers noch von dem zweiten und dritten Tod beeinträchtigt, bei dem der Astral- und der Mentalkörper zurückgelassen werden.

Sein Bewusstsein bleibt stets im Ego und wirkt durch jeden Träger, dessen er sich gerade bedient.

Ihm bedeutet die gesamte Inkarnationsreihe ein einziges langes Leben. Was wir als eine Inkarnation bezeichnen, ist für ihn nur ein einziger Tag in diesem Leben. Während seiner gesamten menschlichen Evolution ist sein Bewusstsein voll aktiv. Nebenbei bemerkt, er erzeugt in der einen Periode ebensoviel Karma wie in einer anderen, und obwohl sein Zustand in jedem Moment das Ergebnis der Ursachen ist, die er in der Vergangenheit in Bewegung gesetzt hat, gibt es keinen Augenblick, in dem er seine Bedingungen nicht mittels seiner Gedanken und seines Willens abändert. Dies trifft zwar für alle Menschen zu, doch es leuchtet ein, dass jemand, der das Ego-Bewusstsein besitzt, sein Karma bewusster und zielgerichteter modifizieren kann, als jemand, der diese Bewusstseinsstufe noch nicht erreicht hat.

H. P. Blavatsky spricht von dem höheren Selbst als dem „großen Meister“, meint mit dem Begriff *Meister* aber etwas anderes, als es heutzutage üblich ist. Es bezeichnet den *Avalokiteshvara*, oder den *Âdi-Buddha* der buddhistischen Okkultisten, den *Âtman* der Brahmanen und den *Christos* der alten Gnostikern.

KAPITEL 27

Das Ego in der Persönlichkeit

Es gibt mehrere Möglichkeiten, die Aktivität des Egos durch das Bewusstsein der Persönlichkeit genauer zu beobachten. Wie bereits mehrmals hervorgehoben, vermag, aufgrund der Beschaffenheit der höheren Ebenen, nichts Böses oder Selbstsüchtiges das Ego zu beeinträchtigen – es hat also nichts damit zu tun. Nur selbstlose Gedanken und Gefühle können auf es einwirken; alle niederen Gedanken und Gefühle beeinflussen die permanenten Atome, nicht das Ego, was zu entsprechenden Lücken im Kausalkörper führt, nicht zu „schlechten" Farben. Das Ego beschäftigt sich ausschließlich mit rein selbstlosen Gedanken und Gefühlen.

Die meisten Menschen erleben Augenblicke voller Inspiration, Begeisterung, glühender Hingabe und Freude. Dies sind genau jene Momente, in denen es dem Ego gelingt, sich im niederen Bewusstsein bemerkbar zu machen. Was in diesen Zeiten gefühlt wird, ist in Wirklichkeit stets vorhanden, nur die Persönlichkeit ist sich dessen nicht immer bewusst. Man sollte mittels Vernunft und Vertrauen zu erkennen suchen, dass es *immer* zugegen ist, und es wird sein, als ob man es tatsächlich spürt, selbst dann, wenn die Verbindung unvollständig bleibt und man es nicht im persönlichen Bewusstsein fühlt.

Da der Geist offensichtlich auf die Forderungen der physischen, astralen und niederen mentalen Ebenen reagiert, wird die Botschaft, die das Ego von seinen eigenen höheren Ebenen der Persönlichkeit zu übermitteln trachtet, wohl kaum gehört.

Oft wird ein emotionaler Impuls aus der Astralebene fälschlicherweise für eine echte, geistige Inspiration gehalten, denn was in dem buddhischen Träger vor sich geht, spiegelt sich in der Astralebene wider, falls es seinen Weg in die Persönlichkeit findet. Erweckungsversammlungen stellen ein typisches Beispiel für dieses Phänomen dar. Wenn auch bisweilen vorteilhaft, wirken sich solche heftigen emotionalen Erregungen schädigend aus, da sie die Leute aus ihrem geistigen Gleichgewicht werfen.

Zwei einfache, aber ausgezeichnete Regeln mögen der Unterscheidung zwischen wahrer Intuition und emotionalen Impulsen dienen. Überschläft man die Angelegenheit noch einmal, wird ein emotionaler Impuls wahrscheinlich absterben, eine echte Intuition hingegen gleichermaßen stark bleiben. Eine wahre Intuition ist zudem stets mit Selbstlosigkeit verknüpft; findet sich auch nur ein Anflug von Selbstsucht, kann man sicher sein, dass es sich nur um einen astralen Impuls handelt und nicht um eine echte Intuition.

Der Einfluss des Egos macht sich gelegentlich bemerkbar, wenn man aus innerer Überzeugung heraus zu *wissen* scheint, dass eine Sache wahr ist, ohne es begründen zu können. Das Ego weiß und besitzt einen guten Grund für sein Wissen, doch mitunter kann es dem physichen Gehirn sein Wissen nicht aufprägen, obwohl es die reinen Tatsachen zu übermitteln vermag. Sehen wir uns demnach einer neuen Wahrheit gegenüber, wissen wir sofort, ob wir sie annehmen können oder nicht.

Das ist nicht Aberglauben, sondern eine starke, innere Überzeugung. Oberflächlich gesehen, hat es den Anschein, als verzichte man zugunsten der Intuition auf die Vernunft. Wir dürfen aber nicht vergessen, dass *Buddhi*, was wir hier als „Intuition“ übersetzen, in Indien „*reine Vernunft*“ bedeutet. Es handelt sich um die Vernunft des Egos, die eine Stufe höher liegt als unsere auf den niederen Ebenen.

Manas gibt die Inspiration; *Buddhi* schenkt die Intuition in Bezug auf richtig und falsch; und *Âtmâ* ist das leitende Bewusstsein, das dem Menschen *befiehlt*, dem zu folgen, von dem er weiß, dass es das Beste ist, wenn der Verstand sich mit irgendeiner Entschuldigung oder dergleichen einzumischen versucht.

Die Offenbarung des Genies ist also der momentane Zugriff auf das Gehirn durch das umfassende Bewusstsein des Egos, das es zur Einsicht zwingt, ihm den Durchblick und eine weitreichende Sichtweise verschafft, was seine erhabene geistige Größe bewirkt. Dieses umfassende Bewusstsein *ist* das wahre Selbst, der wahre Mensch. Viele Dinge, die wir in unserer Umgebung sehen oder die uns zustoßen, sind Hinweise auf dieses ausgedehntere Bewusstsein, ein noch kaum artikuliertes Wispern, doch erfüllt von Verheißungen für die Zukunft, die aus dem Land unserer Herkunft, aus der Welt, zu der wir wirklich gehören, kommen. Es ist die Stimme des lebendigen Geistes, ungeboren, unsterblich, uralt, ewig und fortwährend. Es ist die Stimme des *inneren Gottes*, die im menschlichen Körper spricht.

Das Leben belehrt uns auf zwei Arten, durch den Unterricht, den uns die Welt erteilt und durch die Intuition, das Wirken des inneren Selbst. Im Laufe seiner Entwicklung wächst die Intuition des Menschen, und er hängt weniger von der Belehrung ab, die ihm die Welt erteilt. Dies bedeutet, ein Mensch, der sich seiner inneren Kräfte bedient, kann aus einer geringen Erfahrung sehr viel mehr lernen als jemand aus einer Unmenge von Erlebnissen. Die Aktivität seiner innewohnenden Intelligenz befähigt den entwickelten Menschen, das Wesentliche selbst in den kleinsten Dingen zu erkennen; der unentwickelte Geist hingegen ist voller Neugierde. Begierig sucht er nach Neuem, denn da er nicht gut denkt, schöpft er bald die augenfällige Bedeutung des Allgemeinen aus. Dieser Geist sehnt sich nach den Wundern religiöser Erfahrung, da er blind ist für die unzähligen Wunder, die ihn ständig umgeben.

Die so genannte *Stimme des Gewissens* kommt von oben und vertritt gewöhnlich das Wissen des Egos zu dem Thema. Aber Vorsicht! Das Ego selbst ist bislang nur teilweise entwickelt. Sein Wissen hinsichtlich irgendeiner Sache mag sehr gering oder sogar ungenau sein, und es kann nur aufgrund der vor ihm liegenden Information urteilen.

Aus diesem Grunde mag das Gewissen eines Menschen ihn oft fehlleiten, denn ein junges Ego, das noch wenig weiß, ist trotzdem in der Lage, seinen Willen der Persönlichkeit aufzudrücken. In der Regel jedoch ist ein unentwickeltes Ego auch in seiner Kraft unentwickelt, auf seine niederen Träger einzuwirken – und das ist vielleicht gut so.

Manchmal verfügt ein Ego, dem es noch an Toleranz und umfassendem Wissen mangelt, über einen ausreichend starken Willen, seinem physischen Gehirn Befehle einzugeben, die zeigen, dass es sich um ein sehr junges Ego handelt, das noch nicht versteht.

Wenn das Gewissen etwas diktiert, das den erhabenen Gesetzen der Barmherzigkeit, Wahrheit und Gerechtigkeit (wie möglicherweise bei einigen Inquisitoren) widerspricht, sollte der Mensch sorgfältig darüber nachdenken, ob nicht der universelle Grundsatz über der individuellen Anwendung, die damit im Widerspruch steht, erhaben ist. Der Intellekt sollte stets als ein Instrument des Egos eingesetzt werden, nicht als Hindernis auf dessen Entwicklungsweg.

In *Der Mentalkörper* wird ein eigenartiges Beispiel dafür gegeben, wie sich das Ego der Persönlichkeit offenbart. Eine gewisse Rednerin sieht, während sie einen Satz des Vortrags spricht, gewöhnlich den nächsten Satz in drei verschiedenen Formen vor sich in der Luft, aus denen sie eine wählt, die sie für die beste hält. Hier ist offensichtlich das Ego am Werk, obwohl nicht leicht zu erkennen ist, warum es diese Art der Kommunikation verwendet, anstatt selbst die Form zu wählen und sie dem persönlichen Bewusstsein aufzuprägen.

Das, was die Mystiker als die „Stimme der Stille" bezeichnen, unterscheidet sich aufgrund der Entwicklungsstufen der Menschen. Bei allen kommt es aus einem Bereich, der jenseits ihrer Bewusstseinsgrenze liegt, was sich natürlich im Verlauf der Evolution ändert.

Für diejenigen, die jetzt mit der Persönlichkeit arbeiten, ist die Stimme des Egos die *Stimme der Stille*; hat jemand vollkommene Herrschaft über die Persönlichkeit gewonnen und sie mit dem Ego vereint, so dass das Ego einwandfrei durch sie zu wirken vermag, ist es die Stimme von *Âtmâ* – dem dreifachen Geist auf der Nirvâna-Ebene. Ist dies erreicht, wird es immer noch eine *Stimme der Stille* geben – die der Monade. Wenn der Mensch das Ego und die Monade verwirklicht und die Stufe eines Adepten erreicht, wird es eine *Stimme der Stille* geben, die zu ihm herunter dringt, aber dann wird sie vielleicht die Stimme eines Gesandten der Gottheit, des planetarischen Logos, sein. Für diesen seinerseits mag es die Stimme des Solaren Logos selbst sein. Gleichgültig von welcher Ebene sie kommt, die „Stimme der Stille" ist göttlicher Natur.

Im physischen Körper wirkt das Ego durch zwei Hauptbereiche des Nervensystems – das sympathische und das cerebrospinale. Erstes steht vorwiegend mit dem Astralkörper in Verbindung, letzteres mit dem Mentalkörper und gerät mit wachsender intellektueller Kraft des Egos zunehmend unter dessen Einfluss.

Während der Entwicklung des cerebrospinalen Systems überließ das Ego dem sympathischen Nervensystem zunehmend mehr klar umrissene Teile seines Bewusstseins, um die es sich nicht mehr zu kümmern brauchte, damit sie in betriebsfähigem Zustand blieben. Durch Hatha-Yoga kann das Ego die unmittelbare Kontrolle über Bereiche des sympathischen Nervensystems wiedererlangen, was aber wohl keinen Fort-, sondern einen Rückschritt in der Evolution bedeutet.

Der Schüler sollte bedenken, dass das Ego stets aufwärts strebt, die niederen Ebenen loszuwerden versucht und sich bemüht, den Ballast, der seinen Aufstieg hemmt, abzuwerfen. Es möchte sich nicht um die Lebensfunktionen des Körpers kümmern müssen und dem Mechanismus höchstens im Notfall seine Aufmerksamkeit zuwenden. Alle diese Tätigkeiten sind zwar wiedererlangbar, es aber nicht wert. Im Gegenteil, je mehr wir jenem Automatismus übertragen können desto besser. Je weniger wir das Wachbewusstsein auf Dinge zu konzentrieren haben, die sich ständig wiederholen, desto mehr werden wir Angelegenheiten erledigen, die tatsächlich unserer Aufmerksamkeit bedürfen und die wahrscheinlich weitaus wichtiger sind, zumindest aus Sicht des Egos.

Gelegentlich wird ein Mensch von einer „fixen Idee" beherrscht, was bei einigen zu Wahnsinn führt, bei anderen zu der unerschütterlichen Hingabe oder Entschlossenheit eines Heiligen oder Märtyrers. Beiden Kategorien liegt ein unterschiedlicher psychischer Ursprung zugrunde.

Die fixe Idee des Wahnsinns ist eine Idee, die das Ego dem sympathischen Nervensystem übertragen hat, so dass sie ein Teil des „Unter-bewussten" geworden ist. Es mag sich dabei um eine vergangene Gemütslage oder eine Ansicht handeln, der das Ego entwachsen ist; oder um eine vergessene Tatsache, die sich plötzlich ohne das dazugehörige Umfeld wieder geltend macht; oder um die Verbindung zweier unvereinbarer Vorstellungen und ähnlicher Aspekte.

Es gibt unzählige derartige Ideen, mit denen sich das Ego in der Vergangenheit beschäftigt und sie noch nicht vollständig aus dem Bewusstseinsmechanismus entfernt hat, so dass sie hängen geblieben sind, obwohl das Ego sie abgelegt hat. So lange irgendein Teil des Bewusstseinsmechanismus noch auf sie reagiert, können sich diese Ideen über den Horizont oder die „Schwelle" des Bewusstseins erheben.

Bricht ein solches Gefühl grundlos und ohne vernünftige Denkweise mit derselben gewaltigen Leidenschaftlichkeit wie in der Vergangenheit durch, überwältigt es den feineren Mechanismus, den das Ego für seine höheren Ziele entwickelt hat. Derartige Bilder besitzen auf *physischer* Ebene sehr viel mehr Kraft als die so genannten üblichen Mentalbilder, da ihre langsameren und gröberen Schwingungen in der dichten Materie stärkere Wirkungen hervorrufen. Der physische Körper wird von einer aufwallenden, wilden Emotion sehr viel nachhaltiger beeinflusst als von den subtilen Gedankengängen eines Philosophen.

Die fixe Idee eines Verrückten ist gewöhnlich ein Bild, das seine Spuren im sympathischen Nervensystem hinterlassen hat und durch irgendeine Störung oder Schwächung des cerebrospinalen Systems sich im Bewusstsein wieder behaupten kann. Es taucht sozusagen auf.

Mit der fixen Idee eines Heiligen oder Märtyrers verhält es sich völlig anders. Sie entstammt dem Ego selbst, das sich bemüht, dem physischen Gehirn seine eigenen erhabeneren Emotionen, sein eigenes umfassenderes Wissen aufzuprägen. Das auf den höheren Ebenen weiter als in der physischen Umhüllung blickende Ego versucht, dieser physischen Umhüllung seinen eigenen Willen, sein eigenes Verlangen nach Höherem und Edlerem aufzudrücken. Mit einer alles beherrschenden Kraft trifft es auf; es kann sich der Vernunft nicht aufprägen, denn das Gehirn besitzt noch nicht die Fähigkeit, Gedankengänge eines solchen hohen Wissens, von tiefer Vision und Intuition nachzuvollziehen; aber es stößt mit der Kraft des Egos auf einen dafür vorbereiteten Körper hinunter und behauptet sich als die dominierende Kraft, indem sie den Menschen zu heroischen Taten, Martyrium und Heiligkeit führt. Solche fixe Ideen kommen nicht, wie im ersten Fall, von unten, sondern von *oben*; nicht aus dem Unterbewusstsein, sondern aus dem Überbewusstsein.

Wie bereits in *Der Mentalkörper* erwähnt, sollten wir nicht vor der Tatsache zurückschrecken, dass mit dem Genie oft eine psychische Instabilität verbunden ist, wie es die Behauptung, dass Genie und Wahnsinn nahe beieinander liegen oder die Aussage, dass viele Heilige Psychopathen waren, zum Ausdruck bringt. Je feiner der Mechanismus, desto leichter kann er überstrapaziert und durcheinander gebracht werden. Es trifft daher zu, dass gerade die Instabilität eines Genies oder Heiligen genau die Bedingung für ihre Inspiration schafft, da das normale Gehirn weder ausreichend entwickelt noch fein genug ist, auf solche subtile Wellen aus dem höheren Bewusstsein zu reagieren.

Jene Impulse, die wir als Eingebungen des Genies bezeichnen, kommen aus dem Überbewusstsein, aus dem Reich des Egos selbst. Manchmal verursachen diese Inspirationen aus dem höheren Bewusstsein nicht nur geistige Instabilität, sondern werden bekanntlich auch häufig von sittlichen Verstößen begleitet. Dies basiert auf interessanten und wesentlichen Gründen.

Jede Kraft, die von einer höheren auf eine niedere Ebene hinuntersteigt, unterliegt in dem Träger, in den sie eintritt, einer Umwandlung. Diese erfolgt entsprechend der Natur dieses Trägers, indem ein Teil der Kraft von diesem Träger *in diejenige Energieform umgewandelt wird, für die er sich am besten eignet.*

Besteht in einem Organismus die Neigung zur sexuellen Erregung, wird das Herabströmen der genialen Schöpferkraft die Sexualkraft durch den in Vitalität umgewandelten Teil gewaltig verstärken. Daraus ersehen wir deutlich, wie wichtig es ist, zuerst die niedere Natur zu läutern, ehe wir das Einströmen der höheren Kräfte erbitten. Die erste Regel Buddhas lautet: „Höre auf, Böses zu tun."

Mit den Worten aus *Die Stimme der Stille*: „Nimm dich in Acht, dass du nicht einen noch befleckten Fuß auch nur auf die unterste Sprosse setzest. Wehe dem, der es wagt, auch nur eine Sprosse mit schlammbedeckten Füßen zu beflecken. Der grauenhafte, klebrige Stoff wird trocknen und zähe werden und seine Füße fest an die Stelle heften. Gleich einem Vogel, der auf der Leimrute des listigen Vogelstellers gefangen sitzt, wird er am weiteren Vorwärtsschreiten gehindert sein. Seine Laster werden Formen annehmen und ihn hinabziehen; seine Sünden werden ihre Stimmen erschallen lassen, gleich dem Schreien und Klagen des Schakals nach Sonnenuntergang. Seine Gedanken werden sich in eine Feindesmacht verwandeln, die ihn als gefangenen Sklaven davonschleppt.

Ertöte deine Begierden, o Jünger, nimm deinen Lastern ihre Kraft, ehe du den ersten Schritt auf der heiligen Reise tust.

Erwürge deine Sünden und mache sie für immer stumm, ehe du den Fuß erhebst, um die Leiter emporzuklimmen.

Bringe deine Gedanken zum Schweigen und richte all deine Aufmerksamkeit auf deinen Meister, den du zwar noch nicht siehst, wohl aber fühlst."

Der Leser bedarf wohl kaum der Erklärung, dass „dein Meister" unter anderem sein eigenes Ego bedeutet.

Jemand, der den Pfad betreten hat, muss sorgfältig arbeiten. An der Schwelle können Fehler leicht berichtigt werden. Beseitigt der geistig Strebende sein Verlangen nach Macht in den ersten Lehrjahren nicht vollständig, wird es immer stärker werden. Wenn er es nicht auf physischer, astraler und mentaler Ebene ausmerzt, ehe es in der geistigen Ebene des Egos Wurzeln schlägt, wird es schwierig sein, es völlig auszurotten. Ein auf diese Weise im Kausalkörper festgesetzter Ehrgeiz wird von Leben zu Leben weitergetragen. Man sollte darauf achten, dass geistige Ambitionen nicht den Kausalkörper berühren und so Elemente der Trennung, die das Leben immer stärker umhüllen, eingebaut werden.

Ein genial veranlagter Mensch mag keine Schwierigkeiten haben, sich ausschließlich auf sein spezielles Arbeitsfeld zu konzentrieren; entspannt er sich, können sein Astral- und Mentalkörper im Alltag noch voller Wirbel sein. Diese mögen sich in permanente Vorurteile kristallisieren und tatsächliche, warzenähnliche Materieverdichtungen im Mentalkörper hervorbringen. Dies ist nicht der Sinn der Sache; der esoterische Schüler strebt danach, solche Wirbel vollständig zu zerstören, so als ob er den niederen Geist auskämmt und aus ihm den *allzeit* ruhigen und gehorsamen Diener des höheren Selbst macht.

Obwohl das Ego den schlafenden physischen Körper verlässt, bleibt es eng mit ihm verbunden, so dass es unter normalen Umständen bei einem Angriff auf diesen, wie bei einer drohenden Besetzung, sofort zurückgerufen werden kann.

Obwohl das Schlafwandeln auf vielen verschiedenen Ursachen beruhen mag (vgl. *Der Astralkörper*), gibt es Fälle, in denen das Ego in Abwesenheit des dazwischen liegenden Astral- und Mentalträgers unmittelbarer auf seinen physischen Körper einzuwirken scheint – Fälle, bei denen jemand, während er schläft, Gedichte schreiben oder Bilder malen kann, was in seinem Wachbewusstsein weit jenseits seines Könnens läge.

Häufig prägt das Ego der Persönlichkeit seine Vorstellungen durch Träume ein, indem es sich seiner ihm eigenen Symbolsprache bedient, wenn auch manche Formen in allen Träumen gleich zu sein scheinen. So heißt es, dass Wasser irgendeine Art von Schwierigkeit bedeutet, obschon keine Verbindung zwischen beiden zu ersehen ist. Gleichwohl mag sich ein Ego oder irgendein Wesen, das Verbindung aufnehmen möchte, dieses Sinnbilds bedienen, einfach nur, weil die Persönlichkeit es versteht und es sie auf diese Weise vor drohendem Unheil warnen kann.

Prophetische Träume sollten ausschließlich dem Wirken des Egos zugeschrieben werden, das ein zukünftiges Ereignis, auf das es sein niederes Bewusstsein vorbereiten möchte, entweder selbst sieht oder es erfährt. Klarheit und Genauigkeit hängen davon ab, wie stark das Ego es selbst zu assimilieren und es anschließend seinem wachen Gehirn einzuprägen vermag.

Manchmal handelt es sich um eine ernste Angelegenheit, wie Tod oder Unglück, so dass die Absicht des Egos, es einzuprägen, offenkundig ist. In anderen Fällen scheint der vorausgesagte Sachverhalt unwichtig zu sein, und man fragt sich, warum sich das Ego einer solchen Mühe unterzieht. Man muss jedoch bedenken, dass es sich bei der im Gedächtnis haften gebliebenen Tatsache lediglich um eine Kleinigkeit einer sehr viel umfassenderen Vision handeln mag, die ansonsten nicht bis ins physische Gehirn durchgedrungen ist. Erzählungen solcher prophetischen Träume sind recht gängig.

Damit Eindrücke von dem Ego in das physische Gehirn eindringen können, sollte dieses ruhig sein. Alle Impulse aus dem

Kausalkörper *müssen* durch den Mental- und Astralkörper, und wenn sich einer von diesen in Aufruhr befindet, spiegelt er sie unvollkommen wider, vergleichbar mit den in einem ruhigen See reflektierten Bildern, die verzerren, sobald die Wasseroberfläche aufgewühlt wird. Außerdem müssen alle Vorurteile vollständig ausgemerzt werden, ansonsten wirken sie wie farbiges Glas, das allem, was man durch es betrachtet, eine Färbung gibt und somit einen falschen Eindruck vermittelt.

Will jemand die „stille, kleine Stimme" eindeutig und genau vernehmen, *muss* er ruhig sein; der äußere Mensch muss unberührt bleiben von allen äußerlichen Dingen, vom Glanz der gewaltigen Brandung des Lebens, die auf ihn einstürmt, ebenso wie von dem leisen Murmeln sanfter Wellen. Er muss lernen, ganz still zu sein, keine Wünsche und keine Abneigungen zu spüren. Nur sehr selten, wenn sie ungewöhnlich stark ist und die persönlichen Wünsche und Abneigungen aufgehört haben zu existieren, wenn die Stimme der äußeren Welt ihm nicht länger befehlen kann, vermag der Mensch die innere Stimme zu vernehmen, die sein unfehlbarer Führer sein sollte.

KAPITEL 28

Erinnerung an vergangene Leben

Ein Blick auf die Abbildung XXV sollte genügen, den rein mechanischen Grund zu erkennen, warum sich das Gehirn des Menschen normalerweise nicht an vergangene Leben zu erinnern vermag. Es leuchtet ein, dass der physische Körper weder eine Erinnerung an, noch eine Aufzeichnung von einer früheren Inkarnation besitzen kann, an der er nicht teilgenommen hat. Die gleiche Überlegung trifft auf den Astral- und Mentalkörper zu, da alle diese Träger in jeder Inkarnation neu sind.

Da der Kausalkörper als einziger von einer Inkarnation zu nächsten bestehen bleibt, ist die niedrigste Ebene, auf der wir erhoffen können, verlässliche Informationen über vergangene Leben zu erhalten, der Kausalkörper, denn nichts darunter kann uns den Beweis aus erster Hand liefern.

Das Ego in seinem Kausalkörper war in diesen früheren Leben zugegen – oder präziser, ein ganz geringer Anteil von ihm war dort – und aus diesem Grunde kann man es einen tatsächlichen Zeugen nennen. Alle niederen Träger, die *keine* Zeugen sind, können nur das berichten, was sie vom Ego empfangen. Berücksichtigen wir die Unvollkommenheit der Kommunikation zwischen dem Ego und der Persönlichkeit im Durchschnittsmenschen, erkennen wir sofort die wahrscheinliche Unzuverlässigkeit einer solchen Aussage aus zweiter, dritter oder vierter Hand.

Obwohl man bisweilen aus dem Astral- und Mentalkörper vereinzelt Bilder von Ereignissen eines früheren Lebens erhalten mag, mangelt es an einem folgerichtigen und zusammenhängenden Bericht; und selbst bei diesen Bildern handelt es sich nur um eine Reflexion aus dem Kausalkörper und wahrscheinlich um recht schwache und verschwommene Widerspiegelungen, die gelegentlich ihren Weg durch das niedere Bewusstsein finden.

Um vergangene Leben eindeutig lesen zu können, müssen als Erstes die Fähigkeiten des Kausalkörpers entwickelt werden. Auf den niederen Ebenen könnte man das Ziel durch eine psychometrische Messung der permanenten Atome erreichen, da dies aber aufwendiger wäre als die Entfaltung der Kausalsinne, dürfte das Unterfangen wohl kaum erfolgreich sein.

Außer der erwähnten Methode gibt es vier Möglichkeiten, vergangene Leben zu lesen:

(1) Psychometrisation der permanenten Atome.

(2) Die eigene Erinnerung des Egos an die Geschehnisse.

(3) Psychometrisation des Egos oder eher seines Kausalkörpers, um selbst zu sehen, welche Ereignisse es durchlebte. Diese Methode bietet mehr Sicherheit als (2), denn selbst ein Ego, das die Dinge durch eine frühere Persönlichkeit gesehen hat, mag unvollkommene oder voreingenommene Eindrücke von ihnen gewonnen haben.

(4) Durch die buddhischen Fähigkeiten, indem man im Rahmen der Untersuchung vollkommen eins wird mit dem Ego und seine Erfahrungen lesen kann, als wären sie unsere eigenen, das heißt von innen anstatt von außen. Diese Methode erfordert offensichtlich eine sehr viel höhere Entwicklung.

Die physische Anwesenheit der Person, deren Leben gelesen werden soll, ist von Vorteil, jedoch nicht unbedingt notwendig. Sie ist nur dann nützlich, wenn sie ihre Träger vollkommen ruhig halten kann, erregt sie sich, ist alles verdorben.

Das Umfeld spielt keine erhebliche Rolle, wohl aber die Stille; das physische Gehirn muss ruhig sein, sollen Eindrücke klar übertragen werden.

Es darf nicht die geringste Voreingenommenheit herrschen, da sie wie buntes Glas wirkt, durch das alles entsprechend farbig gesehen wird und so einen falschen Eindruck hinterlässt.

Es gibt zwei Fehlerquellen: (1) persönliche Vorurteile; (2) begrenzte Sichtweise.

Angesichts der grundlegenden Unterschiede des jeweiligen Temperaments mag man davon ausgehen, dass diese den Blick in andere Ebenen entstellen. Jeder, der auf einer niederen Ebene als die eines Adepten steht, wird mit Sicherheit in dieser Weise bis zu einem gewissen Ausmaß beeinflusst. Der weltlich eingestellte Mensch bauscht unwichtige Dinge auf und übergeht die wichtigen, weil er im Alltag daran gewöhnt ist. Andererseits mag jemand, der den Pfad betreten hat, in seiner Begeisterung die Beziehung zum normalen menschlichen Dasein, aus dem er sich erhob, vorübergehend verlieren. Trotzdem befindet er sich im Vorteil, denn die Dinge von innen zu sehen, kommt der Wahrheit näher, als sie nur von außen zu betrachten.

Um diese Fehlerquelle möglichst gering zu halten, arbeiten Leute völlig unterschiedlicher Art gemeinsam an diesen Untersuchungen.

Die zweite Gefahr besteht in einer begrenzten Sichtweise, also einen Teilaspekt für das Ganze zu halten. So kann es geschehen, dass jemand einen winzigen Bereich einer bestimmten Szene sieht und ihn auf das Gesamtbild überträgt und damit dem üblichen Irrtum erliegt, aufgrund einer unzulänglichen Betrachtungsbasis zu verallgemeinern.

Die allgemeine Aura einer Zeitperiode oder eines Landes verhindern jedoch gewöhnlich grobe Fehler dieser Art. Ein übersinnlich veranlagter Mensch, der nicht darin geschult wurde, diese allgemeine Aura zu erfühlen, spürt sie oft unbewusst, und so mancher irrte sich dabei gewaltig. Lang anhaltende Beobachtungen zeigen, dass alle ungeschulten, medialen Personen manchmal glaubwürdig und manchmal unglaubwürdig sind, und ihre Klienten daher Gefahr laufen, irregeführt zu werden.

Bei der Rückschau in frühere Leben ist es sicherer, sein physisches Bewusstsein voll zu bewahren, um während der Beobachtung Notizen machen zu können, anstatt den irdischen

Körper zu verlassen und der Erinnerung zu vertrauen. Letzteres mag angebracht sein, wenn der Forscher sich zwar seines Kausalkörpers bedienen kann, dies aber nur vermag, wenn der physische Körper schläft.

Die Identifikation von Egos gestaltet sich mitunter schwierig, da sie sich im Laufe von einigen tausend Jahren beträchtlich verändern. Mancher Untersuchende erfühlt die Identität eines bestimmten Egos rein intuitiv, und obwohl eine solche Intuition oft richtig sein mag, ist sie sicherlich manchmal auch falsch. Die sicherere, aber auch arbeitsaufwendigere Methode der Identifikation besteht darin, die Aufzeichnungen rückblickend in rascher Folge zu überprüfen und dem betreffenden Ego bis zur Gegenwart nachzuspüren.

In einigen Fällen lassen sich die Egos von Durchschnittsmenschen sogar nach Tausenden von Jahren sofort wiedererkennen. Dies spricht nicht unbedingt für die betreffenden Leute, da es bedeutet, dass sie nur wenig Fortschritt gemacht haben. Zu versuchen, jemanden, den man heute kennt, vor zwanzigtausend Jahren wiederzuerkennen, ist so, als begegne man als Erwachsener jemandem, den man vor langer Zeit als Kind gekannt hat. Manchmal gelingt ein Wiedererkennen, manchmal sind die Veränderungen zu stark gewesen.

Jene, die inzwischen Meister der Weisheit geworden sind, lassen sich oft sogar vor Tausenden von Jahren augenblicklich erkennen, doch aus einem völlig anderen Grund. Schwingen die niederen Träger bereits in vollkommener Harmonie mit dem Ego, werden sie dem *Augoeides* gleich und verändern sich kaum von einem Leben zum anderen. Ähnlich verhält es sich, wenn das Ego selbst die Monade makellos widerspiegelt, denn dann verändert es sich kaum, obwohl es nach und nach wächst; daher ist es leicht erkennbar.

Da das Wesen der Akasha-Chronik in *Der Mentalkörper* bereits beschrieben wurde, sollen an dieser Stelle nur einige der auffälligsten Punkte erwähnt werden.

Der einfachste Weg, ein früheres Leben zu untersuchen, besteht darin, die Aufzeichnungen in ihrer natürlichen Geschwindigkeit vorbeiziehen zu lassen, doch da es eben einen Tag beanspruchen würde, die Ereignisse eines Tages zu beobachten, ist dies, abgesehen von kurzen Perioden, nicht durchführbar. Wohl aber ist es möglich, den Durchgang der Ereignisse je nach Erfordernis zu beschleunigen oder zu verzögern, so dass ein Zeitraum von tausend Jahren rasch vorbeiziehen oder irgendein bestimmtes Bild je nach Wunsch angehalten werden kann.

Wenn man von einem Entrollen der Aufzeichnungen spricht, sind es nicht sie, die sich bewegen, sondern es ist das Bewusstsein des Sehenden. Die gewonnenen Impressionen vermitteln aber den Eindruck, als bewegten sich Bilder. Man könnte die Aufzeichnungen als übereinander geschichtet betrachten, die jüngste ganz oben und die alten dahinter. Dieser Vergleich ist irreführend, da sich die Vorstellung von 'Dicke' aufdrängt, wohingegen die Aufzeichnungen nicht mehr Raum beanspruchen als ein Spiegelbild. Das Bewusstsein bewegt sich nicht im Raum, sondern hüllt die eine oder andere Schicht der Aufzeichnungen wie einen Mantel um sich und befindet sich so mitten im Geschehen.

Die Methode zur Datenerlangung wurde in *Der Mentalkörper* beschrieben.

Insgesamt gesehen, lassen sich Leben einfacher vorwärts als rückwärts lesen, da wir auf diese Weise dem natürlichen Zeitablauf folgen und ihm nicht entgegenwirken.

Die Sprachen versteht der Untersuchende fast niemals, was aber kaum eine Rolle spielt, da die Gedanken hinter den Worten offen vor ihm liegen. Es hat Fälle gegeben, in denen Forscher öffentliche Inschriften, deren Sprache sie nicht verstanden, niederschrieben und sie später auf physischer Ebene von jemandem, der sich in der alten Sprache auskannte, übersetzen ließen.

Obwohl sie sich in der Materie widerspiegeln, sind die Aufzeichnungen ursprünglich mit keinerlei Materie verhaftet.

Um sie zu lesen, bedarf es keiner direkten Verbindung zu einer bestimmten Materiegruppierung, da sie sich nach einmaliger Kontaktaufnahme aus jeder beliebigen Entfernung lesen lassen.

Es trifft zu, dass jedes Atom die Aufzeichnung enthält oder vielleicht die Macht besitzt, einen Hellsehenden mit den festgehaltenen und innerhalb der Sichtweite liegenden Ereignissen in Verbindung zu setzen. Auf diesem Phänomen beruht die Psychometrie.

Dem Vorgang haftet eine seltsame Beschränkung an; der Psychometrist sieht nur das, was er gesehen hätte, wäre er an dem Ort des Gegenstands gewesen.

Nehmen wir einen Bergkristall, der seit Jahrhunderten in einem Tal liegt, so wird der Psychometrist nur das sehen, was im Laufe dieser Jahrhunderte in diesem Tal geschah. Die umliegenden Hügel begrenzen seinen Blick so, als habe er all die Jahrhunderte dort gestanden, wo der Kristall lag und alle jene Ereignisse beobachtet.

Die erweiterte Form der psychometrischen Kraft ermöglicht es einer Person, die Gedanken und Gefühle der Darsteller des Dramas und auch ihre physischen Körper wahrzunehmen. Als Nächstes kann er seinen Blick von der Stelle im Tal aus über die Hügel jenseits davon gleiten lassen und auch sehen, was geschehen ist, seit der Stein entfernt wurde, und sogar, was sich ereignete, bevor er dort auftauchte.

Jemand, der zu diesen Dingen in der Lage ist, wird bald ohne den Stein auskommen.

Mit den kausalen Sinnen betrachtet, scheint jeder Gegenstand Bilder der Vergangenheit abzuwerfen.

Mit Entwicklung der inneren Fähigkeiten wird das Leben zum Kontinuum. Es ist nicht nur möglich, das Bewusstsein des Egos zu erreichen, sondern auch in die Vergangenheit zu gleiten, selbst bis zur Tier-Gruppenseele, und mit den Augen des Tieres die damals existierende Welt zu betrachten. Diese völlig unterschiedliche Sichtweise lässt sich unmöglich beschreiben.

Ohne dieses kontinuierliche Bewusstsein gibt es keine ins Einzelne gehende Erinnerung an die Vergangenheit, nicht einmal an die wichtigsten Fakten. Doch alles, was wir in der Vergangenheit gewusst haben, können wir fast sicher wiedererkennen und augenblicklich akzeptieren, sobald es uns in der Gegenwart vorgelegt wird.

Wenn jemand der Wahrheit der Reinkarnation vom Verstand her aufgeschlossen gegenübersteht, kann er den eigentlichen Beweis doch nur durch den Kausalkörper erhalten, dem Sitz des wissenden Egos.

Ein Mensch mit Kausalbewusstsein, der sich an seine gesamten früheren Leben erinnert, besitzt natürlich die Fähigkeit, im Laufe seines Fortschritts die verschiedenen niederen Manifestationen seiner selbst bewusst zu lenken.

Während der Stadien, in denen er dazu noch nicht vollkommen in der Lage ist, vermag das Ego dennoch seine Absicht den permanenten Atomen einzuprägen, so dass dieses Ziel von Leben zu Leben übertragen wird. Das Wissen darum wird dem Menschen nicht sozusagen als Teil seines 'Warenbestandes' mitgegeben, aber in dem Moment, in dem es ihm in irgendeiner Form in seiner nächsten Inkarnation begegnet, wird er die Wahrheit augenblicklich erkennen, sie ergreifen und dementsprechend handeln.

Im Falle einer raschen Wiedergeburt erhöht sich die Möglichkeit der Erinnerung an das letzte Leben gewaltig. Abbildung XXV erläutert diesen Sachverhalt. Eine große Anzahl von Atomen und Molekülen in dem alten Mental- und Astralkörper haben eine gewisse Affinität mit der Mentaleinheit und dem permanenten Astralatom bewahrt, und folglich mag eine Menge altes Material für die Bildung des neuen Astral- und Mentalkörpers verwendet worden sein. Unter diesen Umständen kann eine Erinnerung an das letzte Leben leichter erfolgen als in Fällen, in denen ein langer Zwischenraum die Leben voneinander trennt und die alte Materie sich aufgelöst und in den verschiedenen Ebenen verstreut hat.

Wir verstehen noch nicht die Gesetze, von denen die Kraft gelenkt wird, detaillierte Kenntnisse über das eine Leben dem physischen Gehirn des nächsten einzuprägen. Die augenblicklich verfügbaren Beweise scheinen darauf hin zu deuten, dass Einzelheiten gewöhnlich vergessen werden, die umfassenderen Prinzipien dem neuen Geist aber als selbstverständlich erscheinen.

Eine allgemeine Erfahrung zeigt, dass wenn man von einer Wahrheit zum ersten Mal hört, das Gefühl empfindet, sie schon früher gehört zu haben, ohne sie in Worte kleiden zu können. In anderen Fällen gibt es nicht einmal diese Stufe der Erinnerung, begegnet man aber der neuen Wahrheit, erkennt man sie sofort als richtig.

Selbst Buddha, der sich mit der klaren Absicht inkarnierte, der Welt zu helfen, war sich seiner Mission nicht eindeutig bewusst, nachdem er seinen neuen Körper angenommen hatte, und erkannte sie in ihrer vollen Tragweite erst nach vielen Jahren der Suche. Zweifellos wäre es ihm gegeben gewesen, von Anfang an darum zu wissen, wenn er es gewollt hätte, aber er wollte es nicht und unterwarf sich dem scheinbar allgemeinen Los.

Andererseits ist es denkbar, dass der Buddha den Körper des Prinzen Siddhartha nicht von Geburt an annahm, sondern erst als dieser ermattete, nach der langen, sechsjährigen Askese auf der Suche nach der Wahrheit. Sollte dies zutreffen, gäbe es keine Erinnerung an die frühen Jahre, denn das Wesen in dem Körper war nicht Buddha, sondern jemand anderer.

In jedem Fall können wir sichergehen, dass das Ego, der wahre Mensch, immer weiß, was es einst gelernt hat, aber nicht immer die Fähigkeit besitzt, es seinem neuen Gehirn ohne äußere Hilfe einzuprägen.

Es scheint eine unumstößliche Regel zu sein, dass jemand, der in einem Leben die geistige Wahrheit angenommen hat, im nächsten wieder mit ihr in Berührung kommen wird und so seine schlummernde Erinnerung neu belebt. Vielleicht ist die Gelegenheit, die Wahrheit auf diese Weise wiederzuerlangen, das unmittelbare gute Karma, sie einst angenommen und ernsthaft versucht zu haben, in der vorangegangenen Inkarnation danach zu leben.

KAPITEL 29

Das Ego auf seiner eigenen Ebene

Wir werden nun das Ego als ein bewusstes Wesen auf seiner eigenen Ebene betrachten, nämlich in der höheren Mental- oder Kausalwelt, unberührt von seinen begrenzten Ausdrucksformen auf den niederen Ebenen.

In dem Augenblick, in dem das Ego sich von seiner Gruppenseele abspaltet und seine getrennte Existenz als menschliches Individuum beginnt, ist es ein bewusstes Wesen, doch mit einem extrem verschwommenen Bewusstsein. Die Kräfte der höheren Mentalwelt fließen hindurch, ohne es sonderlich zu beeinflussen, da es nur auf wenige der äußerst feinen Schwingungen zu reagieren vermag. Dieser Zustand lässt sich auf physischer Ebene höchstens mit dem Empfinden im Moment des morgendlichen Erwachens vergleichen, das einige Personen gelegentlich verspüren. Es gibt einen Zustand zwischen Schlafen und Wachen, in dem der Mensch sich seines Daseins glückselig bewusst ist, nicht aber seines Umfelds, und sich noch kaum bewegen kann. Er weiß, dass jede Bewegung den Zauber des Glücks brechen und ihn in die übliche Welt des Wachzustands bringen würde, und so verhält er sich möglichst lange ruhig.

Dieser Zustand, ein Bewusstsein von Leben und tiefer Glückseligkeit, ähnelt sehr stark dem Bewusstsein des Egos eines Durchschnittsmenschen auf der höheren Mentalebene. Wie wir bereits gesehen haben, ist er dort nur in der kurzen Zeit zwischen dem Ende eines Lebens im Devachan und dem Beginn seines nächsten Abstiegs in die Inkarnation völlig verankert. Während dieser kurzen Periode erhascht er einen kurzen Einblick in seine Vergangenheit und seine Zukunft, eine Rückblende und eine Vorausschau, und viele Zeitalter lang sind diese flüchtigen

Einblicke seine einzigen Momente vollkommenen Erwachens, und nach diesem kurzen Erwachen verfällt er wieder in den Schlafzustand. Sein Verlangen nach einer vollkommeneren Manifestation, seine Sehnsucht, sich lebendiger zu fühlen, treibt es in die Mühsal der Inkarnation.

In einem Vers in den *Stanzen des Dzyan* heißt es: „Jene, die nur einen Funken empfingen, blieben ohne Wissen: der Funke brannte schwach." H. P. Blavatsky erläutert, dass „jene, die nur einen Funken empfingen, die durchschnittliche Menschheit ausmachen und ihre Intellektualität in der augenblicklichen manvantarischen Evolution erwerben müssen" (*Geheimlehre*). Bei den meisten Menschen glimmt der Funke noch, und es wird viele Zeitalter dauern, bis er langsam stärker und zur ständig strahlenden Flamme wird.

Der Kausalkörper des Durchschnittsmenschen ist sich außerhalb seiner selbst auf seiner eigenen Ebene kaum irgendwelcher Dinge bewusst. Die riesige Mehrheit der Egos befindet sich in träumerischem Halbbewusstsein, obwohl einige jetzt den Zustand rein farbloser Hüllen erreicht haben. Die Mehrzahl ist noch nicht klar genug umrissen, um mit ihrem Bewusstsein den Sinn und die Gesetzmäßigkeit der Evolution, an der sie beteiligt sind, zu erfassen.

Auch wenn sich das durchschnittliche Ego noch in einem Schlummerzustand befindet, ist es im irdischen Leben bis zu einem gewissen Ausmaß fähig, wachsam über der Persönlichkeit zu brüten und sich ein wenig zu bemühen.

Das Durchschnittsego in seinem Kausalkörper kann mit dem Küken im Ei verglichen werden, das sich der Hitzequelle, die sein Wachstum anregt, völlig unbewusst ist.

Erreicht ein Ego die Stufe, auf der es die Hülle durchbricht und eine gewisse Reaktionsfähigkeit erlangt, nimmt der gesamte Prozess eine völlig andere Form an und wird enorm beschleunigt.

Der Vorgang des Erwachens wird von den Meistern der Weisheit stark gefördert, die ihre geistige Kraft wie Sonnenlicht ausgießen, die gesamte Ebene überfluten und alles innerhalb ihres Radius erheblich beeinflussen. Wie bereits in Kapitel 12 erwähnt, werden sogar die Tier-Gruppenseelen auf der niederen Mentalebene von diesem Einfluß stark berührt und unterstützt.

Die wesentlichste Arbeit der Meister erfolgt größtenteils auf der Mentalebene. Auf der Kausalebene ist ihr Wirken noch effektiver, da dort auf die Individualität oder das Ego direkt Einfluss genommen werden kann. Von dieser Ebene aus überschütten sie die Gedankenwelt mit machtvollen geistigen Impulsen; von hier aus fördern sie große und wohltätige Bewegungen. Hier wird die durch die glorreiche Selbstaufopferung der *Nirmâna-kayas* (der irdischen Manifestation eines Buddha) ausgegossene geistige Kraft verteilt. Schülern, die genügend fortgeschritten sind, um die Lehren auf diese Weise zu empfangen, werden sie hier unmittelbar zuteil, da sie auf dieser Ebene sehr viel rascher und vollständiger vermittelt werden können als auf den niederen Ebenen.

Ein entwickelter Mensch besitzt ein vollkommen erwachtes Ego. Im Laufe der Zeit entdeckt es die zahlreichen Dinge, die es bewirken kann, und wenn dies eintritt, mag es sich in einen Zustand erheben, in dem es ein eindeutiges Leben auf seiner eigenen Ebene führt, obwohl es sich in vielen Fällen auch dann noch um einen Traumzustand handelt.

Das Ego des Durchschnittsmenschen besitzt eher das Bewusstsein oder Leben der Ebene des Pflanzenreichs und scheint sich nur gerade anderer Egos bewusst zu sein. Bei ausreichender Entwicklung vermag es nicht nur anderen Egos zu helfen, sondern lebt sein eigenes Leben unter seinesgleichen, unter den erhabenen *Arûpa-Devas*, unter den wunderbaren Engeln oder Devas aller Art. Das junge Ego nimmt dieses herrliche Leben wahrscheinlich kaum wahr, vergleichbar mit einem Säugling, der nur wenig von den Interessen seiner Umwelt weiß. Im Laufe seiner Bewusstseinsentfaltung öffnen sich seine Augen für die Pracht, deren Lebendigkeit und Schönheit es begeistert.

Ein solch entwickeltes Ego erfreut sich der Gesellschaft der strahlendsten Intelligenzen, die die Welt hervorgebracht hat, sowohl im Engel- als auch im Menschenreich. Die Persönlichkeit vermag sich das Leben des Egos auf seiner eigenen Ebene nicht vorzustellen. Könnte sich jemand ein Dasein in Gesellschaft der Großen dieser Welt – Künstler, Dichter, Wissenschaftler und sogar der Meister selbst – vorstellen und fügt ein hier unten unerreichbares Wissen hinzu, dann erahnte er das Leben des Egos.

So lange das Ego und die Persönlichkeit nicht vereinigt sind, weiß letztere nichts von der Aktivität des Egos. So mag das Ego den Meister kennen, während die Persönlichkeit nichts von ihm weiß. Das Ego muss lange Zeit auf seiner Ebene voll bewusst und aktiv gewesen sein, ehe das Wissen um diese Existenz in sein Erdendasein gelangt.

Das Ego-Bewusstsein darf nicht mit dem Bewusstsein verwechselt werden, das durch die *Vereinigung* des höheren und niederen Selbst entsteht, das in Kapitel 24 erwähnt wurde. Sobald diese Vereinigung erreicht worden ist, hat das Bewusstsein des Menschen im Ego allzeit seinen Sitz, von dem aus es in den Trägern wirkt, derer es sich gerade bedient. Im Falle eines Menschen, der diese Vereinigung noch nicht erreicht hat, wird das Bewusstsein des Egos auf seiner eigenen Ebene nur dann aktiv, wenn es von keinem der niederen Träger mehr behindert wird und existiert nur, bis es sich inkarniert. Sobald es einen niederen Körper annimmt, vermag sich sein Bewusstsein vorübergehend nur in diesem Körper zu manifestieren.

Auf der Kausalebene, in seiner wahren und relativ dauerhaften Heimat, ist das Ego von den Begrenzungen seiner Persönlichkeit befreit und einfach es selbst, das sich reinkarnierende Wesen. Obwohl sein Bewusstsein verschwommen, träumerisch unaufmerksam und kaum erwacht sein mag, entspricht selbst sein begrenzter Blick der Wahrheit. Es ist nicht nur frei von den Illusionen der Persönlichkeit und den Begrenzungen des niederen Selbst, sondern der eigentliche Gedanke nimmt nicht mehr dieselben starren Formen an wie auf den Ebenen unterhalb der kausalen.

In einigen der alten Schriften gibt es Aussagen, die darauf hinzuweisen scheinen, dass das höhere Ego keiner Entwicklung bedarf, da es auf seiner eigenen Ebene bereits vollkommen und göttlich ist. Dies triff aber nur für den *Âtmân* zu, den wahren „Gott" im Menschen, der weit jenseits jeglicher Entwicklung steht, von der wir irgendetwas wissen können.

H. P. Blavatsky erklärt, dass *Manas* oder das höhere Ego als „Teil des universellen Geistes auf seiner eigenen Ebene bedingungslos allwissend ist", was bedeutet, dass dies nur bei einem aufgrund seiner Entwicklungserfahrungen voll entfalteten Selbstbewusstsein eintritt, das „der Träger allen vergangenen, gegenwärtigen und zukünftigen Wissens ist".

Das reinkarnierende Ego entwickelt sich zweifellos, was für jene, die den kausalen Blick besitzen, klar ersichtlich ist. Zunächst verfügt es über nur wenig aktive Kraft auf den einzelnen Ebenen, und sein Ziel besteht darin, auf allen Ebenen, selbst auf der physischen, voll aktiv zu werden.

Ein erwachtes und auf seiner eigenen Ebene wirklich lebendiges Ego ist herrlich anzuschauen und lässt uns zum ersten Mal erahnen, wie der Mensch zukünftig sein wird. Trotz ihrer Trennung sind sich solche entwickelten Egos intellektuell ihrer inneren Einheit bewusst, denn sie sehen einander, wie sie sind und können keine groben Fehler mehr machen oder nicht begreifen.

Mit Worten lassen sich die Unterschiede der einzelnen Egos kaum erklären, da sie in vieler Hinsicht alles, was uns hier unten geläufig ist, bei weitem übertreffen. Man könnte vielleicht sagen, dass ein fortgeschrittenes Ego an einen würdevollen, vornehmen und überaus liebenswürdigen Botschafter erinnert, voller Weisheit und Güte, während der weniger entwickelte Mensch etwas von der Art eines schroffen, herzlichen Landjunkers an sich hat. Ein Ego auf dem Pfad, das sich der Stufe des Adepten nähert, hat vieles gemeinsam mit den erhabenen Engeln und strahlt eine überaus machtvolle geistige Kraft aus.

Es verwundert daher nicht, wenn sich das Ego voller Energie in den Strudel der Aktivität auf seiner eigenen Ebene wirft und diese ihm weitaus wichtiger und interessanter erscheint, als die verschwommenen, weit entfernten Kämpfe einer verkrampften und halb gestalteten Persönlichkeit, eingehüllt in die undurchdringliche Dunkelheit der niederen Welt.

Ein Ego wurde einmal als strahlender Jüngling beschrieben, der einer griechischen Marmorstatue des Apollo glich, dennoch immateriell und mit der Inspiration als seinem Grundton. Ein anderes Ego erschien wie die Skulptur von Demeter im Britischen Museum, eine würdevolle, heitere und friedvolle Gestalt, die, über die Welt nachgrübelnd, half, sie zu fördern und zu beschützen. Jedes Ego besitzt seine eigene strahlend schöne Erscheinung und bringt seine spezielle Mission oder Genialität zum Ausdruck.

Unter solchen Wesen nehmen die Gedanken keine Form mehr an, sondern gleiten umher wie auf niederen Ebenen, eilen aber wie Blitze von einem zum anderen. Hier stehen wir dem bleibenden Körper des Egos gegenüber, ein Körper älter als die Berge, ein wahrer Ausdruck der göttlichen Herrlichkeit, die unaufhörlich da ist und ihn entsprechend seiner sich entwickelnden Kräfte mehr und mehr durchstrahlt. Hier befassen wir uns nicht mehr mit äußeren Formen, sondern sehen die Dinge selbst, die hinter den unvollkommenen Ausdrucksformen liegende Wirklichkeit. Hier sind Ursache und Wirkung eins, eindeutig sichtbar in ihrer Einheit wie die zwei Seiten einer Münze. Hier haben wir das Konkrete zugunsten des Abstrakten verlassen; die Vielfalt der Formen gibt es nicht mehr, wohl aber die Idee, die hinter all jenen Formen liegt.

Das Ego auf seiner eigenen Ebene besitzt die Fähigkeit, ohne sich der Nervenbahnen zu bedienen, alles augenblicklich wahrzunehmen. Daraus ergibt sich eine bestimmt Traumart, bei der der Mensch durch einen irdischen Klang oder eine physische Berührung aus dem Schlaf geweckt wird. In dem winzigen Zeitraum zwischen dem Einwirken und dem Erwachen der Person entwickelt das Ego oft eine Art Drama oder eine Reihe von Szenen, die letztlich zu dem Ereignis führen, das den physischen Körper weckt. Was den geistigen Aspekt anbelangt, scheint dies eine seltsame Angewohnheit zu sein und weist auf ein verhältnismäßig unentwickeltes Ego hin. Wenn sich das Ego entfaltet und seine Lage und seine Verantwortung zu verstehen beginnt, entwächst es diesen anmutigen Kinderspielen.

Wie der primitive Mensch alle natürlichen Phänomene dem mythischen Bereich anheimstellt, scheint das unentwickelte Ego jedes Geschehen, das es wahrnimmt, zu dramatisieren. Jemand, der volles Bewusstsein erlangt hat, wird vollständig von der Arbeit auf den höheren Ebenen vereinnahmt, so dass er auf diese Dinge keine Energie verschwendet und demnach auch nicht mehr in dieser Art träumt.

Es scheint charakteristisch für das Ego zu sein, während des Schlafes Symbole zu verwenden. Eine Vorstellung, die auf physischer Ebene vieler Worte bedürfte, wird dem Ego in einem einzigen Symbol übermittelt. Erinnert sich das physische Gehirn an einen solchen Gedanken, kann es zu Verwirrungen kommen, falls der Schlüssel nicht auch im Gedächtnis haften geblieben ist. Die Aktivitäten des Egos auf seiner eigenen Ebene führen manchmal zu einer anderen Art von Träumen. Auf andere Traumarten wurde bereits in *Der Astralkörper* eingegangen.

Auf seiner eigenen Ebene verwendet das Ego Abstraktionen auf eine Weise, wie wir uns auf physischer Ebene mit konkreten Fakten abgeben. Auf seiner Ebene ist die Essenz von allem verfügbar. Es beschäftigt sich nicht mit Einzelheiten; es muss nicht um eine Sache herum reden und versuchen, sie zu erklären. Es greift die Essenz oder die Idee einer Angelegenheit auf und bewegt sie als Ganzes so, wie man eine Schachfigur bewegt. Seine Welt ist eine Welt der Realitäten, in der es keine Täuschung gibt, da sie völlig undenkbar ist. Das Ego gibt sich nicht mehr mit Emotionen, Ideen oder Vorstellungen ab, sondern mit der Sache an sich.

Der übliche Gedankenaustausch zwischen Menschen mit vollkommen entwickeltem Kausalkörper lässt sich nicht in Worte fassen. Was hier unten ein mehrere Bände umfassendes philosophisches Gebäude wäre, ist dort ein einziger eindeutiger Gegenstand – ein Gedanke, der wie eine Spielkarte einfach auf den Tisch geworfen wird.

Die Aufführung einer Oper oder eines Oratoriums, die hier stundenlang ein ganzes Orchester beschäftigte, ist dort ein einziger mächtiger Akkord. Das Lehrsystem einer ganzen Malschule verdichtet sich in eine einzige großartige Idee; und solche Ideen bilden die intellektuellen Entgegnungen in der Unterhaltung der Egos.

Auf jener Ebene blickt das Ego auf alle Leben, die es auf diesem Globus geführt hat, auf die lebendigen Aufzeichnungen der Vergangenheit. Es sieht seine Leben als ein riesiges Ganzes, in dem sein Abstieg in die Inkarnationen wie Tage vorübereilten. Es erkennt die karmischen Ursachen, die es zu dem gemacht haben, was es ist. Es sieht, welches Karma noch vor ihm liegt, das aufgearbeitet werden muss, bevor „die lange, traurige Zählung ihren Abschluss gefunden hat" und erkennt mit untrügerischer Gewissheit seinen Platz in der Evolution. Hier nimmt es den erhabenen Evolutionsplan und den für es bestimmten göttlichen Willen wahr.

Was seine eigene Ebene und die darunter anbelangt, befasst sich das Ego nur mit vollständigen, abgerundeten und perfekten Ideen.

Es gibt sich nicht mit Unvollkommenheiten zufrieden und zählt sie kaum zu den Ideen. Eine Ursache trägt ihre Wirkung in sich, und auf längere Sicht gesehen, wie es dem Ego möglich ist, gibt es stets eine ausgleichende Gerechtigkeit, und keine Geschichte kann jemals übel ausgehen.

Diese Merkmale des Egos spiegeln sich bis zu einem gewissen Grad in seinen niederen Trägern wider und treten auf verschiedene Weise in uns in Erscheinung. Kinder möchten immer, dass die Geschichte ein gutes Ende nimmt, das Gute belohnt und das Böse besiegt wird; natürlich empfindende und gut gesinnte Menschen verspüren den gleichen Wunsch. Diejenigen, die laut nach einem gottlosen Materialismus schreien, gehören genau zu denen, deren Lebenssicht ungesund und unnatürlich geworden ist, da sie in ihrer kurzsichtigen Philosophie niemals den gesamten Vorfall, sondern nur den Teil von ihm wahrnehmen, der sich in einer Inkarnation zeigt – und selbst davon höchstens den äußersten Rand.

In einer frühen Entwicklungsstufe, die sich hauptsächlich mit der Entfaltung des Astralkörpers und seinen Emotionen befasste, fällt dieses Abrunden von Geschichten und Übertreibungen oft besonders stark auf, was in den alten keltischen Sagen überaus deutlich zu sehen ist. Der Wunsch nach wissenschaftlicher Genauigkeit und Wahrheit hat sich erst kürzlich entwickelt und gehört eigentlich schon zur nächsten Entwicklungsepoche, die sich in erster Linie mit der Entwicklung des Geistes und des Mentalkörpers beschäftigt. Die Menschen dieser Zeit fragen zuerst nach der Wahrheit, alles andere ist von geringerem Interesse für sie, wohingegen die alten Völker zuerst nach der angenehmen Seite Ausschau hielten und geneigt waren, sich durch Überlegungen einengen zu lassen, ob sich eine Sache jemals auf physischer Ebene materialisiert habe oder materialisieren würde.

Der Wunsch nach Genauigkeit deutet auf den Durchbruch einer anderen Eigenschaft des Egos hin, seinem Vermögen, wahrheitsgetreu zu sehen, eine Sache so wahrzunehmen, wie sie wirklich ist, als ein Ganzes, nicht nur in Teilen. Daher sollten wir auf absoluter Genauigkeit bestehen, sie fördern und die Tatsachen von unseren diesbezüglichen Gedanken und Wünschen trennen.

Die Wahrheitsliebe zu pflegen, bedeutet aber nicht, die Phantasie zu töten. Es ist nicht notwendig, die Schönheit und den Zauber, der hinter den Dingen liegt, außer Acht zu lassen, nur weil wir detaillierte, wissenschaftliche Kenntnisse erworben haben, von denen viele trocken und oberflächlich sind. Der Zucker hört nicht auf, süß und angenehm zu schmecken, nur weil wir seine chemische Formel gelernt haben.

Das Raum- und Zeitmaß des Egos unterscheidet sich gewaltig von dem unseres Wachbewusstseins, und aus unserer Sicht scheint es weder Raum noch Zeit zu kennen.

Auf der Mentalebene scheinen Ereignisse, die auf physischer Ebene nacheinander ablaufen, gleichzeitig und an derselben Stelle aufzutreten. So zumindest erfasst es das Bewusstsein des Egos, obwohl jene absolute Gleichzeitigkeit eher das Attribut einer noch höheren Ebene zu sein scheint und auf der Mentalebene das Gefühl dafür nur durch eine solche rasche Aufeinanderfolge entsteht, dass die unendlich winzigen zeitlichen Zwischenräume nicht erkennbar sind, vergleichbar mit einem an einem Ende brennenden Stab, der herum gewirbelt wird, den das Auge aber als Feuerring erblickt. Das menschliche Auge besitzt nicht die Fähigkeit, gleichartige Eindrücke, die in einem Abstand von weniger als einer zehntel Sekunde aufeinanderfolgen, als getrennt wahrzunehmen.

Beispiele für diese ungeheure Geschwindigkeit, wie wir es nennen mögen, mit der das Bewusstsein des Egos auf seiner eigenen Ebene arbeitet, finden sich in Leadbeaters Buch „Träume", wo eine Anzahl von Träumen, die auf diesem Phänomen basieren, beschrieben werden.

Die Folge dieser übernatürlichen Methode der Zeitmessung beruht darauf, dass dem Ego eine gewisse Vorausschau möglich ist. Wenn es sie zu lesen versteht, liegen Gegenwart, Vergangenheit und bis zu einem gewissen Ausmaß die Zukunft offen vor ihm. Zweifellos sieht es gelegentlich Ereignisse voraus, die für die Persönlichkeit wichtig oder von Interesse sind und es bemüht sich mehr oder weniger erfolgreich, Einfluss auf sie zu nehmen.

Der Mensch besitzt einen freien Willen, daher unterliegt die Vorausschau gewissen Grenzen. Bei einem Durchschnittsmenschen mag sie wahrscheinlich umfassender sein, da er noch keinen nennenswerten eigenen Willen entwickelt hat und weitgehend ein Geschöpf der Umstände ist. Sein Karma stellt ihn in ein bestimmtes Umfeld, das einen derartig wichtigen Faktor in seiner Geschichte spielt, dass sein zukünftiger Weg mit nahezu mathematischer Genauigkeit vorhersehbar ist.

Betrachten wir die unzähligen Ereignisse, die der Mensch kaum zu beeinflussen vermag, und das komplexe und weit ausgedehnte Verhältnis von Ursache und Wirkung, so sollte es uns nicht verwundern, dass auf der Ebene, auf der die Folgen aller gegenwärtig wirkenden Ursachen sichtbar sind, ein Großteil der Zukunft mit beachtlicher Genauigkeit sogar bis in Einzelheiten voraussehbar ist. Nicht nur prophetische Träume, auch das *zweite Gesicht* und die Voraussagen der Hellseher haben immer wieder diese Möglichkeit bewiesen. Die Astrologie basiert weitgehend auf einer Vorausberechnung der Auswirkungen bereits bestehender Ursachen.

Bei einem entwickelten Menschen versagt die Vorausschau, da er nicht mehr das Geschöpf seiner Umstände, sondern weitgehend ihr Meister ist. Die Hauptereignisse seines Lebens werden sicherlich von seinem vergangenen Karma vorab bestimmt, aber inwieweit er ihre Einflussnahme zulässt, wie er mit ihnen verfährt und vielleicht über sie triumphiert – das hängt von ihm allein ab und kann höchstens als Möglichkeit vorausgesehen werden. Die durch seine Handlungsweise hervorgerufenen Ursachen wirken sich auf sein Leben in einer Weise aus, die ursprünglich nicht vorgesehen waren und daher nicht vorhersehbar sind. Der Weg des Durchschnittsmenschen, der keinen nennenswerten eigenen Willen besitzt, mag sich oft deutlich erkennbar zeigen; sobald aber das Ego seine Zukunft kühn selbst in die Hand nimmt, wird eine exakte Vorhersage unmöglich.

Ein entwickeltes Ego wird über seine eigene Ebene meditieren, eine Meditation, die nicht unbedingt mit der Meditation der Persönlichkeit zusammenfallen muss. Der Yoga eines entwickelten Egos besteht in dem Bemühen, sein Bewusstsein zunächst auf die *Buddhi*-Ebene und dann durch ihre einzelnen Stufen zu erheben. Dies geschieht unabhängig von der Persönlichkeit und ihrer Aktivität in dieser Zeit. Ein solches Ego wird sich wahrscheinlich auch in die persönliche Meditation ein wenig einbringen, obwohl seine eigenen Meditationen völlig anderer Art sind.

Das Ego ist nicht nur *Manas* oder Geist, sondern die geistige Triade von *Âtmâ-Buddhi-Manas.* Auf unserer gegenwärtigen Bewusstseinsstufe befindet es sich im Kausalkörper auf der höheren Mentalebene; im Laufe seiner Entwicklung wird sich sein Bewusstsein auf der *Buddhi*-Ebene konzentrieren und später, wenn die Stufe des Adepten erreicht ist, auf der Ebene von *Âtmâ.*

Man darf nicht annehmen, dass *Manas* während dieser Weiterentwicklung in irgendeiner Weise verlorengeht. Sobald sich das Ego auf die buddhische Ebene erhebt, zieht es *Manas* mit in jene Ausdrucksform, die schon immer auf der *Buddhi*-Ebene existiert hat, aber bis zu diesem Moment noch nicht vollkommen belebt worden ist.

Zieht es sich auf die *Âtmâ*-Ebene hinauf, trägt es *Buddhi* und *Manas* gänzlich in sich, und der dreifache Geist manifestiert sich auf seiner eigenen Ebene in allen seinen drei Aspekten.

Der Geist ist wahrhaftig siebenfach, dreifach auf seiner eigenen Ebene, der von *Âtmâ*, zweifach auf der buddhischen und einfach auf der mentalen, und die Vereinigung, seine Synthese, ergibt sieben. Obwohl er sich in das Höhere empor zieht, bewahrt er die Bestimmtheit des Niederen.

Die eindeutigste und beste Beschreibung der menschlichen Trinität, *Âtmâ-Buddhi-Manas*, findet sich in *Der Schlüssel zur Theosophie* von H. P. Blavatsky.

Das höhere Selbst ist *Âtmâ*, der untrennbare Strahl des universellen und einen Selbst. Es ist mehr der Gott *über* als in uns. Glücklich der Mensch, dem es gelingt, sein *inneres Ego* mit ihm zu durchdringen.

Das geistige, *göttliche* Ego ist die spirituelle Seele oder *Buddhi*, eng verbunden mit *Manas*, dem Geist-Prinzip, ohne das es überhaupt kein Ego wäre, sondern nur der âtmische Träger.

Das innere oder höhere Ego ist *Manas*, das so genannte fünfte Prinzip, unabhängig von *Buddhi*. Das Geist-Prinzip ist das geistige Ego nur dann, wenn es eins ist mit *Buddhi*. Es ist die permanente Individualität oder das reinkarnierende Ego.

Sobald ein Ego sich seiner Umgebung und anderer Egos zumindest teilweise bewusst wird, lebt es auf seiner eigenen Ebene, ist interessiert und aktiv. Aber selbst dann bringt es sich nur zu einem ganz geringen Teil in die Persönlichkeit ein, und da dieser Teil ständig in Interessen verwickelt wird, die sich aufgrund seiner Bruchstückhaftigkeit von den generellen Aktivitäten des Egos selbst unterscheiden, schenkt dieses dem niederen Leben seiner Persönlichkeit kein besonderes Interesse, es sei denn, es stößt ihr etwas Ungewöhnliches zu.

Auf dieser Stufe kommt das Ego gewöhnlich unter den Einfluss eines Meisters. Die Berührung des Meisters ist oft das Erste in seiner Umgebung, dessen es sich klar bewusst wird. Es wird von der ungeheuren Kraft der Einflussnahme magnetisiert, bringt seine Schwingungen mit ihnen in Einklang und seine Entwicklungsgeschwindigkeit wird vervielfältigt. Sie strahlen auf das Ego nieder wie die Sonne auf eine Blume, und es entfaltet sich rasch unter ihrem Einfluss. Die anfänglichen Stadien zeigen nur unmerklichen Fortschritt, sobald aber der Meister dem Menschen seine Aufmerksamkeit zuwendet, ihn entwickelt und den eigenen Willen in ihm entfacht, damit er sich an der Arbeit beteiligen kann, nimmt die Geschwindigkeit in geometrischer Progression zu.

In dem Kapitel über das Devachan sahen wir, dass ein von vielen Menschen geliebtes Ego die Gedankenbilder, die sich seine Freunde von ihm machen, in mehreren Himmelsebenen gleichzeitig beleben kann. Solche Bilder fördern seine Entwicklung, indem sie ihm zusätzliche Möglichkeiten bieten, Eigenschaften wie Zuneigung zu entfalten. Die liebevolle Beachtung so vieler Mitmenschen lässt sich eindeutig auf jene liebenswürdigen Qualitäten zurückführen.

Es kann geschehen, dass sich die Wirkung einer solchen Kraft auf das Ego des Freundes in der Persönlichkeit dieses Freundes auf physischer Ebene manifestiert. Denn wenn das Ego durch die Zuneigung zu der Gedankenform, die es beseelt, verändert werden kann, ist es möglich, dass sich diese Veränderung auch in der Persönlichkeit, die ja eine Manifestation desselben Egos ist, auf dieser niederen Ebene zeigt.

Es gibt zwei Möglichkeiten, die einen perfekten Austausch zwischen dem betreffenden Ego und den Freunden, die sich ein Bild von ihm machen, begrenzen. Erstens ein nur teilweises und unvollkommenes Bild, so dass viele der höheren Eigenschaften des Egos nicht dargestellt werden und sich daher nicht zum Ausdruck bringen können.

Und zweitens ist das Ego in Wirklichkeit vielleicht nicht so gut wie das von ihm gemachte Bild, weshalb es dieses nicht vollständig auszufüllen vermag. Dies ist jedoch unwahrscheinlich und kann nur eintreten, wenn ein recht unwürdiges Objekt törichterweise abgöttisch verehrt wurde. Auf diese Gesichtspunkte wurde bereits in *Der Mentalkörper* näher eingegangen.

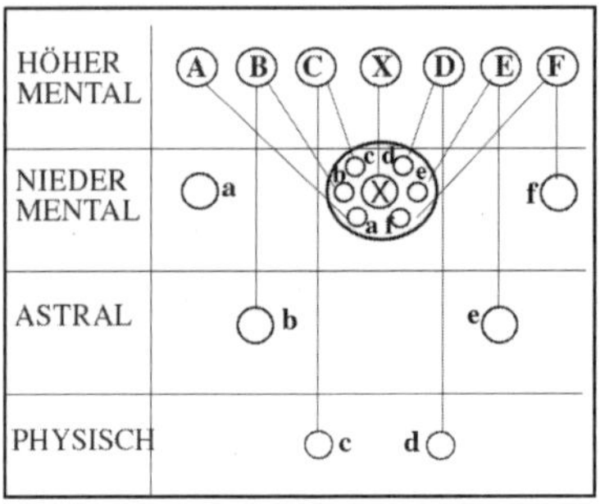

Abbildung XXX – Ein Ego und seine Gedankenbilder im Devachan

Je höher ein Ego entwickelt ist, desto vollkommener vermag es sich durch die Gedankenbilder auszudrücken, die in zunehmendem Maße ein Abbild seiner selbst werden. Erreicht es die Stufe eines Meisters, bedient es sich ihrer bewusst, um seine Schüler zu fördern und zu belehren.

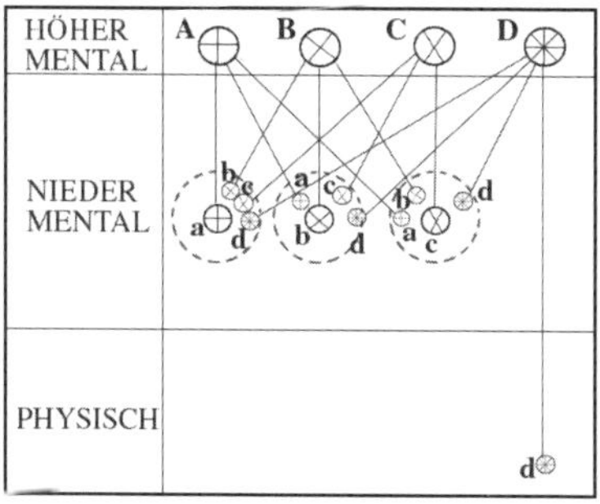

Abbildung XXXI – Egos im Devachan

Abbildungen XXX und XXXI sollen dem Leser helfen, die Mechanismen und die Auswirkungen der Gedankenformen im Devachan klar zu erfassen.

Die Abbildung XXX stellt ein Ego X in seinem Mentalkörper x im Devachan dar, umgeben von Gedankenbildern a´, b´, c´, d´, e´ und f´ seiner sechs Freunde A, B, C, D, E und F.

A und F in ihrem jeweiligen Mentalkörper a und f halten sich ebenfalls im Devachan auf; B und E sind in ihren Astralkörpern b und e auf der Astralebene; C und D „leben" noch in ihrem jeweiligen physischen Körper c und d in der physischen Welt.

Die Abbildung zeigt, dass die von X gemachten Gedankenbilder von seinen sechs Freunden von den *Egos* A, B, C, D, E und F beseelt und daher unmittelbar mit ihnen verbunden sind, *nicht* mit den persönlichen Ausdrucksformen dieser Egos, ungeachtet dessen, ob sie sich auf der physischen, astralen oder mentalen Ebene aufhalten.

Die Persönlichkeiten a, b, c und so fort können nicht wissen, was durch die Gedankenbilder a´, b´, c´ und so weiter geschieht, außer durch ihre eigenen Egos A, B, C etc.

Abbildung XXXI stellt vier Egos A, B, C und D dar, die alle miteinander befreundet sind; A, B und C im Devachan und D noch in seinem physischen Körper.

A, B und C schaffen jedes eine Gedankenform von jedem der drei Freunde, die von dem jeweiligen Ego belebt werden. A, B und C drücken sich in dreifacher Form aus, durch ihren eigenen Mentalkörper und im Devachan durch die beiden Gedankenformen der anderen.

D hingegen bringt sich in vierfacher Form zum Ausdruck, durch seine eigene physische Persönlichkeit und in den drei Gedankenbildern, die seine drei Freunde von ihm geschaffen haben.

Um von einem Ort zum anderen zu gelangen, ist es nicht erforderlich, dass das Ego sich fortbewegt. Dies zeigt sich, wenn man die Art und Weise (und natürlich auch noch andere Phänomene der Welt des Egos) betrachtet, in der es in den Devachan-Bildern einer Reihe von Leuten gleichzeitig in Erscheinung tritt.

In *Der Mentalkörper* sprachen wir von dem Akkord eines Menschen und erklärten, wie man anhand dieses Akkords jemanden ausfindig machen kann, gleichgültig in welcher der drei Welten er sich gerade aufhält. Dieser Akkord besteht aus seinem eigenen Ton und den Tönen der drei niederen Träger – dem mentalen, astralen und physischen. Besitzt der Mensch vorübergehend keinen dieser drei niederen Körper, bleiben dieselben Mechanismen bestehen, denn dem Kausalkörper haften immer die Mentaleinheit und das astrale und physische permanente Atom an, die genügen, um den charakteristischen Klang hervorzubringen.

Das Zusammenspiel der Töne, das den Akkord eines Menschen bewirkt, ist sein wahrer okkulter Name. Dies darf nicht mit dem verborgenen Namen des *Augoeides*, dem Akkord der drei Prinzipien des Egos, verwechselt werden, hervorgerufen durch die Schwingungen der Atome von *Âtmâ*, *Buddhi* und *Manas* sowie der dahinter stehenden Monade.

KAPITEL 30

Einweihung

In *Der Astralkörper* und in *Der Mentalkörper* wurde der Begriff der Jüngerschaft im Hinblick auf den Astral- und den Mentalkörper des Jüngers oder Schülers eines Meisters bereits besprochen. Zunächst wollen wir nochmals kurz auf die Hauptstufen von *Probezeit*, *Annahme* und *Sohnschaft* eingehen, da auch der Kausalkörper in gewisser Weise davon berührt wird, und anschließend den großen Einweihungsschritt beschreiben, der den Höhepunkt der Jüngerschaft bildet, insoweit er das Ego in seinem Kausalkörper betrifft.

Während der *Probezeit* gestaltet der Meister ein lebendiges Bild des Schülers, indem er aus astraler, mentaler und ätherischer Materie ein exaktes Gegenstück des Kausal-, Mental-, Astral- und Ätherkörpers des Neophyten formt und dieses Bildnis bei sich trägt, um regelmäßig einen Blick darauf werfen zu können. Es steht in magnetischer *Verbindung* zu dem Menschen selbst, so dass jede gedankliche oder gefühlsmäßige Veränderung in seinen Trägern in dem Bildnis getreu nachgebildet wird. Auf diese Weise vermag der Meister den Fortschritt des Schülers zu verfolgen und abzuschätzen, wann er bereit sein wird, den nächsten Schritt zu machen.

Wenn der Schüler *angenommen* wird, löst der Meister das „lebendige Bild“ auf, da es seinen Zweck erfüllt hat. Das Bewusstsein des Schülers ist nun mit dem seines Meisters in einer Weise vereinigt, das alles, was der Schüler denkt oder fühlt, im Astral- oder Mentalkörper des Meisters ruht. Falls erforderlich, kann dieser eine Schranke errichten und so das Bewusstsein des Schülers von seinem eigenen ausschließen.

Auf der Stufe der *Sohnschaft* sind sowohl des Schülers niederer Geist als auch das Ego im Kausalkörper eingebettet in Geist und Ego des Meisters, und der Meister vermag keinen Schleier mehr zu bilden, um den Schüler auszuschließen.

Obwohl diese Stufen den Schüler sehr stark bei der Vorbereitung auf die erste große Einweihung unterstützen, haben sie, rein technisch gesehen, nichts mit der Einweihung oder den Stufen auf dem Pfad gemeinsam, die zu einer völlig anderen Kategorie gehören. Probezeit, Annahme und Sohnschaft geben die Beziehung des Schülers zu seinem eigenen Meister wieder; Einweihungen andererseits sind Zeichen der Beziehung des Menschen zu der großen *Weißen Bruderschaft* und ihrem erhabenen Oberhaupt.

Genau genommen, hat die Bruderschaft nichts mit der Beziehung zwischen dem Meister und seinem Schüler zu tun; es handelt sich dabei um eine rein private Erwägung des Meisters selbst. Glaubt dieser, dass sich der Schüler für die erste Einweihung eignet, teilt er es mit und stellt ihn vor, und die Bruderschaft fragt nur, ob er bereit für die Einweihung ist, nicht wie es um die Beziehung zu seinem Meister steht.

Der Einweihungskandidat muss von zwei höheren Mitgliedern der Bruderschaft vorgeschlagen und unterstützt werden, und der Meister würde mit Sicherheit niemanden für die Einweihungsprüfungen vorschlagen, wenn er sich seiner Tauglichkeit nicht sicher wäre, die sich nur aus einer solch engen Identifikation mit seinem Bewusstsein ergeben könnte, wie wir es geschildert haben.

In Kapitel 13 wurde erwähnt, dass es im Dasein des Menschen drei große Stufen gibt, die alles andere an Wichtigkeit übertreffen.

1. Individualisation: Wenn der Mensch seine Laufbahn als menschliches Ego beginnt.
2. Die erste Einweihung: Wenn der Mensch ein Mitglied der Bruderschaft wird.
3. Die fünfte Einweihung: Wenn er das Menschenreich verlässt

und die übermenschliche Stufe betritt; dies ist das Ziel, dem die gesamte Menschheit entgegen blickt.

Es heißt, jemand, der die erste Einweihung erhalten hat, „tritt in den Strom ein“. Zu den Worten bei der Aufnahme des Kandidaten in die Bruderschaft gehört folgende Aussage: „Nun bist du sicher für alle Zeit; du hast den Strom betreten; mögest du bald das andere Ufer erreichen.“ Die Christen nennen ihn den „erretteten“ oder „heilen“ Menschen. Dies bedeutet, er wird sicherlich in dem gegenwärtigen Evolutionsstrom weiter schreiten und nicht am „Tage des Jüngsten Gerichts“ oder bei der „großen Trennung“ in die nächste Entwicklungsstufe zurückfallen, vergleichbar mit einem Kind, das zu große Wissenslücken aufweist, um mit dem Rest seiner Klasse voranzuschreiten.

Die Bedeutung der Einweihung beruht *nicht* auf einer Erhöhung des Individuums, sondern auf der Tatsache, dass es nun eins geworden ist mit einer erhabenen Bruderschaft, der „Gemeinschaft der Heiligen“, wie es in der christlichen Terminologie heißt.

Der Kandidat hat sich über seine Individualität als Mensch erhoben, denn er ist eine Einheit in einer gewaltigen Kraft geworden. Die Bruderschaft stellt nicht nur eine Körperschaft dar, in der jeder Einzelne seine eigenen Pflichten zu erfüllen hat, sie ist auch eine riesige Einheit – ein flexibles Instrument in der Hand des *Herrn der Welt*, eine mächtige Kraft, die er einsetzen kann. Keine Einheit im gesamten Plan verliert auch nur einen Bruchteil ihrer Individualität, aber es wurde etwas tausendfach Größeres hinzugefügt.

Wenn ein Ego eingeweiht worden ist – der Schüler wird bemerken, dass das *Ego*, nicht die Persönlichkeit eingeweiht wurde – wird es Teil der geheimsten Organisation der Welt, eins mit dem riesigen Bewusstseinsmeer der großen Bruderschaft. Der neue Eingeweihte wird lange Zeit nicht alles verstehen können, was diese Vereinigung beinhaltet und muss tief in die

Geheimnisse eindringen, um das enge Band und das unendliche Bewusstsein des *Herrn der Welt* erkennen zu können, das alle Brüder bis zu einem gewissen Grad mit ihm teilen. Diese Tatsache lässt sich hier unten weder erfassen noch ausdrücken; metaphysisch und subtil, liegt sie jenseits aller Worte. Dennoch, wenn wir einer solch strahlenden Wirklichkeit gegenüber stehen, vor der alles unwirklich zu sein scheint, beginnen wir, sie zu begreifen.

Wie wir in *Der Mentalkörper* gesehen haben, kann der angenommene Schüler seinen Gedanken neben den des Meisters legen; ebenso mag der Eingeweihte nun seinen Gedanken neben den der Bruderschaft legen und so viel von diesem riesigen Bewusstsein in sich aufnehmen, wie er seiner Stufe entsprechend darauf zu reagieren vermag.

In dem Moment, in dem bei der großen Zeremonie der Einweihungsstern erscheint, erstreckt sich ein funkelndes Lichtband von dem Stern zum Herzen des Einweihenden und von Ihm zum Herzen des Kandidaten. Unter der Einwirkung dieses gewaltigen Magnetismus wölbt sich der winzige silberne Bewusstseinsstern, der die Monade des Kandidaten repräsentiert, in strahlender Pracht hervor, bis er seinen Kausalkörper erfüllt – und einen wundervollen Augenblick lang sind die Monade und das Ego eins, wie sie es auf der Stufe des Adepten dauerhaft sind.

Die Monade identifiziert sich in diesem Augenblick mit dem Fragment ihrer selbst, dem Ego, und es ist die Monade, die das Gelübde ablegt.

Die Auswirkungen der Einweihung auf den Astralkörper wurden bereits in *Der Astralkörper* besprochen.

Die Bewusstseinserweiterung des Eingeweihten bewirkt einen derartig wunderbaren Wandel, dass man von einer Neugeburt sprechen kann. Er beginnt, ein neues Leben „als ein kleines Kind" zu führen, das Leben des Christkindes. Der Christus, das buddhische oder intuitive Bewusstsein, ist im Herzen geboren.

Er besitzt nun auch die Macht, den Segen der Bruderschaft

zu geben, eine gewaltige und überwältigende Kraft, die er jedem zu geben oder zu senden vermag, bei dem er es für angebracht und nützlich hält. Die Kraft der Bruderschaft wird ihn in dem Maße durchströmen, in dem er es zulässt. Es liegt an ihm, die Kraft einzusetzen und zu bedenken, dass er die alleinige Verantwortung trägt, sie auf das Ziel seiner Wahl zu lenken. Der Einweihungssegen des Offizianten lautet: „Ich segne dich; ich gieße meinen Segen und meine Kraft in dich; achte darauf, diesen Segen fortwährend auf andere zu verströmen."

Besitzt der Eingeweihte die Qualifikation des *Shraddhâ* – vollkommenes Vertrauen in seinen Meister und in die Bruderschaft und die eindeutige Gewissheit, dass ihm alle Dinge möglich sind – so vermag er als ein wahrhaftiger Lichtengel durch diese Welt zu schreiten und Freude und Segen auf seinem Weg zu verströmen.

Der Schüler hat sich wahrscheinlich bereits vor der Einweihung in der Entwicklung des buddhischen Bewusstseins geübt, so dass ihm Erfahrungen auf dieser Ebene gewöhnlich vertraut sind. Sollte dies nicht der Fall sein, wird seine erste Erfahrung während der Einweihung stattfinden.

Dennoch erlangt der Mensch bei der Einweihung nicht das volle buddhische Bewusstsein oder entwickelt einen buddhischen Träger. Angesichts der Tatsache, dass einige der Lehren auf buddhischer Ebene gegeben werden müssen, um verstanden zu werden, scheint aber eine gewisse Entwicklung des buddhischen Trägers dennoch erforderlich zu sein.

Wird das Bewusstsein auf die buddhische Ebene erhoben, geschieht mit dem Kausalkörper etwas sehr Bemerkenswertes – er *verschwindet.* Der Eingeweihte ist nicht gezwungen, ihn jemals wieder anzunehmen, was natürlich nicht möglich ist, so lange sich das Karma der niederen Ebenen nicht erschöpft hat.

Ein Mensch ist auf den niederen Ebenen nicht eher frei von den bindenden Folgen, als bis er auf diesen völlig selbstlos handelt. Fühlt sich jemand vollkommen eins mit demjenigen, dem er hilft, erwirbt er das Resultat seines Handelns nur auf der buddhischen Stufe, nicht auf irgendeiner der niederen Ebenen.

Außerdem sollten wir bedenken, dass es stets ein allgemeines Karma gibt, das zu einem System oder einer Nation gehört, und jedes Individuum trägt bis zu einem gewissen Ausmaß die Verantwortung für die Gesamtheit. Ein Priester einer bestimmten Kirche trägt in gewisser Weise die Verantwortung für das Vorgehen der gesamten Kirche, obwohl er es persönlich nicht billigen mag.

Die bloße Tatsache, sich ganz im buddhischen Träger zu sammeln, veranlasst den Kausalkörper, sich zurückzubilden. Sobald das Bewusstsein wieder auf die höhere Mentalebene sinkt, tritt auch der Kausalkörper wieder in Erscheinung. Er ist nicht derselbe wie vorher, denn die Partikel sind zerstreut worden, doch er scheint in jeder Hinsicht der gleiche Körper zu sein.

Der zarteste Faden, den wir auf der buddhischen Ebene wahrnehmen können, verkörpert den Durchschnittsmenschen. Sobald er sich höheren Dingen zuwendet und regelmäßig darüber nachsinnt, beginnt sich der Faden zu verdicken. Er gleicht immer mehr einem Kabel und dann einem Trichter, denn für den hellsehenden Blick scheint er sich am Ende zu weiten und in den Kausalkörper zu stoßen. Später wird der Kausalkörper durch die einströmende Kraft vergrößert und der Trichter verbreitert sich sehr stark, indem er sich oben und unten weitet. Bei der ersten Einweihung (viele erleben es auch schon vorher) lässt der Mensch den Kausalkörper zurück und taucht in die *Buddhi*-Ebene ein. Dabei formt sich der Trichter zu einer Kugel. Auf dieser Ebene gibt es natürlich mehrere Dimensionen, so dass man das Phänomen, wie es sich dem hellsehenden Auge darstellt, nicht genau beschreiben kann.

Im Hinblick auf die Aussage, dass kein Zwang besteht, den Kausalkörper neu zu gestalten, ist es nicht notwendig, dass der Eingeweihte während der verbleibenden Zeit bis zum Erreichen der Adeptschaft auf die physische Ebene hinabsteigt und sich inkarniert.

Doch in den meisten Fällen finden solche Inkarnationen statt, da der Mensch auf dieser Ebene für die erhabene Bruderschaft Aufgaben zu erledigen hat.

Das buddhische Bewusstsein lässt das eine, alles durchdringende Bewusstsein erkennen, das Bewusstsein Gottes. Eine solche Erkenntnis schenkt ein Gefühl von äußerster Sicherheit und vollkommenem Vertrauen, ein unvorstellbar mächtiger Impuls und Ansporn. Zuerst mag es beunruhigend wirken, denn der Mensch scheint sich selbst zu verlieren, was natürlich nicht der Fall ist. Christus sprach: „Wer sein Leben um meinetwillen verliert, wird es finden.“ Christus vertritt das buddhische Prinzip und erklärt: „Wer um meinetwillen – nämlich um der Entfaltung des Christus in seinem Innern – den kausalen Träger beiseite legt, in dem er so lange gelebt hat, wird sich selbst finden, wird das weitaus erhabenere und höhere Leben finden.“ Dieser Schritt erfordert Mut, und zum ersten Mal vollständig in seinem buddhischen Träger zu sein und den Kausalkörper, von dem man seit Tausenden von Jahren abhängig gewesen ist, entschwinden zu sehen, bedeutet ein bestürzendes Erlebnis. Doch im Augenblick dieser Erfahrung wird der Mensch mit absoluter Gewissheit wissen, dass das SELBST eins ist. Die Idee lässt sich nicht vermitteln, wird aber in der Erfahrung erkannt – und nichts kann diese Gewissheit jemals erschüttern.

Wenn das buddhische Bewusstsein das physische Gehirn vollkommen durchdringt, bereichert es die Lebenselemente in einer Weise, dass der Mensch eine Person oder einen Gegenstand nicht mehr *anschaut*, sondern diese Person oder dieser Gegenstand *ist*. Er vermag die Beweggründe anderer als seine eigenen zu erkennen, obwohl er weiß, dass ein Teil in ihm, der mehr Wissen oder einen anderen Standpunkt besitzt, recht unterschiedlich handeln mag.

Es wäre jedoch falsch, anzunehmen, dass jemand, der die niedrigste Unterabteilung der buddhischen Ebene betritt, sich umgehend seiner Einheit mit all jenen Leben *völlig* bewusst ist.

Diese Vollkommenheit der Empfindung stellt sich erst nach viel Mühe und Arbeit ein, wenn die höchste Unterabteilung der buddhischen Ebene erreicht wurde. Schritt um Schritt, Unterebene um Unterebene muss sich der Aspirant seinen Weg erkämpfen, denn selbst auf dieser Ebene bedarf es noch der Anstrengung und Bemühung, um Fortschritte zu erzielen.

Diese Arbeit, sich von Unterebene zu Unterebene zu entwickeln, liegt nun vor dem Kandidaten. Er hat jetzt eindeutig den *heiligen Pfad* betreten und wird im buddhistischen System als *Sotâpatti* oder *Sohan* beschrieben, „er, der dem Strom beigetreten ist"; bei den Hindus wird er der *Parivrâjaka* genannt, was soviel wie „Wanderer" bedeutet, jemand, der fühlt, dass kein Ort in den drei niederen Welten seine Wohnstätte oder sein Zufluchtsort mehr ist.

Im nächsten Kapitel werden wir das buddhische Bewusstsein noch eingehender betrachten.

Drei ineinandergreifende Faktoren bestimmen die Tauglichkeit eines Menschen für seine erste Einweihung. *Erstens* muss er über eine ausreichende Anzahl der bekannten „Qualifikationen" (siehe *Der Mentalkörper*) verfügen. *Zweitens* muss das Ego seine niederen Träger in einer Weise ausgebildet haben, dass es nach Wunsch einwandfrei durch sie wirken kann; mit anderen Worten, es muss die so genannte Vereinigung des niederen und höheren Selbst vollzogen haben. *Drittens* muss er stark genug sein, die damit verbundene gewaltige Spannung, die bis in den physischen Körper reicht, auszuhalten.

Die Eingeweihten befinden sich ebenso wenig alle auf demselben Entwicklungsstand, wie diejenigen, die den Magistergrad der philosophischen Fakultät erworben haben, alle über denselben Wissensstand verfügen. Obwohl die Einweihung bestimmte Kenntnisse voraussetzt, mögen manche das erforderliche Minimum in einigen Richtungen weit überstiegen haben.

Die Abstände zwischen den einzelnen Einweihungen können aus ähnlichen Gründen sehr stark variieren. Jemand, der gerade seine erste Einweihung empfangen hat, mag bereits über einen beachtlichen Anteil der Qualifikationen für die zweite verfügen, weshalb für ihn der Abstand zwischen beiden ungewöhnlich kurz sein kann. Ein Kandidat, andererseits, der in jeder Hinsicht gerade genügend Kraft für die erste Einweihung besaß, wird langsam all jene zusätzlichen Fähigkeiten und die nötigen Kenntnisse für die zweite in sich entwickeln müssen, was den Abstand wahrscheinlich in die Länge zieht.

Die Einweihung bewirkt eine Veränderung der „Polarität" des Mental- und Kausalkörpers der Person, so dass sie in einer Weise eingesetzt werden kann, wie es bei anderen nicht möglich ist, gleichgültig wie sehr sie anderweitig entwickelt sein mögen.

Ein Vergleich zwischen der ersten und fünften Einweihung zeigt, dass für die erste das höhere und niedere Selbst vereinigt sein müssen, damit ausschließlich das Ego in der Persönlichkeit wirkt; für die fünfte Einweihung darf das Ego nichts enthalten, was nicht von der Monade gebilligt oder inspiriert wurde.

Jedesmal wenn die Monade unser Leben hier unten berührt, kommt sie als ein göttliches Wesen herab. Bei allen Einweihungen leuchtet sie auf und wird einen Moment lang eins mit dem Ego, so wie sie mit diesem auf der Stufe des Adepten dauerhaft vereinigt ist. Bei bestimmten anderen wichtigen und kritischen Anlässen blitzt die Monade auf, was in Leadbeaters Forschungen über die Inkarnationen Krishnamurtis erwähnt wird, als Krishnamurti dem Buddha ein Gelübde ablegte.

Bei der ersten Einweihung hört die Persönlichkeit auf, einen eigenen Willen zu besitzen – außer sie vergisst es – und lebt nur im Dienst des Höheren. Das Ego wirkt nun durch die Persönlichkeit auf den niederen Ebenen und beginnt die Existenz der Monade zu erkennen und entsprechend ihrem Willen zu leben. Die Monade hat den Entwicklungspfad des Egos bestimmt; es kann keinen anderen wählen, denn es selbst werdend, befreit es sich sogar von den Fesseln der höheren Ebenen.

Wie der Mensch während der Probezeit lernen muss, all

das loszuwerden, was wir Persönlichkeit nennen, muss der Eingeweihte sich von seiner Individualität lösen, von dem sich reinkarnierenden Ego, so dass am Ende des Pfades sein Leben vollkommen unter der Führung der Monade steht.

Die Individualität oder das Ego ist wundervoll – komplex, außergewöhnlich schön und großartig an seine Umgebung angepasst, einfach ein herrliches Wesen. Die Idee des getrennten Selbst hat sich uns tief eingeprägt und gehört zum Ego, dem einzig Dauerhaften an uns, das wir kennen. Diese Idee des gesonderten Selbst musste in den Anfangsstadien entwickelt und gestärkt werden und bildete in der Vergangenheit die Quelle unserer Kraft. Dennoch sollte dieses „gigantische Unkraut" früher oder später ausgemerzt werden. Die Starken können es zu Beginn ihrer Entwicklung selbst ausreißen. Die Schwachen müssen warten und es wachsen lassen, während sie genügend Kraft entwickeln, es zu vernichten. Dies ist bedauerlich für sie, denn je länger sie es bestehen lassen, desto inniger verwickelt es sich mit der Natur des Menschen.

Alle esoterischen Lehrgebäude stimmen darin überein, den Schülern zu raten, sich von Anfang an darum zu bemühen, die Illusion der Getrenntheit loszuwerden. Der Mensch muss lernen, dass hinter der Individualität die Monade steht; sie scheint das wahre Selbst zu sein, wenn er die Individualität abgelegt hat. Zum gegebenen Zeitpunkt aber wird er lernen und erkennen, dass sogar die Monade nur ein Funke der ewigen Flamme ist.

Nur wenn das niedere Selbst oder die Persönlichkeit vom Atem der Leidenschaft geläutert wird und sich das niedere *Manas* von *Kâma* befreit, vermag der „Strahlende" es zu durchdringen. H. P. Blavatsky schreibt: „Wenn diese Trinität – *Âtmâ-Buddhi-Manas* – in Erwartung der letzten, triumphierenden Wiedervereinigung jenseits der Tore materiellen Todes für wenige Sekunden eine Einheit wird, darf der Kandidat im Augenblick der Einweihung sein zukünftiges Selbst erblicken; so lesen wir im persischen *Desatir* von dem „Leuchtenden"; bei den eingeweihten griechischen Philosophen vom *Augoeides*, dem aus sich selbst Leuchtenden, das im reinen Licht wohnt; und bei Porphyrios, dass Plotin während seines Lebens sechs Mal mit seinem „Gott" vereinigt war." (*Isis entschleiert*)

Diese vereinigte „Trinität" ist der „Christus" aller Mystiker. Wenn der Kandidat bei der letzten Einweihung ausgestreckt auf dem Boden oder dem Altarstein liegt und die Kreuzigung des Fleisches oder der niederen Natur verkörpert und von diesem „Tod" als der triumphierende Sieger über Sünde und Tod „wieder auferstanden" ist, schaut er im höchsten Moment vor sich die glorreiche Gegenwart und wird „eins mit dem Christus", ist selbst der Christus. Von da an mag er im Körper leben, aber dieser ist sein gehorsames Instrument geworden; er ist mit seinem wahren Selbst, dem mit *Âtmâ* und *Buddhi* verbundenen *Manas*, vereinigt; und durch seine Persönlichkeit, die er bewohnt, übt er als eine unsterbliche geistige Intelligenz seine Macht aus.

Während er sich noch in den Fängen der niederen Natur abquälte, wurde Christus, das geistige Ego, jeden Tag in ihm gekreuzigt; aber in einem vollkommenen Adepten ist der Christus triumphierend auferstanden, Herr seiner selbst und der Natur. Die lange Pilgerreise von *Manas* ist vorüber, der unumgängliche Zyklus beschritten, das Rad der Wiedergeburt hört auf, sich zu drehen, der Menschensohn ist vervollkommnet durch Leiden.

Bis dieser Punkt erreicht wird, bleibt „der Christus" Ziel der Bestrebung. Der „Strahl" bemüht sich unaufhörlich, zu seiner Quelle zurückzukehren, und das niedere *Manas* strebt danach, erneut eins zu werden mit dem höheren. Diese fortwährende Sehnsucht nach Wiedervereinigung kleidet sich in Gebet, Inspiration oder „Gottessuche". „Meine Seele dürstet nach Gott, dem lebendigen Gott", schreit der suchende Christ. Dieser Schrei verkörpert den unauslöschlichen, nach oben gerichteten Impuls des niederen zum höheren Selbst. Ob nun der Mensch zu Buddha, zu Vishnu, zu Christus, der Jungfrau oder dem Vater betet, ist nur eine praktische, keine Wesensfrage.

Das mit *Âtmâ* und *Buddhi* vereinte *Manas* ist der wahre Punkt und wird unterschiedlich bezeichnet als der Idealmensch, der persönliche Gott, der Gottmensch, der inkarnierte Gott, das zu Fleisch gewordene Wort, der Christus, der „in jedem geboren" werden muss und mit dem der Gläubige eins werden soll.

KAPITEL 31

Buddhisches Bewusstsein

Angesichts der Tatsache, dass die erste Einweihung die Erfahrung des buddhischen Bewusstseins einschließt, sollte die im vorangegangenen Kapitel angesprochene Natur dieses Bewusstseins eingehender betrachtet werden.

Es versteht sich von selbst, dass jegliche Beschreibung unweigerlich Mängel aufweisen wird. Irdische Worte vermögen lediglich andeutungsweise eine Vorstellung von dem höheren Bewusstsein zu geben, da das physische Gehirn unfähig ist, die Realität zu erfassen.

Selbst die Vorstellung astraler Phänomene fällt schwer, da es in der Astralwelt vier Dimensionen gibt. In der buddhischen Welt herrschen nicht weniger als sechs Dimensionen, was die Schwierigkeiten erheblich vergrößert.

Eine schlichte Zeichnung, wiedergegeben als Abbildung XXXII, illustriert den grundlegenden Unterschied zwischen der buddhischen und allen darunter gelegenen Ebenen.

Die Zeichnung besteht aus einer Anzahl von Stiften oder Speichen, die sich *an einem bestimmten Punkt überlappen.* Dieser Überlappunkspunkt bildet den Anfang der buddhischen Ebene.

Die Stiftspitzen stellen das physische Bewusstsein des Menschen dar; sie liegen eindeutig getrennt voneinander. Verfolgen wir die Stifte zur Mitte hin, erkennt man, dass das Astralbewusstsein ein wenig breiter wird und die Bewusstseine der einzelnen Menschen sich etwas näher rücken. Die niederen mentalen nähern sich noch stärker, während die höheren Mentalbewusstseine auf ihrer allerhöchsten Stufe an jenem Punkt zusammenfinden, an dem das buddhische Bewusstsein beginnt.

Abbildung XXXII – Einheit in der Vielfalt

Das buddhische Bewusstsein des individuellen „Menschen“ überlappt auf beiden Seiten das buddhische Bewusstsein des anderen eigenständigen Bewusstseins. Diese graphische Darstellung des „Überlappungs“-Aspekts gibt den Punkt wieder, an dem ein Gefühl von Einheit mit den anderen erfahren wird.

In die höheren Ebenen aufwärts steigend, nimmt die beidseitige Überlappung zu, bis schließlich das „Zentrum“ erreicht wird und die einzelnen Speichen praktisch ineinander übergehen. Trotzdem bleibt jede einzelne für sich bestehen und besitzt ihre individuelle Richtung und ihren eigenen Ausblick. Auf die niedere Welt *hinaus* blickend, schaut jedes Bewusstsein in eine andere Richtung; ein Aspekt des einen Zentralbewusstseins. Nach innen blickend, treffen die auseinanderlaufenden Richtungen zusammen und vereinigen sich.

Das Gefühl von Einheit ist für die buddhische Ebene charakteristisch. Begrenzungen beginnen abzufallen, und das Bewusstsein des Menschen erweitert sich, bis es nicht nur theoretisch erkennt, dass sein eigenes Bewusstsein das Bewusstsein seiner Mitmenschen enthält und er in vollkommenem Einklang alles, was in ihnen ist, fühlt, weiß und erlebt, da es in Wirklichkeit auch zu ihm gehört.

Auf dieser Ebene weiß der Mensch nicht nur durch intellektuelles Verständnis, sondern durch die klare Erkenntnis, dass die Menschheit wegen der ihr zugrunde liegenden geistigen Einheit eine Bruderschaft ist. Obwohl er er selbst und sein Bewusstsein sein eigenes bleibt, hat sich dieses in eine solch vollkommene Harmonie mit dem Bewusstsein anderer ausgedehnt, dass er sich nur als Teil eines mächtigen Ganzen versteht.

Wie ein vom Sonnenlicht durchdrungenes Wesen, dieses Licht ausstrahlend, keinen Unterschied zwischen den einzelnen Strahlen verspürt, *fühlt* ein Mensch auf der buddhischen Ebene Brüderlichkeit und verströmt sich in jeden, der Hilfe benötigt. Er betrachtet alle Wesen wie sich selbst und fühlt, dass alles, was er besitzt, auch ihnen gehört; in manchen Fällen mehr ihnen als ihm, denn ihr Bedarf ist größer und ihre Kraft schwächer.

Das Hauptmerkmal des Kausalkörpers ist Wissen und schließlich Weisheit, das des buddhischen Bewusstseins Glückseligkeit und Liebe. Weise Gelassenheit kennzeichnet den einen, während der andere unermüdlich liebevolles Mitgefühl ausströmt.

Im Vedanta wird der buddhische Körper *Ânandamayakosha* oder *Glückseligkeits-Hülle* genannt. „Es ist das nicht von Menschenhand geschaffene Haus im Himmel“, von dem der christliche Eingeweihte Paulus spricht. Er setzte die Barmherzigkeit, die reine Liebe, über alle anderen Tugenden, denn nur durch sie allein kann der Mensch auf Erden zu jener glorreichen Wohnstatt beitragen. Aus dem gleichen Grund bezeichnen die Buddhisten Getrenntsein als die „große Häresie“, und die Vereinigung oder der Yoga ist das Ziel der Hindus.

Ein selbstsüchtiger Mensch könnte nicht auf buddhischer Ebene wirken, denn die Merkmale dieser Ebene sind Sympathie und Verständnis, was Selbstsucht völlig ausschließt. Es besteht eine enge Verbindung zwischen dem Astral- und dem buddhischen Körper, da ersterer den buddhischen Träger in gewisser Weise widerspiegelt. Dies heißt aber nicht, dass jemand vom astralen zum buddhischen Bewusstsein empor schnellen kann, ohne die dazwischenliegenden Träger zu entwickeln. Obwohl der Mensch auf den höchsten Stufen der buddhischen Ebene eins wird mit allen anderen, sollte man nicht denken, dass er für alle gleichermaßen empfindet. Es gibt keinen Grund zu der Annahme, jemals für alle dasselbe Gefühl entwickeln zu müssen. Auch Buddha sprach von seinem Lieblingsjünger Ânanda, und der Christus schenkte Johannes, dem geliebten Jünger, eine andere Beachtung als den übrigen. Bald werden die Menschen wohl jeden in einer Weise lieben, die ihnen derzeit nur bei den nahestehenden und liebsten Mitmenschen möglich ist, doch bis dahin werden sie eine Art von Liebe für diese entwickelt haben, die sie sich im Moment noch nicht vorzustellen vermögen. Auf buddhischer Ebene gibt es keine Trennung. Eine Verschmelzung findet nicht unbedingt bereits auf der untersten Stufe statt; das Bewusstsein erweitert sich allmählich, bis sich der Mensch auf der höchsten Stufe seiner Einheit mit der Menschheit bewusst ist. Dies ist die niedrigste Ebene, auf der alles Trennende aufhört zu existieren; die vollkommen bewusste Einheit mit allem gehört zur *Âtmâ*- oder *Nirvâna*-Ebene.

Einem Ego, das diesen Bewusstseinszustand erreicht hat, mag es erscheinen, als habe es die anderen absorbiert oder in sich aufgenommen; es erkennt alle als Aspekte eines umfassenderen Bewusstseins. Die alte Aussage, „Du bist Das", ist ihm zur Erkenntnis geworden.

Obwohl das buddhische Bewusstsein einen Menschen mit den wunderbaren und lichten Seiten der anderen, selbst mit den Meistern, vereint, verbindet es ihn auch mit dem Verderbten und

Verbrecherischen der Erdenwesen. Ihre Gefühle müssen ebenso erfahren werden wie die Herrlichkeit und Pracht ihres höheren Lebens. Wird das Trennende zugunsten der Einheit aufgegeben, erkennt der Mensch, dass er im göttlichen Leben aufgegangen ist und er seine Mitmenschen nicht anders als lieben kann, gleichgültig ob sie auf einer niederen oder einer hohen Stufe stehen.

Ein Ego in seinem Kausalkörper erkennt bereits in allem das göttliche Bewusstsein; blickt es auf ein anderes Ego, flammt sein Bewusstsein auf, um das Göttliche in ihm zu erkennen.

Auf der buddhischen Ebene begrüßt es dieses nicht mehr von *außerhalb*, denn es ist ja bereits in seinem Herzen eingeschlossen. Es *ist* das Bewusstsein, und das andere Ego ist *sein* Bewusstsein. Es gibt kein „Du" und kein „Ich" mehr, denn beide sind eins – Aspekte von etwas, das beide transzendiert und dennoch enthält.

In diesem Zustand verstehen wir den anderen Menschen nicht nur, sondern scheinen durch ihn zu handeln. Wir anerkennen seine Beweggründe als unsere eigenen, obwohl wir uns vielleicht vollkommen darüber im Klaren sind, das ein anderer Teil in uns, der über ein größeres Wissen verfügt oder eine andere Sichtweise besitzt, völlig unterschiedlich handeln würde.

Das Gefühl für persönliche Tugenden und Ideen hat sich gänzlich verloren, da wir erkennen, dass uns diese Dinge als Teil der großen Wirklichkeit, die allem zugrunde liegt, allen gemeinsam sind.

Persönlicher Stolz auf individuelle Entwicklung wird daher völlig unmöglich, denn wir erkennen nun, dass die persönliche Entwicklung dem Wachstum eines einzigen Blattes unter Tausenden von Blättern an einem Baum gleicht und nicht die Größe oder Form dieses besonderen Blattes das Wesentliche ist, sondern sein Verhältnis zum gesamten Baum; denn nur im Hinblick auf den Baum als Ganzes können wir dauerhaftes Wachstum voraussagen.

Wir haben aufgehört, andere dafur zu tadeln, dass sie sich

von uns unterscheiden und betrachten sie statt dessen einfach nur als andere Manifestationen unserer eigenen Aktivität, denn nun sehen wir Gründe, die uns vorher verborgen geblieben sind. Selbst der böse Mensch wird als ein Teil von uns gesehen – ein schwacher Teil; wir tadeln ihn nicht, sondern sind von dem Wunsch erfüllt, diese Schwachstelle in uns selbst zu kräftigen, damit der ganze Menschheitskörper stark und gesund wird.

Wenn sich jemand auf die buddhische Ebene erhebt, vermag er an den Erfahrungen anderer teilzuhaben; es erübrigt sich daher, dass jedes Ego als getrenntes Individuum notwendigerweise alle Erfahrungen durchlaufen muss. Wollte es das Leid eines anderen nicht empfinden, könnte es sich zurückziehen, aber es würde diese Erfahrung machen wollen, um zu helfen. Es umhüllt den Leidenden mit seinem eigenen Bewusstsein, und obwohl dieser nichts davon weiß, wird sein Leid in gewisser Weise gemildert.

Die buddhische Ebene bietet eine neue Fähigkeit, die mit den Fähigkeiten auf den niederen Ebenen nichts gemeinsam hat. Gegenstände werden in einer Weise erkannt, in denen äußere Schwingungen keine Rolle spielen. Der Gegenstand wird ein Teil von uns selbst, und wir betrachten ihn von innen anstatt von außen.

Bei einer solchen Betrachtungsweise versteht es sich, dass viele vertraute Objekte überhaupt nicht wiederzuerkennen sind. Sogar der astrale Blick befähigt einen, die Gegenstände von allen Seiten gleichzeitig sowie von oben und unten zu sehen; fügen wir dem eine weitere Komplikation dahingehend hinzu, dass das gesamte Innere des Körpers vor uns ausgebreitet liegt, so als ob jedes Teilchen einzeln auf den Tisch platziert worden wäre und befinden uns bei der Betrachtung gleichzeitig in jedem einzelnen und blicken hindurch, nimmt es nicht Wunder, dass wir mit Objekten, die wir in der physischen Welt kannten, keinerlei Ähnlichkeit mehr feststellen können.

Während die Intuition des Kausalkörpers das *Äußere* erkennt, nimmt die Intuition von Buddhi das *Innere* wahr. Die intellektuelle Intuition befähigt einen, eine Sache *außerhalb* von sich selbst zu erkennen; mit buddhischer Intuition sieht man eine Sache von *innen*.

Sind wir im Kausalkörper tätig und wollen eine andere Person verstehen, um ihr zu helfen, wenden wir unser Bewusstsein seinem Kausalkörper zu und studieren seine Eigenarten. Sie treten eindeutig hervor und sind gut sichtbar, aber immer nur von außen. Erheben wir unser Bewusstsein auf die buddhische Ebene, erkennen wir das Bewusstsein der anderen Person als einen Teil unserer selbst. Wir finden einen Bewusstseinspunkt, der ihn repräsentiert – wir mögen es eher ein Loch als einen Punkt nennen. Durch dieses Loch können wir in sein Bewusstsein eintreten und nach Wunsch von irgendeiner niederen Ebene alles genauso sehen wie er – und zwar in seinem Innern und nicht von außen. Es erübrigt sich zu betonen, wie sehr dies zu Verständnis und Sympathie beiträgt.

Trotz dieses seltsamen Vorgehens entsteht niemals das Empfinden von Individualitätsverlust, obwohl das Gefühl des Getrenntseins nicht mehr existiert. Dieses scheinbare Paradoxon ist eine Realität. Der Mensch erinnert sich an alles, was hinter ihm liegt. Er ist es gewesen, der in dieser Weise handelte oder in längst vergangener Zeit gehandelt hat. Er hat sich nicht verändert, ausgenommen, dass er nun sehr viel mehr ist als damals und fühlt, dass er ebenfalls viele andere Manifestationen in sich mit *einschließt*.

Falls hier und jetzt hundert Leute gleichzeitig ihr Bewusstsein in die buddhische Welt erheben könnten, wären sie alle ein Bewusstsein, jeder Einzelne aber empfände es als sein eigenes, völlig unverändertes Bewusstsein, nur dass es jetzt auch alle anderen enthielte.

Buddhische Sicht offenbart eine Person nicht als eine Hülle, sondern als einen Stern, der in alle Richtungen strahlt. Die Strahlen dieses Sterns durchdringen das Bewusstsein des Beobachters, so dass er als Teil seiner selbst empfunden wird und auch wieder nicht. Alle Beobachter sind sich darin einig, dass es unmöglich ist, den buddhischen Bewusstseinszustand zu beschreiben, außer anhand einer Reihe von Widersprüchen.

Das Identifikationsvermögen bezieht sich nicht nur auf das Bewusstsein der Leute, sondern auch auf alles andere auf der buddhischen Ebene. Alles wird von innerhalb, nicht von außerhalb erlernt. Der Gegenstand unserer Untersuchung wird zu einem Teil unserer selbst; wir untersuchen ihn wie eine Art Symptom in uns. Dieses Charakteristikum bildet einen grundlegenden Unterschied. Es setzt absolute Selbstlosigkeit voraus, denn so lange es noch ein persönliches Element in der Sichtweise des Schülers gibt, kann er hinsichtlich der buddhischen Ebene keinen Fortschritt machen, der von einer Aufhebung der Persönlichkeit abhängt.

H. P. Blavatsky erklärt: „*Buddhi* ist die Fähigkeit des Erkennens, der Kanal, durch den göttliches Wissen das Ego erreicht, die Unterscheidung von Gut und Böse, auch das göttliche Gewissen und die geistige Seele, der Träger von *Âtmâ*." (*Geheimlehre*) Man spricht ebenfalls von dem Prinzip geistigen Unterscheidungsvermögens.

Im Yoga-System wird *Turîya*, ein hoher Versenkungszustand, mit dem buddhischen Bewusstsein in Beziehung gesetzt, so wie *Sushupti* mit dem mentalen, *Svapna* mit dem astralen und *Jâgrat* mit dem physischen Bewusstsein. Diese Begriffe werden auch in anderer Bedeutung verwendet und sind eher relativ als absolut. (*Der Mentalkörper*)

Bei den sechs Stufen des Geistes, die in *Der Mentalkörper* aufgeführt wurden, entspricht die Stufe von *Niruddha* oder der Selbstkontrolle der Aktivität auf buddhischer Ebene.

Im physischen Körper vertritt das gelbe *Prâna*, das in das Herz-Chakra oder Energiezentrum eintritt, das buddhische Prinzip.

Obwohl ein Mensch auf buddhischer Ebene noch einen eindeutigen Körper besitzt, scheint sein Bewusstsein gleichzeitig in unzähligen anderen Körpern zu sein. Das aus buddhischer Materie bestehende Lebensgewebe dehnt sich aus, so dass es diese anderen Leute mit einschließt, und anstatt einer Vielzahl von einzelnen kleinen Netzen gibt es ein riesiges Gewebe, das sie alle in einem gemeinsamen Leben einhüllt. Aus dieser Sicht und von dieser Ebene aus scheint die gesamte Menschheit mit goldenen Fäden zusammengefügt zu sein und eine einzige komplexe Einheit zu bilden, nicht mehr *einen* Menschen, sondern, *abstrakt* gesehen, *den* Menschen.

Vergangenheit, Gegenwart und Zukunft existieren auf der buddhischen Ebene in einer dem physischen Gehirn unbegreiflichen Weise gleichzeitig. Außerdem unterliegt der Mensch auf dieser Ebene keinen räumlichen Begrenzungen mehr, wie wir sie auf physischer Ebene kennen. Im Vergleich zu der Mentalebene erfordert das Lesen der Âkâsha-Chronik keine Rückschau vergangener Ereignisse, da Vergangenheit, Gegenwart und Zukunft gleichermaßen gegenwärtig sind.

Ein auf buddhischer Ebene vollkommen entwickeltes Bewusstsein macht eine fehlerfreie Vorausschau möglich, obwohl der Mensch vielleicht nicht alles in das niedere Bewusstsein übertragen kann oder will. Dennoch scheint er die Macht recht klarer Voraussicht zu besitzen, wenn er sie auszuüben wünscht; und selbst ohne sich ihrer zu bedienen, blitzen häufig Vorausblicke in sein Alltagsleben, so dass er augenblicklich intuitiv weiß, wie ein Geschehen enden mag, noch bevor es begonnen hat.

Die buddhische Ebene dehnt sich so weit aus, dass die buddhischen Körper, wie man sie nennen mag, der einzelnen Planeten unseres Systems aufeinandertreffen und ein einziger buddhischer Körper für das gesamte System entsteht. In seinem buddhischen Körper vermag der Mensch demnach von einem Planeten zum anderen zu gleiten.

Ein Atom buddhischer Materie enthält 49^3 oder 117649 „Bläschen in Koilon".

Jemand, der sein Bewusstsein auf die Atomarebene der buddhischen Ebene erheben kann, sieht sich in so vollkommener Einheit mit allen anderen Menschen, dass er sich mit einer Person, die er finden möchte, nur in Einklang bringen muss.

Das Folgende mag als Beispiel für das Wirken auf buddhischer Ebene betrachtet werden. Alles Schöne, sei es in Form oder Farbe, in der Natur oder in Menschengestalt, in künstlerischer Leistung oder in dem schlichtesten Haushaltsgegenstand, ist Ausdruck der *einen* Schönheit. Und daher ist im geringsten Schönen alle Schönheit implizit enthalten, kann durch sie erkannt, und auch Er, der die Schönheit selbst ist, kann erreicht werden. Um dies vollkommen zu erfassen, bedarf es des buddhischen Bewusstseins, aber selbst auf sehr viel tieferen Ebenen mag diese Vorstellung nützlich und fruchtbar sein.

Oder mit den Worten eines Meisters ausgedrückt: „Seht ihr nicht, dass es, wie es nur eine Liebe, so auch nur eine Schönheit gibt? Alles Schöne auf irgendeiner Ebene ist ein Teil dieser Schönheit, und wenn es genügend weit weggestoßen wird, manifestiert sich seine Verbindung. Alle Schönheit kommt von Gott, so wie alle Liebe von Gott kommt; und durch diese Eigenschaften vermag der, der lauteren Herzens ist, ihn immer zu erreichen."

Die vollkommene Entfaltung des buddhischen Trägers gehört zur Stufe eines *Arhat*, obwohl diejenigen, die noch weit von dieser Stufe entfernt sind, das buddhische Bewusstsein in verschiedener Weise berühren mögen.

Buddhi im menschlichen Geist ist die reine und mitfühlende Vernunft, der Weisheitsaspekt, der Christus im Menschen.

Im normalen Evolutionsablauf wird das buddhische Bewusstsein in Zukunft noch stärker entfaltet werden.

Dies zeigt sich bereits in der starken Empfindsamkeit vereinzelter Menschen. Ein zusammenführender Geist kennzeichnet diese Menschheit, und ihre Angehörigen sind in der Lage, die Verschiedenheit von Meinung und Charakter zu vereinen und höchst ungleiche Elemente um sich zu versammeln und zu einem gemeinsamen Ganzen zusammenzufügen, da sie die Fähigkeit besitzen, Verschiedenheiten in sich aufzunehmen und als Einheiten wieder auszusenden, indem sie den unterschiedlichsten Eigenschaften ihren Platz geben und alle in ein starkes Ganzes zusammenschweißen.

Das Mitgefühl ist betont; gerade diese Tugend lässt sich sofort von Schwachheit berühren, auf die sie geduldig, zärtlich und beschützend reagiert. Das Empfinden von Einheit und Mitgefühl bilden eine Stärke und Macht, die in den Dienst am Nächsten gestellt werden wird, wobei das Maß der Kraft das Maß an Verantwortung und Pflicht darstellt.

KAPITEL 32

Das Ego und die Monade

In Kapitel 3 beschäftigten wir uns mit dem Auftreten der Monaden und gaben einen kurzen Überblick über ihre allgemeine Natur. In dem Kapitel über die Einweihung untersuchten wir die Auswirkungen der Einweihung auf die Beziehung zwischen Monade und Ego und werden nun diese Betrachtung im Rahmen der verfügbaren Kenntnisse ausweiten. Außerdem wollen wir auf die Natur der Monade selbst und ihr Verhalten hinsichtlich ihrer Manifestationen in den niederen Welten näher eingehen.

Was die Natur der Monade anbelangt, sehen wir uns der Schwierigkeit gegenüber, dass gegenwärtig keine unmittelbare Beobachtung der Monade auf ihrer eigenen Ebene möglich ist. Die Ebene, auf der sie angesiedelt ist – die *Anupâdaka*-Ebene – liegt zurzeit jenseits des hellseherischen Blicks der Menschheit. Die höchste dem Menschen zugängliche Stufe ist die Manifestation der Monade als dreifacher Geist oder die *Âtmâ*-Ebene. Selbst auf dieser Ebene lässt sie sich nicht vollständig erfassen.

Obwohl niemand unterhalb der Stufe eines Adepten die Monade zu sehen vermag, kann ein *Arhat* von ihrer Existenz wissen. Auf der *Âtmâ*-Ebene ist es möglich, die dreifache Manifestation wahrzunehmen, und die Strahlen, die dazu führen, scheinen zu dem höchsten Punkt aufsteigend zusammenzulaufen. Man kann also sehen, dass sie eins werden müssen, doch die eigentliche Vereinigung entzieht sich dem Blick.

Wir haben bereits auf die Möglichkeit hingewiesen, das Bewusstsein auf die höchste Ebene des Kausalkörpers zu konzentrieren und die Linie zu verfolgen, die das Ego mit der Monade verbindet und so die Identität mit der Gottheit zu erkennen.

Vielleicht führt es am wenigsten in die Irre, wenn wir uns das wahre Wesen der Monade als Teil Gottes vorstellen – einen Teil des Unteilbaren. Obwohl der begrenzte Intellekt ein Paradoxon darin sehen mag, enthält es eine Wahrheit, die weit jenseits unseres Fassungsvermögens liegt.

Jede Monade ist eigentlich ein Teil Gottes, der, eingeschlossen in die Materieschleier, vorübergehend von ihm getrennt zu sein scheint, obwohl er in Wahrheit niemals auch nur für einen Augenblick wirklich abgesondert ist. Die Monade kann niemals von Gott getrennt sein, denn die Materie, in die sie sich hüllt, ist ebenfalls eine Manifestation des Göttlichen. Obwohl wir die Materie als negativ betrachten, da sie uns niederdrückt, unsere Fähigkeiten behindert und uns auf dem Weg zurückhält, liegt dies nur daran, dass wir noch nicht gelernt haben, sie zu beherrschen, weil wir ihr göttliches Wesen noch nicht erkennen – denn es gibt nichts *außerhalb* Gottes.

Man darf sich die Monade nicht als weit entfernt vorstellen. Sie liegt uns sehr nahe, ist unser Selbst, die Wurzel unseres Seins, die einzige Realität. Verborgen, unmanifestiert, eingehüllt in Schweigen und Dunkel, ist unser Bewusstsein die begrenzte Manifestation dieses Selbst, der manifestierte Gott in unseren Körpern, die seine Gewänder bilden.

Die Monade ist unterschiedlich beschrieben worden: Als der ewige Mensch; ein Fragment des Lebens Gottes; ein Sohn Gottes, geformt nach seinem Ebenbild; ein Funke *im* göttlichen Feuer; der „verborgene Gott", von dem die Ägypter sprachen; sie ist der Gott in uns, unser persönlicher Gott; unser wahres Selbst; ein Fragment des Ewigen; das wirkliche und *einzig* ewige „Ich" im Menschen. Man hat Monaden auch als Kraftzentren im Logos beschrieben.

Anstatt von *menschlichen Monaden*, wäre es zutreffender, von „der sich im Menschenreich manifestierenden Monade" zu sprechen, obwohl eine solche Pedanterie wohl noch verwirrender wirken mag. H. P. Blavatsky schrieb: „Die geistige Monade ist einzig, universal, grenzenlos, unteilbar, dennoch formen deren

Strahlen, was wir in unserer Unwissenheit die „individuellen Monaden“ der Menschen nennen.“ (*Geheimlehre*)

Der esoterische Katechismus drückt es folgendermaßen aus:

„Ich fühle eine Flamme, oh Gurudeva; ich sehe unzählige, nicht getrennte Funken darin brennen.

Du sagst es gut. Und nun blicke um dich und in dich selbst. Das Licht, das in dir brennt, empfindest du es in irgendeiner Weise anders als das Licht, das in deinen Mitbrüdern leuchtet?

Es unterscheidet sich in keiner Weise, obwohl der Gefangene vom Karma gefesselt wird und seine Gewänder den Unwissenden verleiten zu sagen, „deine Seele“ und „meine Seele“.“ (*Geheimlehre*)

Einen Vergleich von der physischen Ebene wählend, erkennen wir, dass es überall auf der Welt nur *eine* Elektrizität gibt, und obwohl sie diese oder jene Maschine antreibt, kann keiner der Maschinenbesitzer den Anspruch erheben, es sei *seine* eigene Elektrizität. Ebenso verhält es sich mit der *einen* Monade, auch wenn sie sich in verschiedene Richtungen und in scheinbar gesonderten und unterschiedlichen Menschen manifestiert.

Trotz ihrer Zugehörigkeit zu derselben Quelle und derselben Urnatur besitzt jede Monade ihre sehr ausgeprägte, eigene Individualität. In ihrer Manifestation als dreifaches Licht von blendender Pracht auf der *Âtmâ*-Ebene besitzt jede Monade auf dieser Stufe bestimmte Eigenschaften, die sie von allen anderen Monaden unterscheidet.

Das Bewusstsein der Monade auf ihrer eigenen Ebene ist vollkommen; sie nimmt in ihrer eigenen Welt am göttlichen Wissen teil. Aber der niederen Welt ist sie sich in jeder Hinsicht unbewusst. Sie vermag die niederen Lebensebenen überhaupt nicht zu berühren, da ihre Einflüsse zu deren Materie keinen Zugang finden. In Einklang mit allem, was sie umgibt, würde sie wie in den leeren Raum, in die völlige Isolation stürzen, falls sie in die dichte Materie eintauchte, und wäre sich jeden Zusammenpralls und jeder Verbindung mit ihr unbewusst.

Dennoch trägt sie aufgrund des einen Lebens, an dem sie teilhat, alles in sich, aber es muss nach außen gebracht werden; wir sprechen vom Erwachen des schlummernden Bewusstseins zum Leben. In der Monade ruht das gesamte göttliche Wissen. Dieses nach außen zu tragen, damit sie auf jeder Ebene *weiß*, bedeutet Evolution.

Der Sinn ihres abwärts und wieder aufwärts steigenden Evolutionsweges besteht darin, dieses Bewusstsein zu erlangen, die Materie vollständig als Träger zu bezwingen, bis sie auf jeder Ebene auf die Schwingungen gleicher, außerhalb liegender Materie reagiert und Bewusstseinsstimmungen hervorzubringen vermag, die auf solche äußeren Eindrücke antworten und sich so ihrer bewusst wird.

George Arundale beschrieb das Auftreten und die Evolution der Monade in interessanter Weise. Auf die Welt blickend, sah er den Solaren Logos, der sich in Myriaden Sonnen zum Ausdruck brachte. Jede Monade stellt eine Miniatursonne dar, indem die göttliche Sonne mit all ihren Eigenschaften aufgeladene Sonnenfunken versprüht. Der Evolutionsprozess beginnt, und diese Funken brechen in Farbe aus – Regenbögen mit Sonnenherzen oder Sonnenkernen. Jedes Lichtatom ist ein göttliches Bewusstseinsatom, langsam aber sicher den Willen der Sonne erfüllend, damit es sich zur selbst-bewussten Göttlichkeit entfalten kann. Jedes Atom ist ein Sonnenbewusstsein und wird eine sich selbst bewusste Sonne werden.

Wenn die Manifestation beginnt, „wird die Monade in die Materie hinuntergeworfen", um vorwärtszustreben und in die Evolution einzutreten. (*Geheimlehre*) Sie bildet die Hauptquelle jeglicher Evolution, die Antriebskraft an der Wurzel aller Dinge.

Dies erklärt den geheimnisvollen Druck, der die orthodoxe Wissenschaft so verwirrt und die Fragen aufwirft, warum die Dinge vorwärtstreiben, welche Kraft die Evolution bewirkt, was zu der Vielfalt führt, die wir in der Welt sehen und was es mit der allgegenwärtigen „Tendenz zur Veränderung" auf sich hat.

Die Monade kennt von Anfang an ihr Evolutionsziel und richtet sich darauf aus. Bis jener Teil von ihr, der sich im Ego ausdrückt, eine ziemlich hohe Stufe erreicht hat, ist sie sich der Einzelheiten hier unten kaum bewusst oder zeigt zumindest nur wenig Interesse an ihnen. Auf dieser Stufe scheint sie andere Monaden nicht zu kennen, sondern ruht in unbeschreiblicher Glückseligkeit und ohne sich ihrer Umgebung aktiv bewusst zu sein.

Ziel ihres Abstiegs in die Materie ist es, Bestimmtheit und Individualität zu erwerben. Zu diesem Zweck wird jeweils ein Atom von den Ebenen *Âtmâ*, *Buddhi* und *Manas* an die Monade geheftet. Der Unterschied dieser Atome bewirkt eine Präzision, die im Bewusstsein der Monade auf ihrer eigenen Ebene nicht existiert hat.

Wenn die Monade zu Beginn in ihrem Wesen göttlich ist und am Ende ihrer langen Pilgerreise zur Göttlichkeit zurückkehrt; wenn die Monade allwissend und gut ist, wenn sie zu ihrer Reise durch die Materie aufbricht – warum muss sie dann eine solch kummer- und leidvolle Entwicklung durchmachen, bloß um am Ende zu ihrer Quelle zurückzukehren?

Die Frage beruht auf einem Missverständnis der Tatsachen. Als die so genannten menschlichen Monaden aus dem Göttlichen hervorgingen, waren sie in Wirklichkeit keine menschlichen Monaden und noch weniger allwissende und vollkommen gute. Sie kehrten aber am Ende der Reise in Form von Abermillionen mächtiger Adepten zurück, von denen jeder Einzelne die Fähigkeit besaß, selbst ein Logos zu werden.

Wie jemand, der ins tiefe Wasser geworfen wird, zunächst zwar hilflos ist, schließlich aber zu schwimmen lernt und sich frei im Wasser bewegt, so geschieht es mit der Monade. Am Ende ihrer Pilgerreise durch die Materie wird sie frei sein von den Bindungen des Sonnensystems und vermag überall darin zu wirken, willentlich zu erschaffen und sich nach Wunsch zu bewegen. Jede durch die dichte Materie erworbene Kraft wird ihr stets erhalten bleiben – das Implizite (Eingefaltete) wird zum Expliziten (Ausgefalteten), das Potenzielle zum Wirklichen. Ihr eigener Wille, in allen Sphären zu leben und nicht nur in einer, zieht sie in die Manifestation.

Am Anfang besaß die Monade keine entwickelte Individualität; es gab lediglich einen Klumpen monadischer Essenz. Der Unterschied in ihrer Beschaffenheit zwischen Ausgang und Rückkehr entspricht genau dem Unterschied zwischen einem riesigen Strahlennebel und dem Sonnensystem, das schließlich daraus entstand. Der Nebel ist zweifellos wunderschön, aber verschwommen und in gewissem Sinne nutzlos. Die Sonne, die sich allmählich daraus entwickelt hat, strömt Leben, Wärme und Licht auf viele Welten und ihre Bewohner aus.

Oder wir nehmen eine andere Analogie. Der menschliche Körper setzt sich aus Millionen winziger Partikel zusammen, von denen ununterbrochen einige ausgestoßen werden. Nehmen wir an, jedes einzelne Teilchen könnte eine Art Evolution durchlaufen, aufgrund derer es mit der Zeit ein menschliches Wesen zu werden vermöchte, was wir eigentlich so nicht sagen sollten, da es in gewissem Sinne von Beginn an bereits menschlich gewesen ist und am Ende einer solchen Evolution nichts hinzugewonnen hätte.

Die monadische Essenz ist bloß eine Ausgießung von Kraft, auch wenn es sich dabei um eine göttliche Kraft handelt.

Das Hervortreten und der Entwicklungsweg der Monade mag mit dem Erscheinen eines „Tages von Brahmâ", des Saguna-Brahman, von Sat-Chit-Ânanda, der göttlichen Dreiheit von Sein-Bewusstsein-Glückseligkeit, verglichen werden. Dieses Hervortreten in die kosmische Manifestation haben wir in unserem Sonnensystem durch den Sonnenlogos und durch die Monade, einem Fragment des Logos, wiederholt. Nach Abschluss der Menschenevolution nimmt er alle Aspekte in sich auf – und die Evolution des Übermenschen beginnt. Zwischen dem langen Pendelschlag aus dem *Nirvâna* und zurück zum *Nirvâna* liegt die gesamte Menschenevolution. Sie wird vervollkommnet durch die Einweihung des *Jîvanmukta*, der Meisterseele – und die Evolution des Übermenschen beginnt.

Obwohl die Monade in ihrer eigenen Welt, zumindest was unser Sonnensystem betrifft, praktisch keine Begrenzungen kennt, sinkt sie auf jeder Stufe ihres Abstiegs nicht nur immer mehr in die Illusion, sondern verliert auch ihre Kräfte.

Zu Beginn ihrer Entwicklung blickt und bewegt sich die Monade frei in jene unendlich vielen Richtungen im Raum, die wir Dimensionen nennen. Bei jedem Abwärtsschritt trennt sie eine ab, bis für das Bewusstsein des physischen Gehirns nur noch drei übrigbleiben. Aufgrund der Involution in der Materie wird die Monade, außer einem winzigen Bereich, der ihr Umfeld betrifft, von allem Wissen abgeschnitten. Und selbst dieser Rest wird nur unvollkommen gesehen. Diejenigen, die mehr als diese drei Dimensionen erkennen, besitzen die Möglichkeit, in gewisser Weise zu begreifen, was Bewusstsein auf den über der physischen Stufe gelegenen Ebenen bedeutet, obwohl es aussichtslos ist, die Monade vollkommen erfassen zu wollen, die sich etliche Ebenen und Dimensionen über den Punkt hinaus erhebt, von dem aus wir sie zu betrachten suchen.

Alle durch den Abstieg in die Materie verursachten Opfer und Einschränkungen erfordern Leid. Sobald das *Ego* die Situation vollkommen versteht, wird es gerne angenommen. Das Ego besitzt nicht die Vollkommenheit der Monade, weshalb es zunächst nicht alles versteht. Es muss lernen. Die recht gewaltige Einschränkung, die jeder Schritt in die Materie mit sich bringt, lässt sich nicht vermeiden, und solches Leid ist von der Manifestation untrennbar. Wir sollten diese Begrenzung als Mittel zum Zweck, als einen Teil des göttlichen Plans betrachten.

Alles manifeste Leben zeigt sich in doppeltem Sinne als beklagenswert, so lange bis der Mensch die Lebensgesetze gelernt hat. Einerseits lässt Leid sich bis zu einem gewissen Ausmaß nicht abstellen, andererseits beruht es auf einem großen Fehler, den man leicht vermeiden kann. Für die Monade, den wahren Geist des Menschen, bedeutet alles manifeste Leben Leid, einfach weil es eine Begrenzung darstellt; eine Begrenzung, die wir in unserem physischen Gehirn nicht im Geringsten zu fassen vermögen, denn wir haben keinerlei Vorstellung von der herrlichen Freiheit eines höheren Daseins.

In diesem Sinne wurde immer wieder erklärt, dass der Christus – die zweite Person der Trinität – sich opfert, wenn er in die Materie hinabsteigt. Zweifellos ist dies ein Opfer, weil es eine unsagbare Begrenzung bedeutet, da es ihn von all den wunderbaren Kräften abschneidet, die er auf seiner eigenen Ebene besitzt.

Das Gleiche trifft für die Monade des Menschen zu. Auch sie bringt zweifellos ein Opfer, wenn sie mit der niederen Materie Verbindung aufnimmt und im Laufe der langen Zeitalter ihrer Entwicklung darüber schwebt, bis sie auf der Menschenstufe einen winzigen Bruchteil ihrer selbst, sozusagen die Fingerspitze, hinunter reicht und ein Ego oder eine individuelle Seele gestaltet.

Die zweite Form von Leid, die möglicherweise völlig vermieden werden kann, beruht auf der „Begierde“, und mit diesem Begriff umfassen wir jegliches Verlangen nach niederen Dingen, wie etwa die Gier nach Macht, Geld, Stellung oder Ähnlichem. Alle diese Begierden verursachen unweigerlich Unruhe und Leid. Aus dieser Sicht betrachtet, bedarf Fortschritt in erster Linie der Gelassenheit.

Die beiden ersten erhabenen Wahrheiten, die der Buddha lehrte, behandeln die Existenz von Leid und die Ursache von Leid.

Auf das Ego und seine Beziehung zur Monade näher eingehend, sollten wir beachten, dass der Individualisationsprozess, aufgrund dessen das Ego entsteht, *nicht auf der geistigen Ebene stattfindet*, sondern dass *Âtmâ-Buddhi*, durch *Manas* gesehen, *erscheint*, um an der Individualität von *Manas* teilzuhaben.

Selbst das Ego ist nicht der wahre, ewige Mensch, denn es

hatte einen Anfang – es entstand im Augenblick der Individualisation. Aber was einen Anfang besitzt, hat auch ein Ende. Demnach ist selbst das Ego, das seit dem Auftauchen aus dem Tierreich besteht, nicht von Dauer. Die Monade und nur die Monade allein ist der einzig wahre und ewige Mensch.

Wir können das Ego als eine Manifestation der Monade auf der höheren Mentalebene betrachten, sollten aber verstehen, dass es unendlich weit von einer vollkommenen Manifestation entfernt liegt. Jeder stufenweise Abstieg bedeutet mehr als nur eine Umhüllung des Geistes; es bedeutet ebenfalls eine tatsächliche Abnahme der *Menge* an Geist, die sich zum Ausdruck bringt.

Trotz der Unzulänglichkeit und Ungenauigkeit, den Geist mit einem quantitativen Begriff zu belegen, lassen sich derartige Unvereinbarkeiten nicht völlig vermeiden, will man diese höheren Dinge in menschliche Worte kleiden. Das physische Gehirn kann sich das, was mit der Monade geschieht, höchstens so vorstellen, dass bloß ein Teil von ihr sichtbar wird und selbst dieser nur in drei getrennten Aspekten, anstatt in der glorreichen Fülle, die sie in Wirklichkeit in ihrer eigenen Welt *ist*.

Steigt der zweite Aspekt des dreifachen Geistes eine Stufe abwärts und manifestiert sich als *Buddhi* oder Intuition, manifestiert sich nicht der gesamte Aspekt, sondern nur ein Fragment von ihm. Steigt der dritte Aspekt zwei Stufen tiefer und manifestiert sich als Intellekt, handelt es sich dabei nur um den Bruchteil eines Bruchteils des wahren Intellektaspekts der Monade. Das Ego ist also keine umhüllte Manifestation der Monade, sondern eine verhüllte Repräsentation eines winzigen Bruchteils der Monade.

Gemäß der uralten Lehre: „Wie oben so unten", verhält sich das Ego zur Monade wie die Persönlichkeit zum Ego. Haben wir schließlich die Persönlichkeit erreicht, steht der aufgrund fortlaufender Zerlegung für uns sichtbare Teil in keinem erkennbaren Verhältnis mehr zur Realität, bildet aber die für uns einzig mögliche Repräsentation dieser Wirklichkeit. Von diesem hoffnungslos unzulänglichen Fragment aus bemühen wir uns, das Ganze zu verstehen. Derselben, doch weitaus größeren Schwierigkeit sehen wir uns bei dem Versuch gegenüber, die Monade verstehen zu wollen.

Abbildung XXXIII versucht, wenn auch recht unzulänglich, die Beziehung zwischen der Monade, dem Ego und der Persönlichkeit graphisch darzustellen.

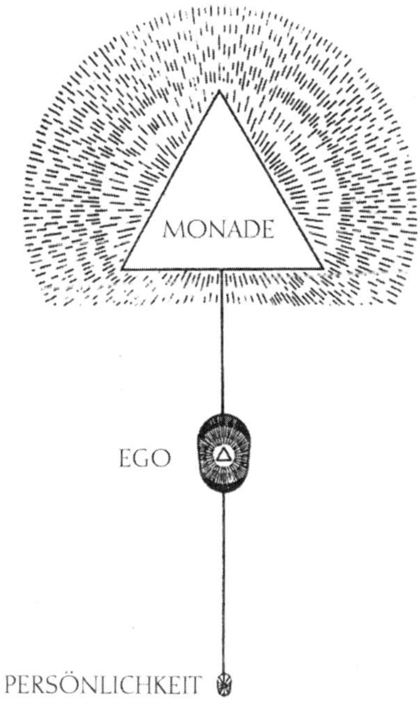

Abbildung XXXIII – Monade, Ego und Persönlichkeit (I)

Man hat die Monade mit der Flamme verglichen; das Ego oder den dreifachen Geist mit dem Feuer und die Persönlichkeit mit dem Brennstoff.

Die Übereinstimmung zwischen der Monade in ihrem Verhältnis zum Ego und des Egos in seiner Beziehung zur Persönlichkeit, bedarf der weiteren Ausfuhrung. Wie das Ego, so ist auch die Monade dreifach. Die drei Bestandteile der Monade haben ihren Sitz auf den drei ersten Ebenen unseres Systems, der *Âdî-*, *Anupâdaka-* und *Âtmâ*-Ebene. Auf âtmischer Ebene nimmt die Monade eine Manifestation an, was wir die Monade in ihrem âtmischen Gewand oder manchmal das dreifache *Âtmâ* oder den dreifachen Geist nennen. *Dies ist für die Monade das, was für das Ego der Kausalkörper ist.*

Ebenso wie das Ego drei niedere Körper (mental, astral und physisch) annimmt, von denen sich der erste (der mentale) im unteren Bereich seiner eigenen Ebene und der niedrigste (der physische) zwei Ebenen darunter befindet, nimmt die Monade – als dreifaches *Âtmâ* oder dreifacher Geist – drei niedere Manifestationen (*Âtmâ*, *Buddhi*, *Manas*) an, von denen die erste im unteren Bereich ihrer eigenen Ebene und die beiden niederen Ebenen darunter angesiedelt sind.

Der Kausalkörper verhält sich zur Monade wie der physische Körper zum Ego. Betrachten wir das Ego als die Seele des physischen Körpers, vermögen wir in der Monade die Seele des Egos zu sehen.

Wie der Kausalkörper von der Persönlichkeit nimmt, was seinem Wachstum dient, so leitet er seinerseits die Essenz aller Erfahrungen, die in ihn eingedrungen sind, über seinen inneren oder oberen Bereich in den dritten Aspekt von *Âtmâ* weiter. Was auf diese Weise in den manasischen Aspekt von *Âtmâ* einströmt, befähigt ihn, ohne den Kausalkörper zu agieren, also ohne einen begrenzenden, dauerhaften Träger. Dies erklärt das Phänomen des zerfallenden Kausalkörpers oder der sich auflösenden Individualität, was wir bereits in Kapitel 30 angesprochen haben.

Abbildung XXXIV soll diese etwas komplexen Übereinstimmungen und Beziehungen darstellen.

Die gesamte höhere Triade, *Âtmâ-Buddhi-Manas*, mag auch als *Buddhi* der noch umfassenderen Triade von Monade, Ego und Persönlichkeit betrachtet werden. Dieses umfangreichere *Buddhi* ist dreifach – Wille, Weisheit und Aktivität – und sein dritter Aspekt, *Kriyâshakti* (schöpferische Kraft), wird zur gegebenen Zeit im Körper tätig werden, um dessen Organe zu wecken und seine latenten Kräfte freizusetzen.

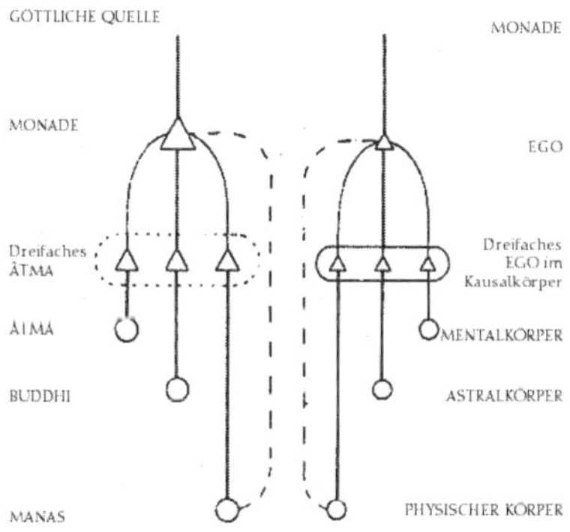

Abbildung XXXIV – Die Beziehungen von Monade und Ego

Die Aussage in *Licht auf den Pfad*, dass der „Krieger" im Menschen „ewig und seiner Sache sicher" ist, mag für das Ego in Beziehung zum niederen Selbst als *relativ* und im Hinblick auf die Monade bezüglich des Egos als *absolut* wahr betrachtet werden. In der Anfangsphase können dem Ego Fehler unterlaufen, doch weitaus weniger als der Persönlichkeit. Die Monade hingegen macht keine Fehler, auch wenn ihre Kenntnisse bezüglich der *unten* herrschenden Gegebenheiten etwas verschwommen sein mögen. Ihr Instinkt handelt richtig, denn sie ist göttlich. Weder das Ego noch die Monade verfügen bisher über ein genaues Wissen, da ihre Evolution nicht abgeschlossen ist. Sie wirken als unsere Führer, und man kann ihnen nur folgen. Aber selbst als Führer sind sie in ihrer Entfaltung begriffen.

Das Christentum bezeichnet die dreifache Manifestation der Monade als die „drei Personen in Gott" und lehrt im Athanasianischen Glaubensbekenntnis, dass die Menschen „einen Gott in der Dreifaltigkeit und die Dreifaltigkeit in der Einheit, ohne die Personen zu vermengen oder die Substanz zu teilen“, verehren sollen – das bedeutet, niemals das Wirken und die Funktion der drei getrennten Manifestationen zu verwechseln, jede auf ihrer eigenen Ebene, doch niemals auch nur einen Augenblick lang die ewige Einheit der „Substanz“ zu vergessen, die gleichermaßen hinter allem steht, auf der höchsten Ebene, auf der diese drei eine Einheit bilden.

Solche Überlegungen besitzen nicht nur einen theoretischen Wert, sondern kommen auch im praktischen Leben zum Tragen. Obwohl wir die volle Bedeutung einer solchen Lehre wohl kaum zu erfassen vermögen, sollten wir wissen, dass es diese drei Kraftlinien gibt, die gesamte Kraft aber ein und dieselbe ist. Ohne dies zu wissen, können wir weder begreifen, auf welche Weise unsere Welt entstand, noch den Menschen verstehen, den „Gott nach seinem Bilde schuf“ und der demzufolge ebenfalls drei – *Âtmâ-Buddhi-Manas* – und doch einer, ein Geist ist.

Betrachten wir die drei Bereiche des höheren Selbst als drei Aspekte eines großen Bewusstseins oder Geistes, als drei Arten des Erkennens. *Âtmâ* ist nicht das Selbst, sondern das Bewusstsein, welches das *Selbst* kennt. *Buddhi* ist dieses Bewusstsein, das das *Leben in den Formen* durch eigene, direkte Wahrnehmung kennt. *Manas* ist dasselbe Bewusstsein, das auf die Welt der *Objekte* blickt. *Kâma-Manas* gehört zu letzterem, eingetaucht in diese Welt und von ihr beeinflusst. Das wahre Selbst ist die Monade, deren Leben über dem Bewusstsein steht, welches das Leben dieses vollkommenen Geistes, des höheren Selbst, ist.

Dieselbe Wahrheit lässt sich in anderer Art – eigentlich in vielen anderen Arten – ausdrücken. *Âtmâ*, *Buddhi* und *Manas* im Menschen spiegeln in ihren kleineren Bereichen die Merkmale der erhabenen Trinität wider. *Âtmâ* ist das Bewusstsein des *Selbst* und auch der *Wille*, der Selbstorientierung verleiht.

Manas, als Gegenpol, ist das Bewusstsein der *Welt*, und seine *Gedankenkraft* vollbringt unsere gesamte Arbeit, selbst die der Hände. Das dazwischen liegende *Buddhi* ist die *Essenz* des Bewusstseins, der *Subjektivität.*

Jenseits dieses mittleren, in seinem Charakter dreifachen Aspekts erhebt sich die Monade im Menschen und vertritt in ihm *Parabrahman*, den Zustand seines wahren und absoluten *Nirvâna*, jenseits des Bewusstseins. *Âtmâ* ist der Zustand seines falschen und relativen *Nirvâna*, seine letzte Illusion zwischen der vierten (Arhat) und fünften Einweihung (Adept).

Wie sich die Monade *über* die Dreiheit des Bewusstseins erhebt, liegen die persönlichen Körper außerhalb oder *unterhalb* – bekannt nur durch die Widerspiegelung in *Manas.*

Wir können daher vermuten – obwohl wir hiermit die tatsächlichen Kenntnisse weit übersteigen – dass die letztendliche und vollkommene Erkenntnis der Monade, als des wahren Menschen, uns in eine noch größere und glorreichere Weite zu führen vermag. Wir werden erfahren, dass der Funke niemals vom Feuer getrennt wurde; so wie das Ego hinter der Persönlichkeit und die Monade hinter dem Ego steht, steht ein planetarischer Engel hinter der Monade und die Sonnengottheit selbst hinter dem planetarischen Engel. Vielleicht erhebt sich dahinter eine noch erhabenere Gottheit, und unzählige Stufen höher thront Gott der Allerhöchste, über allem. Doch hier versagt der Gedanke – und Schweigen bleibt die einzig wahre Ehrfurcht.

Im Durchschnittsmenschen kommt die Monade kaum mit dem Ego und der niederen Persönlichkeit in Berührung, obwohl beide eine Art Ausdrucksform der Monade darstellen. Ebenso wie es für die Persönlichkeit Evolution bedeutet, das Ego vollkommener zum Ausdruck zu bringen, besteht der Entwicklungsprozess des Egos darin, die Monade vollständiger auszudrucken. Mit der Zeit lernt das Ego, die Persönlichkeit zu zügeln und zu beherrschen, und die Monade ihrerseits lernt, das Ego zu beherrschen.

Abbildung XXXV gibt eine grobe Übersicht über die Beziehung zwischen Monade, Ego und Persönlichkeit sowie die Stufen, auf denen diese allmählich miteinander in Berührung kommen.

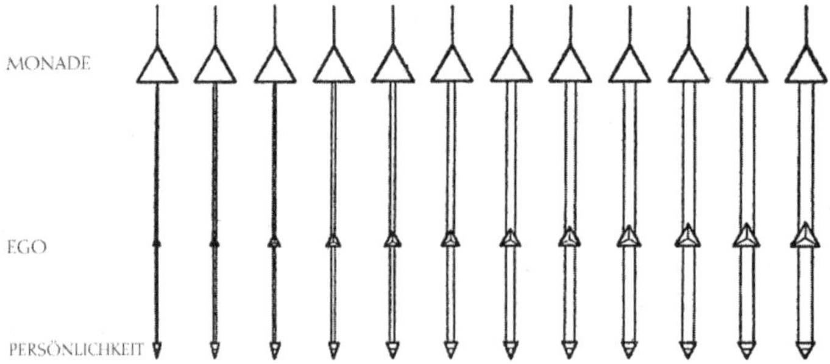

Abbildung XXXV – Monade, Ego und Persönlichkeit (II)

Auf der linken Seite der Abbildung sehen wir sehr dünn das Ego dargestellt. Es ist noch unreif, es ist ein Baby; vollständig, aber klein und unentwickelt. Die Persönlichkeit ist ebenfalls unreif, was auf ihren primitiven Zustand hinweist. Im Laufe der Evolution weitet sich die Persönlichkeit, bis sie 'gleichseitig' wird, was andeuten soll, dass sie symmetrisch, ganzheitlich entwickelt ist. Der anfänglich sehr geringe Verbindungspunkt zwischen Persönlichkeit und Ego schwillt an, bis er schließlich die volle Breite der Persönlichkeit erreicht hat.

Währenddessen hat das Ego fortlaufend an Größe zugenommen, und der Kanal zwischen ihm und der Monade erweitert sich.

Auf der rechten Seite der Abbildung sehen wir daher einen kräftigen, breiten Kanal zwischen der Monade und dem Ego, dass sich seinerseits voll entfaltet hat und über einen breiten und gut entwickelten Verbindungsweg eine symmetrisch entwickelte Persönlichkeit vollkommen beherrscht.

Es wird schließlich die Zeit kommen, in der die Monade und das Ego eins werden, wie dies zwischen der Persönlichkeit und dem Ego geschehen ist. Wenn die Vereinigung zwischen Ego und Monade vollzogen worden ist, hat der Mensch das Ziel seines Abstiegs in die Materie erreicht, er wurde zum Übermenschen, zum Adepten.

Abbildung XXXVI stellt diese Vollendung dar. Monade, Ego und Persönlichkeit liegen auf einer Linie, wahrhaftig eine „Ein-heit". Dasselbe Leben durchdringt alle drei seiner Manifestationen, aber die Persönlichkeit kann aufgrund ihres Umfangs und ihrer Konstitution weniger von diesem einen Leben ausdrücken, als es das Ego vermag. Das Ego wiederum offenbart aus ähnlichen Gründen weniger als die Monade. Selbst die Monade ist nicht in der Lage, das gesamte göttliche Leben aufzunehmen, zu enthalten oder zum Ausdruck zu bringen, das den, wenn auch noch so zarten Schleier trennender Materie durchstrahlt, der sie zu einem eigenen Wesen macht.

Wenn diese Vollendung erreicht ist, tritt das Wesen zum ersten Mal in sein wahres Leben ein, denn der gesamte Evolutionsprozess dient nur der Vorbereitung dieses wahren, geistigen Lebens, das nur beginnt, wenn der Mensch sich selbst übersteigt. Die Menschheit bildet die Abschlussklasse der Weltschule, und wenn ein Mensch sie abgeschlossen hat, tritt er in ein verherrlichtes Leben ein, in das Leben des Christus.

Die Herrlichkeit und Pracht dieses Lebens entziehen sich jedem Vergleich und liegen jenseits allen Begreifens; jeder von uns wird es eines Tages mit Sicherheit erreichen und kann ihm nicht entfliehen, selbst wenn er es wollte. Handeln wir selbstsüchtig oder stemmen uns gegen den Evolutionsstrom, können wir unseren Fortschritt verzögern, ihn aber niemals endgültig verhindern.

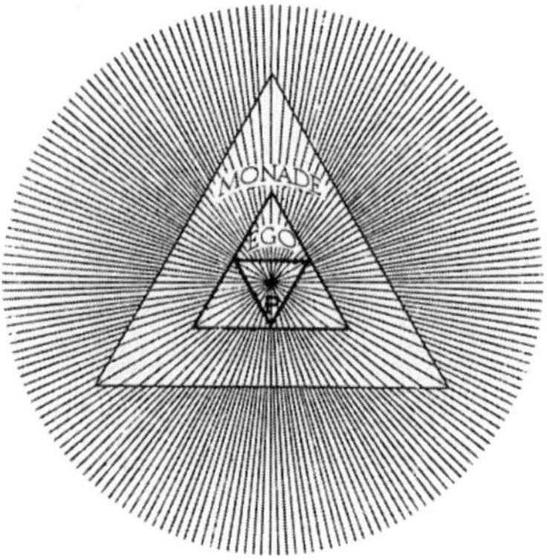

Abbildung XXXVI – Monade, Ego und Persönlichkeit als: Einheit

Diese Abbildung versucht folgende Punkte darzulegen:

1. Die vollkommene Ausrichtung oder Vereinigung von Monade, Ego und Persönlichkeit.
2. Das sich daraus ergebende *eine* Bewusstseinszentrum.
3. Das *eine*, alle drei durchströmende Leben.
4. Die den Manifestationen des einen Lebens durch die Konturlinien der Persönlichkeit, des Egos und der Monade auferlegten Begrenzungen.
5. Die Tatsache, dass Persönlichkeit, Ego und sogar die Monade nur das göttliche Leben umhüllende *Mâyâ* – oder illusorische Schleier sind.
6. Die Tatsache, dass das eine Leben selbst unbegrenzt und universal ist, was die strahlen- und kreisförmige Aura andeuten soll, und somit seine Ausdrucksformen durch Monade, Ego und Persönlichkeit transzendiert. „Mit einem Teil von mir umfasse ich die Welt, aber sie umfasst mich nicht.“ (*Bhagavad Gita*)

Es besteht eine starke Übereinstimmung zwischen der Beziehung von Monade und Ego sowie von Ego und Persönlickeit. Über viele Zeitalter hinweg bildet das Ego die beseelenden Kraft der Persönlichkeit, bis schließlich die Zeit kommt, in der es selbst zum Träger wird, den die nun vollkommen erwachte und aktive Monade beseelt. Die vielfachen Erfahrungen des Egos, die wunderbaren Tugenden, die es entwickelt hat, all das geht in die Monade über und findet dort eine weitaus umfangreichere Verwirklichung, als es dem Ego jemals möglich gewesen wäre.

Es erhebt sich die Frage, ob im Falle eines Durchschnittsmenschen die Monade jemals etwas unternimmt, was sich auf die Persönlichkeit hier unten auswirkt oder auswirken kann. Eine solche Einmischung scheint höchst ungewöhnlich zu sein. Im Auftrag der Monade bemüht sich das Ego, die vollkommene Herrschaft über die Persönlichkeit zu erlangen und sich ihrer als Werkzeug zu bedienen. Da dieses Ziel noch nicht völlig erreicht wurde, nimmt die Monade wohl an, dass es für sie noch nicht an der Zeit ist, von ihrer eigenen Ebene aus einzugreifen und ihre gesamte Kraft einzusetzen, wenn der bisherige Einsatz den Erfordernissen entspricht. Sobald das Ego seine niederen Träger erfolgreich zu handhaben beginnt, greift die Monade bisweilen ein.

Die treibende Kraft kommt nicht von außen, sondern aus dem Inneren, aus dem wahren Menschen. Wenn die Monade einen Entschluss gefasst hat, wird gehandelt, und die Persönlichkeit tut gut daran, würdevoll und bereitwillig nachzugeben, wenn sie die Stimme von oben erkennt und mit der Monade zusammenarbeiten will. Widersetzt sie sich, wird sie unnötiges Leid anhäufen. Es ist immer der Mensch selbst, der dies tut. In seiner Persönlichkeit muss er erkennen, dass er das Ego *ist* und muss es für den Augenblick als selbstverständlich betrachten, dass die Monade noch mehr er selbst ist – die letzte und erhabenste Ausdrucksform.

Angesichts der allgemeinen Überlegung, dass es in einem vollkommen geordneten Universum keinen Raum für Zufälle gibt, scheint die Methode der Individualisation aus dem Tierreich, entweder für oder durch die Monade selbst, mit Blick auf die Vorbereitung für ihren zukünftigen Anteil an der großen Arbeit in irgendeiner Weise vorherbestimmt gewesen zu sein.

Es wird die Zeit kommen, in der wir alle an dem erhabenen *Himmelsmenschen* teilhaben werden. Dies ist keineswegs ein Mythos oder Symbol, sondern eine lebendige Tatsache, die einige Forscher selbst geschaut haben. Dieser himmlische Körper besitzt viele Glieder, von denen ein jedes seine eigene Aufgabe zu erfüllen hat, und die lebendigen Zellen, die zu ihrer Gestaltung beitragen, bedürfen der unterschiedlichsten Erfahrungen, um sie vorzubereiten. Es mag sein, dass mit dem Heraufdämmern der Evolution die Glieder auserwählt worden sind, jede Monade ihren Schicksalsweg besitzt und ihre Handlungsfreiheit hauptsächlich die relative *Geschwindigkeit* betrifft, mit der sie diesen Weg verfolgt.

Die Eucharistie-Feier enthält zahlreiche Symbole, die sich auf die Monade, das Ego und die Persönlichkeit beziehen. Was die drei Personen der Trinität betrifft, versinnbildlicht die Hostie Gottvater und steht auch für die vollkommene und unsichtbare Gottheit; der Wein symbolisiert den Sohn Gottes, dessen Leben sich in den Kelch der materiellen Form ergießt; das Wasser versinnbildlicht den Heiligen Geist, den Geist, der über den Wassern schwebte und gleichzeitig selbst durch das Wasser symbolisiert wird.

Die Gottheit im Menschen betrachtend, wird die Monade, die Gesamtheit, die unsichtbare Ursache für alles, durch die Hostie symbolisiert; die Patene bedeutet das dreifache *Âtmâ* oder den Geist, durch den die Monade auf die Materie einwirkt; der Wein weist auf die in den Kelch des Kausalkörpers gegossene Individualität hin; das Wasser stellt die eng mit ihm verquickte Persönlichkeit dar.

Was die Wirkung der Kommunion auf den Empfänger anbelangt, ist die Kraft der Hostie im Wesentlichen monadisch und wirkt stark auf das im Menschen ein, das die direkte Tätigkeit der Monade vertritt; die Kraft des Kelches gehört mehr dem Ego an; der Wein wirkt sich kraftvoll auf die höheren Astralstufen aus, und das Wasser sendet sogar ätherische Schwingungen aus.

Wenn der Priester mit der Hostie die drei Kreuze über dem Kelch macht, ruft er willentlich den Einfluss von der monadischen Ebene in das Ego herab, in seine dreifache Manifestation als *Âtmâ*, *Buddhi* und *Manas*; und mit den beiden Kreuzzeichen zwischen dem Kelch und seiner Brust zieht er diesen Einfluss in seinen eigenen Mental und Astralkörper, damit er durch ihn auf seine Gemeinde ausstrahlen möge.

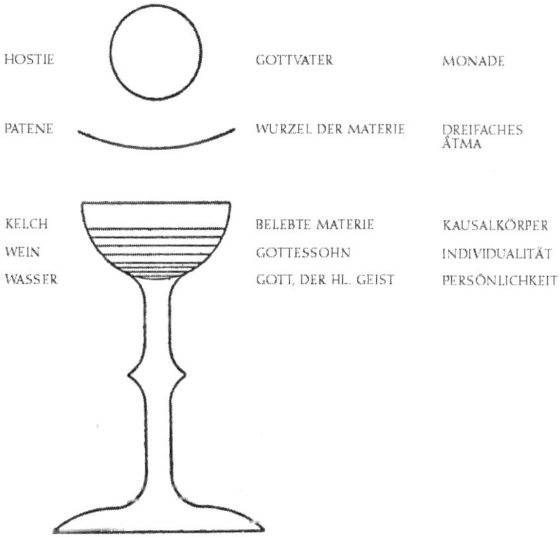

Abbildung XXXVII – Symbole der heiligen Eucharistie

Dies symbolisiert die frühen Evolutionsstufen, in denen die Monade über ihren niederen Manifestationen schwebt, über sie nachsinnt, auf sie einwirkt, sie aber niemals berührt. So hält der Priester die Hostie über dem Kelch, ohne sie vor der gegebenen Zeit miteinander in Berührung zu bringen.

Wenn der Priester das Hostienstück in den Kelch fallen lässt, symbolisiert er dadurch den Abstieg eines Strahls der Monade in das Ego.

KAPITEL 33

Die zweite und die höheren Einweihungen

Jede Stufe des geistigen Pfades teilt sich in vier Schritte:

Der erste ist *Maggo* oder der Weg, auf dem der Schüler versucht, die Fesseln abzustreifen.

Der zweite ist *Phala*, wörtlich die Frucht oder das Ergebnis, wenn der Mensch immer mehr die Früchte seiner Bemühungen sieht.

Der dritte ist *Bhavagga* oder Erfüllung, die Periode, in der sein Bemühen seinen Höhepunkt erreicht hat und er die Arbeit, die zu dieser Stufe gehört, auf der er nun fest steht, zufriedenstellend erfüllen kann.

Der vierte ist *Gotrabhu*, die Zeit, in der er den für die nächste Einweihung richtigen Zustand erreicht hat. Dies bedeutet vollständige und völlige Freiheit von den Fesseln seiner Stufe auf dem Pfad.

Die erste der drei Fesseln oder (*Samyojana*), die abgestreift werden muss, bevor der Kandidat seine zweite Einweihung empfangen kann, ist *Sakkâyaditthi*, die Selbsttäuschung. Es ist das „Ich-bin-Ich" Bewusstsein, das aufgrund seiner Verbindung zur Persönlichkeit nichts weiter als eine Illusion ist und das man auf der allerersten Stufe seines Aufwärtsweges ablegen muss. Aber um diese Fessel vollständig abzuwerfen, bedarf es mehr als dies, denn es enthält die Erkenntnis der Tatsache, dass die Individualität in Wirklichkeit eins ist mit allem und daher niemals Interessen verfolgen kann, die sich denjenigen seiner Mitbrüder widersetzen; denn sie kann nur dann wirklich voranschreiten, wenn sie den Fortschritt der anderen ganz besonders unterstützt.

Die zweite Fessel ist *Vichikichcha*, Zweifel oder Ungewissheit. Der Schüler muss die Gewissheit der Überzeugung erlangen, gegründet auf individuellem Experiment oder mathematischer Beweisführung. Er glaubt nicht, weil man ihm etwas gesagt hat, sondern weil die Tatsachen jetzt selbstverständlich sind. Die Esoterik kennt nur diese eine Methode zur Beseitigung von Zweifel.

Die dritte Fessel ist *Silabbataparamasa* oder Aberglauben. Er umfasst alle Arten von unvernünftigen und falschen Überzeugungen sowie jegliche Abhängigkeit von äußeren Riten und Zeremonien zur Läuterung des Herzens. Der Mensch muss erkennen, dass er die Erlösung in sich selbst suchen sollte und, so wertvoll Hilfen wie Zeremonien und so fort auch sein mögen, um Wille, Weisheit und Liebe zu entwickeln, diese niemals den Platz jener persönlichen Anstrengung einnehmen können, durch die allein er sein Ziel erreicht.

Das buddhische Bewusstsein steht in unmittelbarer Beziehung zu diesen drei Fesseln, denn sie werden durch dieses Bewusstsein zerteilt. Die Einheit erkennend, kann der Mensch nicht der Täuschung des Getrenntseins erliegen. Schaut er selbst die Wirkungsweise der erhabenen Gesetze des Lebens, gibt es keinen Zweifel mehr für ihn. Er sieht alle die Wege, die zu der einen Glückseligkeit führen und erkennt, dass alle Wege gut sind, und deshalb vermag er nicht länger an dem Aberglauben festzuhalten, dass jemand, der diese Stufe erreicht hat, irgendeiner Glaubensform bedarf.

Die zweite Einweihung findet in der niederen Mentalwelt statt, so dass der Kandidat gelernt haben muss, sich frei in seinem Mentalkörper zu bewegen.

Die Einweihung beschleunigt die weitere Entwicklung des Mentalkörpers, und an oder nahe diesem Punkt lernt der Schüler, sich des *Mâyâvirûpa* zu bedienen. (vgl. *Der Mentalkörper,* Kap. 19)

Bei der zweiten Einweihung wird der Schlüssel des Wissens vermittelt, indem der Initiator aus seinem eigenen Mental- und Kausalkörper Kraftströme aussendet, die auf den Mental- und

Kausalkörper des Schülers auftreffen und die Anlagen ähnlicher Kräfte in ihm zu plötzlichem Wachstum anregen. Wie eine von den Sonnenstrahlen geweckte Knospe in herrlicher Pracht erblüht, entfalten der Mental- und Kausalkörper plötzlich die in ihnen schlummernden Kräfte und dehnen sich in strahlender Schönheit aus. Nun kann *Buddhi* oder die Intuition sich ungehindert bewegen, denn eine gewaltige neue Kraft wurde freigesetzt, um wirken zu können.

Die Zeit nach der zweiten Einweihung ist in vieler Hinsicht die gefährlichste auf dem gesamten Pfad. Wenn es im Charakter des Kandidaten irgendeine Schwäche gibt, wird sie auf dieser Stufe auftreten. In fast allen Fällen beruht die Gefahr auf Stolz. Das Evangelium spricht von der Versuchung in der Wüste.

Wie die erste Einweihung einer Neugeburt entspricht, mag man die zweite Einweihung mit der Taufe des Heiligen Geistes und des Feuers vergleichen, denn es ist die Kraft der dritten Person der Trinität, die sich in diesem Augenblick wie eine Feuersflut ergießt.

Die Buddhisten nennen einen auf dieser Stufe stehenden Menschen *Sakadâgâmin*, der Mensch, der nur noch einmal zurückkehrt, das heißt, es bedarf nur noch einer Inkarnation, bevor er die Stufe eines *Arhat*, also die vierte Einweihung, erreicht hat.

Der Hindu spricht von einem *Kitichaka*, dem Menschen, der eine Hütte baut, also jemandem, der einen Ort des Friedens gefunden hat.

Auf dieser Stufe gibt es keine Fesseln mehr abzuschütteln; es ist die Zeit gewaltigen geistigen und intellektuellen Fortschritts. Der Mensch muss im irdischen Wachen sein Astralbewusstsein völlig beherrschen, und während des Schlafes wird ihm der Himmel offen stehen.

Die dritte Einweihung macht den Menschen zum *Anâgâmin*, was wörtlich übersetzt, „er, der nicht mehr zurückkehrt“, heißt, denn es wird von ihm erwartet, dass er die nächste Einweihung in derselben Inkarnation erlangen wird. Der Sanskrit-Begriff für diese Stufe lautet *Hamsa*, was wörtlich *Schwan* bedeutet, jedoch auch als Form des Ausspruchs *So-ham* („Das bin Ich") betrachtet wird. Die Überlieferung besagt, dass der Schwan Milch von Wasser zu trennen versteht, und entsprechend vermag der Weise die wahren Werte des Lebens zu erkennen.

Im Christentum wird diese Einweihung durch die *Verklärung Christi* wiedergegeben. Er ging allein auf einen hohen Berg und wurde vor den Augen seiner Jünger verklärt: „Sein Antlitz leuchtete wie die Sonne und sein Gewand erstrahlte in weißem Licht, weißer als der Schnee, wie es auf Erden nicht weißer sein kann." Die Beschreibung deutet auf den *Augoeides*, den glorifizierten Menschen, und gibt das Geschehen bei dieser Einweihung genau wieder. Während die zweite Einweihung hauptsächlich der Beschleunigung des niederen Mentalkörpers dient, erfolgt hier eine besondere Entfaltung des Kausalkörpers. Das Ego tritt in eine engere Beziehung zur Monade, was seine Verklärung zur reinen Wahrheit bewirkt.

Selbst die Persönlichkeit wird von dieser wunderbaren Ausgießung beeinflusst. Das höhere und das niedere Selbst wurden eins bei der ersten Einweihung, und diese Einheit geht niemals verloren, aber die Entwicklung des höheren Selbst, die nun stattfindet, kann in der niederen Welt der Formen nicht gemessen werden, obwohl die beiden so weit wie möglich eine Einheit bilden.

Auf dieser Stufe wird der Mensch vor den *König der Welt* geführt, vor das Oberhaupt der geistigen Hierarchie, das die Einweihung selbst erteilt oder einen seiner Schüler, einen der drei *Herren der Flamme*, damit beauftragt. Der Mensch wird kurz nach der Einweihung dem König vorgestellt. Der „Christus" tritt vor seinen „Vater"; das *Buddhi* im Eingeweihten wird erhoben, bis er auf der Nirvâna-Ebene eins wird mit seinem Ursprung, was eine wunderbare Vereinigung der beiden ersten Prinzipien im Menschen bewirkt.

Der *Anâgâmin* erfreut sich in seinem irdischen Alltag der großartigen Möglichkeiten, die sich ihm durch den Vollbesitz seiner Fähigkeiten der höheren Mentalebene erschließen und betritt die buddhische Ebene, während der Körper schläft.

Auf dieser Stufe muss er alle Überbleibsel der vierten und fünften Fessel abstreifen – ein Anhaften an die Freuden der Sinnesempfindungen, verkörpert durch die irdische Liebe, und alle Möglichkeiten von Ärger oder Hass. Er muss sich von jeglicher Möglichkeit äußerer Versklavung befreien. Er muss sich über alle Erwägungen hinwegsetzen, die sich mit der bloßen Persönlichkeit derjenigen befassen, die ihn umgeben, und erkennen, dass es sich bei der Zuneigung, die auf dem Pfad erblüht, um die Zuneigung zwischen den Egos handelt. Sie ist stark und dauerhaft, und es ist nicht zu befürchten, dass sie abnimmt oder schwankt, denn es ist jene „vollkommene Liebe, die die Furcht verbannt".

Die vierte Einweihung ist bekannt als die des *Arhat*, des Würdigen, des Fähigen, des Ehrwürdigen oder Vollkommenen. Der Hindu nennt ihn den *Paramahamsa*. Im Christentum spiegelt sie sich im Leiden im Garten von Gethsemane, in der Kreuzigung und Auferstehung Christi wider.

Diese Einweihung unterscheidet sich von den übrigen durch den zweifachen Aspekt von Leid und Sieg, was zu einer Reihe von Darstellungsformen geführt hat. Das Leid, das die Einweihung begleitet, bereinigt karmische Schulden, die dem Eingeweihten noch im Wege stehen mögen. Die Geduld und Freude, mit denen er es erträgt, stärken seinen Charakter und helfen ihm bei der Entscheidung, das Ausmaß seiner Nützlichkeit bei der vor ihm liegenden Arbeit abzustecken.

Der Eingeweihte muss einen Augenblick lang den Zustand von *Avîchi*, der „Bewegungslosigkeit", den schwingungslosen Zustand erfahren. Er steht absolut allein im Raum und fühlt sich von allem Leben, selbst von dem des Logos, abgeschnitten. Dies ist zweifellos die entsetzlichste Erfahrung, die ein Mensch jemals durchleben kann. Sie scheint zwei Dinge zu bewirken: (1) dass der Kandidat mit denjenigen zu fühlen vermag, für die *Avîchi* eine Folge ihres Handelns ist und (2) dass er lernt, abgeschnitten von allem Äußeren, seine eigene unerschütterliche Gewissheit auf die Probe zu stellen und zu erkennen, dass er eins ist mit dem Logos und alle Gefühle von Einsamkeit nichts weiter als eine Illusion sind.

Avîchi für den Schwarzmagier entspricht *Nirvâna* für den weißen Adepten. Beide im Gegensatz zueinander stehende Menschentypen sind *Yogis*, und jedem wird die Auswirkung des Gesetzes zuteil, dem er folgt. Der eine erlangt das *Kaivalyam* von *Nirvâna* – die Erkenntnis von Einheit – der andere das *Kaivalyam* von *Avîchi*, die vollständige Isolation.

Dem noch in seinem physischen Körper weilenden *Arhat* ist das Bewusstsein der buddhischen Ebene zu eigen, denn dort ist er zu Hause. Zur Stufe des *Arhat* gehört die Macht, den buddhischen Träger vollkommen zu nutzen.

Erhebt sich der *Arhat* auf die buddhische Ebene, bedeutet dies nicht den Verlust von *Manas*. Er bringt *Manas* in eine Ausdrucksform, die immer auf der buddhischen Ebene existiert hat, aber bis zu diesem Zeitpunkt noch nicht vollständig belebt worden ist. Es bleibt dreifacher Natur, aber anstatt auf drei, befindet es sich nun auf zwei Ebenen, mit dem auf seiner eigenen Ebene entfalteten *Âtmâ*, mit *Buddhi* auf seiner eigenen Ebene und der *Manas*-Ebene, die durch *Buddhi* in die Intuition empor gezogen wird. Er wirft den Kausalkörper ab, da er keine Verwendung mehr für ihn findet. Will er sich wieder auf der Mentalebene manifestieren, muss er einen neuen Kausalkörper gestalten, ansonsten braucht er ihn nicht.

In gleicher Weise, doch zu einem sehr viel späteren Zeitpunkt, werden *Buddhi* und der glorifizierte Intellekt in die âtmische Ebene aufgenommen und der dreifache Geist vollständig belebt. Die drei Aspekte vereinigen sich zu einer einzigen Manifestation. Diese Macht liegt im Wirkungsbereich eines Adepten, denn er vereinigt die Monade und das Ego miteinander, so wie der Jünger sich bemüht, das Ego mit der Persönlichkeit in Einklang zu bringen.

Das höhere *Manas* vom Kausalkörper auf die buddhische Ebene emporzuziehen, so dass es Seite an Seite mit *Buddhi* lebt, ist der Aspekt oder Zustand des Egos, den H. P. Blavatsky das *geistige* Ego nannte, es ist *Buddhi* mit dem mânasischen Aspekt des Einen, aufgenommen in die buddhische Ebene, wenn der Kausalträger abgelegt wird. Diesen Zustand – die Stufe des *Arhat* – bezeichnen die christlichen Mystiker als geistige Erleuchtung, den Christus im Menschen.

H. P. Blavatsky spricht von vier Unterteilungen des Geistes.

(1) *Manas-taijasi*, das strahlende oder leuchtende *Manas*, das in Wirklichkeit *Buddhi* ist oder zumindest der Zustand des Menschen, in dem sein *Manas* mit *Buddhi* verschmilzt und keinen eigenen Willen mehr besitzt.

(2) Das eigentliche *Manas*, das höhere *Manas*, der abstrakt denkende Geist.

(3) *Antahkarana*, das Verbindungsglied, der Kanal oder die Brücke zwischen dem höheren *Manas* und *Kâma-Manas* während der Inkarnation.

(4) *Kâma-Manas*, das in dieser Lehre die Persönlichkeit ist.

Wenn der *Arhat* den physischen Körper im Schlaf oder in der Versenkung verlässt, gleitet er sofort in die unaussprechliche Herrlichkeit der nirvânischen Ebene. Täglich bemüht er sich nun, über die fünf Unterebenen des menschlichen Egos dorthin vorzudringen. Es stehen ihm zahlreiche Ebenen offen, und vor dem ständigen Hintergrund buddhischen und nirvânischen Bewusstseins kann er sein Bewusstsein je nach Wunsch auf jede einzelne Ebene konzentrieren.

Selbst auf âtmischer Ebene existiert eine Art Hülle für den Geist, denn einerseits scheint er einem Atom zu gleichen, andererseits aber auch wieder einer gesamten Ebene. Der Mensch hat das Empfinden, überall zu sein, könnte sich aber auch auf jeden Punkt in seinem Innern konzentrieren und Körperformen annehmen.

Der *Arhat* muss daran arbeiten, von den zehn starken Fesseln die fünf verbleibenden abzustreifen.

(6) *Rûparâga* – das Verlangen nach der Schönheit der Form oder der physischen Existenz in einer Gestalt, einschließlich im Himmel.

(7) *Arûparâga* – das Verlangen nach formlosem Leben.

(8) *Mano* – Stolz

(9) *Uddhachcha* – Aufregung oder Reizbarkeit, die Möglichkeit, durch irgendetwas beunruhigt zu werden.

(10) *Avijjâ* – Unwissenheit.

Die *Arhat*-Einweihung lässt sich auf halbem Wege zwischen der ersten und fünften Einweihung ansiedeln.

Während der ersten Hälfte des Pfades – von der ersten bis zur vierten Einweihung – ist der Mensch damit beschäftigt, die persönlichen Begrenzungen abzuschütteln, sich von der Illusion des „es" zu lösen. Während der zweiten Hälfte sucht er sich von der Illusion des „du" zu befreien. Es heißt, dass im Normalfall sieben Leben zwischen der ersten und der vierten Einweihung und weitere sieben Leben zwischen der vierten und der fünften Einweihung liegen, eine Zahl, die sich erheblich verringern oder vergrößern kann. In den meisten Fällen ist die eigentliche Periode nicht sehr groß, da die Leben gewöhnlich, ohne Zwischenaufenthalt im Himmel, rasch aufeinander folgen.

Der *Arhat*, dessen Ego einwandfrei im Kausalkörper wirkt, muss sich nicht mehr in einem physischen Körper inkarnieren und den aus der Sicht des Egos ermüdenden und unerfreulichen Kreislauf von Geburt und Tod durchlaufen. Er muss sich allerdings bis zur Astralebene hinab begeben, in der er sich aber jederzeit nach Wunsch des nirvânischen Bewusstseins erfreuen mag. In einem physischen Körper kann er dieses nur während des Schlafes oder in der Versenkung erreichen.

Nirvânisches Bewusstsein bedeutet, sein Bewusstsein überall im Sonnensystem zu haben.

Die fünfte Einweihung macht den Menschen zum Meister, Adepten oder Übermenschen. Die Buddhisten nennen ihn den *Asekha* – den Nicht-Jünger, denn er hat nichts mehr zu lernen und die Möglichkeiten des Menschenreiches ausgeschöpft. Die Hindus sprechen vom *Jîvanmukta*, einem befreiten Leben, einem freien Wesen, denn sein Wille steht in Einklang mit dem universellen Willen, dem des Einen, ohne einen zweiten. Er weilt im Licht des Nirvâna, selbst in seinem Wachbewusstsein, falls er beschließt, in einem physischen Körper auf der Erde zu bleiben. Danach erhebt er sich noch höher, auf die monadische Ebene, die weit jenseits nicht nur der Worte, sondern auch unseres Denkens liegt.

In der *Geheimlehre* heißt es: Der Adept „beginnt sein *Samâdhi* auf der *Âtma*-Ebene", alle darunter liegenden Ebenen sind für ihn nur eine einzige.

Jemand erreicht die Stufe des Adepten, wenn er sein gewöhnliches Bewusstsein auf die nirvânische Ebene erhebt. Die Tatsache, dass er die Monade mit dem Ego vereinigt hat, macht ihn zum Adepten. Und da er eins geworden ist mit der Monade, hat er bereits die Ebene der dritten oder niedrigsten Manifestation der Gottheit oder des Logos erreicht.

In der christlichen Symbolik bedeuten die Himmelfahrt und das Herabsteigen des Hl. Geistes die Stufe des Adepten, denn er erhebt sich über die Menschheit, jenseits dieser Erde, kann aber, wie im Falle Christi, zurückkehren, um zu lehren und zu helfen. Im Aufsteigen vereinigt er sich mit dem Geist und strömt seine neu gewonnene Kraft auf seine Schüler hinab. Christus ließ zu Pfingsten Feuerzungen auf die Köpfe seiner Jünger niederfallen.

Bei der *Asekha*-Einweihung wird *Âtma* als ein klares Licht wahrgenommen, ein Stern, der sich zum unendlichen Licht ausdehnt, wenn die letzte Mauer fällt.

Bevor dies geschieht, spürt der *Arhat* in der Meditation den Frieden von *Âtmâ*, kehrt aber immer wieder zum Leid zurück. Wenn der Mensch sich in vollem Bewusstsein auf die

Âtmâ-Ebene erhebt und das buddhische Bewusstein mit diesem verschmilzt, herrscht nur noch Licht.

In der *Stimme der Stille* heißt es: „Die Drei, die in Glorie und unaussprechlicher Glückseligkeit verweilen, haben nun in der Welt von *Mâyâ* ihre Namen verloren. Sie sind ein einziger Stern geworden, ein brennendes Feuer, das nicht versengt, das *Upâdhi* (Gefäß) der Flamme."

In seinem Kausalkörper nahm der Mensch die heiligen Drei als getrennt wahr, doch nun erkennt er die drei Aspekte des dreifachen *Âtma. Buddhi* und *Manas*, die im buddhischen Bewusstsein der vorangegangenen Stufe „Zwillinge auf einer Linie" waren, sind nun eins mit *Âtmâ*, dem Feuer, das den Träger der Monade bildet.

Und der Lehrer stellt die Frage: „Wo ist deine Individualität, Lanoo, und wo ist Lanoo selbst? Der Funke verliert sich im Feuer, der Tropfen im Ozean, der allgegenwärtige Strahl wird das All und der ewige Strahlenglanz." Der Schüler ist zum Meister geworden. Er steht in der Mitte, und der dreifache *Âtmâ* erstrahlt aus ihm.

Der Adept besitzt die Macht, nahezu momentan Zugang zu jeglichem Wissen zu gewinnen. Er kann sich in Einklang mit ihm bringen, augenblicklich zum Kern gelangen und dann die erforderlichen Einzelheiten betrachten. Irgendwo auf buddhischer oder nirvânischer Ebene erfasst er die dahinter liegende Idee eines wissenschaftlichen Aspekts oder irgendeines Wissensgebietes und wird eins mit ihm. Von dort aus wendet er sich den Einzelheiten zu, die er zu ergründen wünscht.

Ein Meister scheint nicht alle Kenntnisse in seinem Gehirn sammeln zu müssen, wie es bei uns der Fall ist. Er richtet eine bestimmte Kraft auf das Erwünschte, mittels derer er sofort alles weiß. Ohne etwas darüber zu lesen, richtet er seinen Blick auf das Thema und absorbiert das Wissen.

Hierin mag die Erklärung liegen, sich von *Avidyâ* (Unwissenheit) zu befreien. Aufgrund der buddhischen Fähigkeit erübrigt es sich, äußere Fakten zu sammeln; man taucht einfach in das Bewusstsein der Dinge ein, sei es ein Mineral, eine Pflanze oder ein Deva, und versteht sie von innen her.

H. P. Blavatsky betonte, dass es sich beim physischen Körper eines Meisters lediglich um einen Träger handelt. Er reicht nichts weiter, sondern wirkt nur als Kontaktpunkt zur physischen Ebene, ein Körper, der als Werkzeug für die zu erledigende Aufgabe dient und anschließend abgelegt wird. Die gleiche Überlegung gilt für den Astral- und den Mentalkörper.

Die Meister fördern in vielfältiger Weise den Fortschritt der Menschheit. Aus höchster Sphäre strahlen sie Licht und Leben auf die gesamte Welt aus, das alle, die empfänglich dafür sind, sie wie den Sonnenschein aufnehmen und verarbeiten können. Wie die physische Welt durch das in der Sonne zentrierte Leben Gottes lebt, so lebt die geistige Welt durch das in der geistigen Hierarchie konzentrierte Leben.

Manche Meister sind vor allem mit den Religionen verbunden, die sie als Sammelbecken für geistige Energie nutzen, um diese aufgrund rechtmäßig verdienter „Gnade" an die jeweiligen Gläubigen zu verteilen.

Dann gibt es die gewaltige intellektuelle Arbeit, bei der Meister Gedanken hoch intellektueller Kraft aussenden, damit genial veranlagte Menschen sie auffangen und verarbeiten. Auf dieser Ebene übermitteln sie auch ihren Schülern ihre Wünsche und nennen ihnen die Aufgaben, die sie zu erfüllen haben.

In der niederen Mentalwelt bilden die Meister Gedankenformen, die auf den konkreten Geist einwirken und führen ihn auf Bahnen sinnvoller Aktivität in dieser Welt. Sie belehren auch diejenigen, die in der himmlischen Welt leben.

In der Zwischenwelt übernehmen sie die Aufgabe, den so genannten Toten zu helfen. Sie leiten und überwachen im Allgemeinen die Lehren jüngerer Schüler und geben in unzähligen Notfallen ihre Unterstützung.

In der physischen Welt beobachten sie die Tendenzen der

Geschehnisse, korrigieren und neutralisieren im Rahmen des zulässigen Gesetzes negative Strömungen. Sie gleichen fortwährend Kräfte aus, die gegen die Evolution arbeiten, indem sie das Gute stärken und das Böse schwächen. Sie wirken in Zusammenarbeit mit den Engeln oder Devas der Nationen und lenken so die geistigen Kräfte, wie die anderen die materiellen prägen.

Die ganze Welt ist in spezielle, jeweils unter der Obhut eines Meisters stehende Regionen aufgeteilt. Diese Gebiete können riesige Länder oder sogar Kontinente umfassen. Es gibt demnach einen Adepten, der sich um Europa kümmert, einen anderen, der für Indien zuständig ist und so fort.

Der Adept hat sich um all die verschiedenen Stufen und Formen der Evolution zu kümmern – nicht nur der Menschheit, sondern auch des großen Reiches der Engel oder Devas, der unterschiedlichen Klassen von Naturgeistern, der Tiere, Pflanzen und Minerale, des Elementarreiches und vieler anderer, von denen die Menschheit bislang noch nichts gehört hat.

Ein großer Teil ihrer Arbeit liegt auf Ebenen weit jenseits der physischen, da sie ihre eigene Kraft und auch die Energie aus dem von den *Nirmânakâyas* aufgefüllten Reservoir verteilen. Aus karmischen Gründen wird der Welt ein bestimmter Anteil von dieser aufbauenden Kraft zur Verfügung gestellt, weshalb sich die Menschheit als Einheit entwickelt und die Brüderlichkeit jeden Einzelnen zu größerem Fortschritt befähigt, als dies auch nur im Entferntesten möglich wäre, stünde er allein.

Die große Bruderschaft strahlt auf der höheren Mentalebene die Kraft aus dem Reservoir ausnahmslos auf alle Egos aus und unterstützt so die Entfaltung des innewohnenden Lebens am stärksten.

Obwohl der Adept seine Kraft auf eine riesige Anzahl von Menschen, die oft in die Millionen geht, ausgießen mag, besitzt dieser Kraftstrom die wunderbare Eigenschaft, dass er sich jedem Einzelnen in einer Weise anpasst, als sei er das alleinige Ziel seines Einflusses, und aus unserer Sicht betrachtet, scheint der Meister nur diesem einen Menschen seine ganze Aufmerksamkeit zu schenken.

Sein nirvânisches oder âtmisches Bewusstsein bildet eine Art Punkt, der dennoch die gesamte Ebene umschließt. Diesen Punkt vermag er durch mehrere Ebenen hindurch nach unten zu führen und ihn zu einer Art Blase auszudehnen. Auf der Außenseite dieser riesigen Kugel liegen alle die Kausalkörper, auf die er einzuwirken gedenkt, und die Kugel ausfüllend, erscheint er jedem Individuum alles zu sein.

So füllt er die Vorstellungen der Menschen mit seinem Leben und ist für sie jeweils der vollkommene Christus, der vollkommene Râma, der vollkommene Krishna, ein Engel oder vielleicht ein geistiger Führer.

In diesem Wirkungsbereich nutzen die Meister häufig besondere Begebenheiten und Orte mit einem starken Magnetismus. An einer Stelle, an der ein heiliger Mann gelebt hat und gestorben ist oder die Reliquie eines solchen Menschen die entsprechende Atmosphäre schafft, lassen sie ihre eigene Kraft durch diese bereits vorgegebenen Kanäle fließen. Sie verströmen ihre Energien auf die Pilger, die, wie man es sie gelehrt hat, durch diese Kanäle Hilfe und Segen erwarten.

Ein weiteres Beispiel für das Wirken der Meister auf kausaler Ebene bietet der Talisman, den ein Meister mit seinem eigenen Kausalkörper verbindet, so dass sein Einfluss die Zeitalter überdauert. Dies geschah mit bestimmten physischen Gegenständen, die von Apollonius von Tyana an verschiedenen Orten vergraben wurden, die später Bedeutsamkeit erlangten.

Der mit dem dritten Aspekt des Logos eins gewordene, auf der *Âtmâ*-Ebene manifestierte Adept wird sich im nächsten Schritt mit jenem Aspekt vereinigen, der den Christus im Schoße des Vaters darstellt, um sich dann wohl der Gottheit des Sonnensystems immer mehr zu nähern.

Sobald das menschliche Dasein abgeschlossen wurde, streift der vollkommene Mensch in der Regel seine verschiedenen materiellen Körper ab, bewahrt aber die Macht, irgendeinen von ihnen erneut aufzunehmen, sollte es der Verlauf seiner Arbeit erfordern. In den meisten Fällen erübrigt sich der physische Körper, wenn jene Stufe erreicht wurde. Er behält weder seinen Astral- oder Mental- noch seinen Kausalkörper bei, sondern lebt für immer auf seiner höchsten Ebene.

Von denjenigen, die die Stufe des Adepten erreicht haben, bleiben verhältnismäßig wenige als Mitglieder der geistigen Hierarchie auf unserer Erde.

Nach der fünften oder *Asekha*-Einweihung verläuft der höhere Pfad in sieben Hauptrichtungen, unter denen der Adept wählen muss.

1. Er kann in die glückselige Allwissenheit und Allmacht des Nirvâna mit seinen weit jenseits unserer Kenntnisse liegenden Aktivitäten eintreten, um in einer zukünftigen Welt vielleicht ein *Avatâr* oder eine göttliche Inkarnation zu werden. Man nennt es auch, „das Gewand des *Dharmakâya* nehmen". Der *Dharmakâya* (die höchste Form eines Buddha) behält nichts unterhalb der Monade, wobei wir die Beschaffenheit der monadischen Hülle nicht einmal kennen.
2. Er mag in die „geistige Sphäre" eintreten – ein Begriff, dessen wahre Bedeutung unbekannt ist, wahrscheinlich aber auch „das Anlegen des Gewands eines *Sambhogakâya*" (letzte sichtbare Form eines Buddha) mit einschließt. Seine Manifestation als dreifacher Geist bleibt bestehen, und er ist wohl in der Lage, sich vorübergehend als *Augoeides* darzustellen.
3. Er mag Teil jener Schatzkammer geistiger Kräfte werden, aus der die Agenten des Logos für ihre Arbeit schöpfen, indem er „das Gewand des *Nirmânakâya* nimmt". Der *Nirmânakâya* scheint seinen *Augoeides*, also seinen Kausalkörper und alle seine permanenten Atome, zu bewahren und daher die Macht zu besitzen, sich jederzeit nach Wunsch

auf allen Ebenen zeigen zu können. In *Die Stimme der Stille* heißt es, die *Nirmânakâyas* bauen einen Schutzwall, der die Welt vor weiterem und noch größerem Unheil und Leid bewahrt.

4. Er kann ein Mitglied der geistigen Hierarchie bleiben, die die Welt, in der er Vervollkommnung erreicht hat, regiert und lenkt.
5. Vielleicht geht er in die nächste Weltperiode über, um sich am Aufbau ihrer Formen zu beteiligen.
6. Er mag in die strahlende Engel- oder Deva-Evolution eintreten.
7. Er kann sich in den unmittelbaren Dienst des Logos stellen, um von diesem überall im Sonnensystem eingesetzt werden zu können, als Diener und Bote, dessen Leben nur dem einen Zweck dient, Seinen Willen und Seine Arbeit in Seinem Herrschaftsgebiet zu erfüllen. Er tritt dem „Mitarbeiterstab" bei. Dieser von großer Würde begleitete Weg erscheint als sehr hart und stellt vielleicht das größte Opfer dar, das einem Adepten möglich ist.

Ein Mitglied des „Hauptmitarbeiterstabes" besitzt keinen physischen Körper, kann sich aber einen solchen durch *Kriyâshakti* (die schöpferische Kraft) aus dem Material des Planeten, zu dem er geschickt wird, gestalten. Zu den Mitarbeitern gehören Wesenheiten verschiedener Ebenen, von der des Adepten an aufwärts.

Auf die Einweihung des Adepten folgt die sechste Einweihung, die des *Chohan*, was so viel wie „Herr" bedeutet. Derselbe Begriff wird ebenfalls für die Oberhäupter der Strahlen drei bis sieben verwendet.

Der Strahl, dem ein Adept angehört, wirkt sich nicht nur auf sein Erscheinungsbild aus, sondern auch auf seine Arbeitsweise. Die folgende Tabelle gibt einen kurzen Überblick.

Strahl	Oberhaupt	Merkmale	Bemerkungen
I	Chohan Morya	Stärke	Der Meister Jupiter, der Beschützer Indiens, ist ebenfalls auf diesem Strahl; er studiert die verborgenen Wissenschaften, deren äußere Hüllen Chemie und Astrologie sind
II	Chohan Kuthumi, früher Pythagoras (6. Jhdt. v. Chr.)	Weisheit	Dieser Strahl bringt große Weltlehrer hervor.
III	Der venetianische Chohan	Anpassungsfähigkeit; Takt	Die Astrologie betrifft diesen Strahl
IV	Chohan Serapis	Schönheit und Harmonie	Viele Künstler sind auf diesem Strahl.
V	Chohan Hilarion; früher Jamblichus (4. Jhdt.)	Wissenschaft; detaillierte Kenntnisse	
VI	Chohan Jesus; früher Apollonius v. Tyana (1. Jhdt.) und Râmanûjachârya (11. Jhdt.)	Bhakti oder Hingabe	Der Strahl der Mystiker
VII	Chohan Rakoczy; früher der Graf von St. Germain (18.Jhdt.); Francis *Bacon (17.Jhdt.);* der Mönch Robertus (16.Jhdt.); Hunyadi Janos (15.Jhdt.); Christian Rosenkreutz (14.Jhdt.); Roger Bacon (13.Jhdt.); Proklos, der Neuplatoniker (5.Jhdt.) St. Alban (3.Jhdt.)	Geordneter Dienst	Wirkt durch zeremonielle Magie und Zeremonie; setzt die Dienste erhabener Engel ein.

Folgende Beispiele veranschaulichen die Arbeitsweise der Vertreter der einzelnen Strahlen.

Jemand auf dem ersten Strahl erreicht sein Ziel durch reine Willenskraft und ohne den Einsatz irgendwelcher Hilfsmittel.

Jemand auf dem zweiten Strahl setzt ebenfalls seine Willenskraft ein, bezieht aber verschiedene Möglichkeiten mit ein und lenkt seinen Willen bewusst auf die geeignetste Methode.

Jemand auf dem dritten Strahl nutzt die Mentalkräfte, indem er sehr sorgfältig auf den genauen Zeitpunkt der für einen Erfolg günstigsten Einflüsse achtet.

Jemand auf dem vierten Strahl bedient sich der feineren physischen Ätherkräfte.

Jemand auf dem fünften Strahl setzt die Strömungen des so genannten Astrallichts in Bewegung.

Jemand auf dem sechsten Strahl erreicht sein Ziel durch die Kraft seines Glaubens an sein Gottesbild sowie durch die Wirksamkeit des Gebetes.

Jemand auf dem siebten Strahl übt präzise, magische Zeremonien aus und ruft die Unterstützung nicht menschlicher Geister herbei.

In dem Bemühen, Krankheit zu heilen, wird ein Mensch auf dem ersten Strahl einfach Gesundheit und Kraft aus der unendlichen Quelle des universellen Lebens heranziehen.

Jemand auf dem zweiten Strahl bezieht gewissenhaft das Wesen der Krankheit mit ein und weiß genau, auf welche Weise er seine Willenskraft am erfolgreichsten einsetzt.

Jemand auf dem dritten Strahl ruft den erhabenen planetarischen Geist an und wählt einen Zeitpunkt, in dem die astrologischen Einflüsse für die Anwendung seiner Heilmittel günstig sind.

Jemand auf dem vierten Strahl vertraut in erster Linie auf physikalische Hilfsmittel, wie etwa Massagen.

Jemand auf dem fünften Strahl verabreicht Medikamente.

Jemand auf dem sechsten Strahl heilt durch Gesundbeten.

Jemand auf dem siebten Strahl verwendet Mantras oder magische Anrufungen.

Für die Strahlen drei bis sieben gibt es nach der *Chohan*-Einweihung auf unserem Planeten nur noch die Einweihung des *Mahâchohan.* Es besteht aber die Möglichkeit, auf dem ersten und zweiten Strahl weiter zu schreiten. Die nachfolgende Tabelle zeigt, dass die *Buddha*-Einweihung auf dem zweiten und ersten Strahl möglich ist und der Adept auf dem ersten noch weiter gehen kann.

<table>
<tr><td rowspan="9">EINWEIHUNGEN</td><td>9</td><td>Herr der Welt</td><td></td><td></td><td></td><td></td><td></td><td></td></tr>
<tr><td>8</td><td>Pratyeka Buddha</td><td>Buddha</td><td></td><td></td><td></td><td></td><td></td></tr>
<tr><td>7</td><td>Manu</td><td>Bodhisattva</td><td colspan="5">Mahâchohan</td></tr>
<tr><td>6</td><td>Chohan</td><td>Chohan</td><td>Chohan</td><td>Chohan</td><td>Chohan</td><td>Chohan</td><td>Chohan</td></tr>
<tr><td>5</td><td>Asekha</td><td>Asekha</td><td>Asekha</td><td>Asekha</td><td>Asekha</td><td>Asekha</td><td>Asekha</td></tr>
<tr><td>4</td><td rowspan="4">Erster Strahl</td><td rowspan="4">Zweiter Strahl</td><td rowspan="4">Dritter Strahl</td><td rowspan="4">Vierter Strahl</td><td rowspan="4">Fünfter Strahl</td><td rowspan="4">Sechster Strahl</td><td rowspan="4">Siebter Strahl</td></tr>
<tr><td>3</td></tr>
<tr><td>2</td></tr>
<tr><td>1</td></tr>
</table>

Tabelle der Einweihungen

Die *innere Regierung* unterteilt sich in drei Bereiche, die von drei Amtsträgern geführt werden und die nicht nur eine Widerspiegelung der drei Aspekte des Logos, sondern in ganz realer Weise ihre Manifestationen darstellen. Es sind (1) der Herr der Welt, der auf der *Âdi*-Ebene mit dem ersten Aspekt vereint ist und den göttlichen Willen auf der Erde ausübt; (2) der Buddha, der auf der *Anupâdaka*-Ebene eins mit dem zweiten Aspekt ist, der der Menschheit die göttliche Weisheit sendet und (3) der Mahâchohan, der, auf der nirvânischen oder âtmischen Ebene vereint mit dem dritten Aspekt, die göttliche Aktivität ausübt, indem er den heiligen Geist vertritt.

Folgende Tabelle stellt diese Zusammenhänge dar.

Logos	Göttliche Kräfte	Ebenen	Dreiecke	Strahl
Erster Aspekt	Wille	Âdi oder hervorbringend	Der Herr der Welt	1
Zweiter Aspekt	Weisheit	Anupâdaka oder monadisch	Der Buddha	2
Dritter Aspekt	Aktivität	Âtmisch oder geistig	Der Mahâchohan	3-7

In diesem großen Dreieck unterscheiden sich der Herr der Welt und der Buddha vom Mahâchohan dahingehend, dass sie sich nicht auf die physische Ebene hinunter begeben, sondern nur bis zur Ebene des buddhischen Körpers, im Falle des Buddha, und bis zur âtmischen Ebene, was den Herrn der Welt betrifft. Ohne ihr Wirken wäre auf den unteren Ebenen keine Aktivität möglich, weshalb sie die Übermittlung ihres Einflusses bis zur niedrigsten Stufe hinunter durch ihre Vertreter, den Manu und den Bodhisattva, sicherstellen.

Der Manu und der Bodhisattva stehen auf gleicher Stufe mit dem Mahâchohan und bilden so ein weiteres Dreieck, um die Kräfte des Logos auf die physische Ebene zu bringen. Diese beiden Dreiecke werden in Abbildung XXXVIII wiedergegeben.

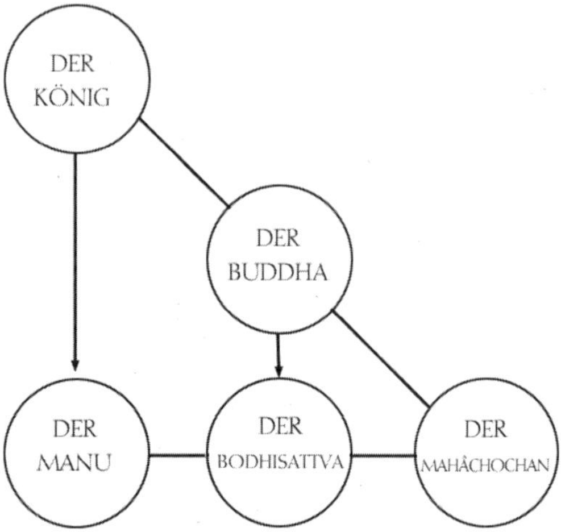

Abbildung XXXVIII – Die großen Dreiecke der Hierarchie

Die verschiedenen Zusammenhänge werden in der Abbildung XXIX, die in leicht abgewandelter Form aus *Die Meister und der Pfad* von C.W. Leadbeater entlehnt wurde, zusammengefasst.

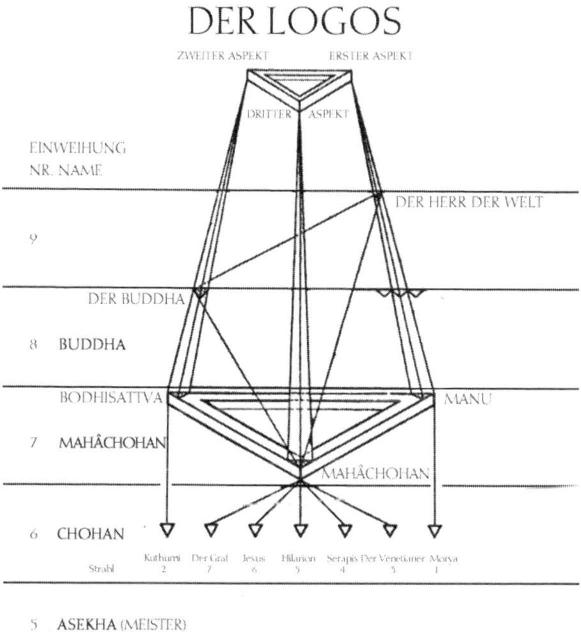

Abbildung XXXIX – Die geistige Hierarchie

KAPITEL 34

Schlusswort

Die vorliegende Buchreihe beschließend, die sich mit dem Äther-, Astral-, Mental- und Kausalkörper und den auf den entsprechenden Ebenen auftretenden Phänomenen befasst, mag es sinnvoll sein, einen Blick auf das gesamte Sachgebiet zu werfen und einige allgemeine Schlußfolgerungen zu ziehen.

Wenden wir uns dem Thema der Hellsichtigkeit zu, scheint das so genannte objektive Hellsehen zurzeit noch verhältnismäßig selten aufzutreten. Unter objektiver Hellsichtigkeit verstehen wir jenes klare und eindeutige Sehen oder höhere Erfassen, das die wahrgenommenen Dinge objektiviert, das im eigentlichen Sinne erst Dinge daraus macht, die auf ihrer Stufe ebenso objektiv sind wie die gewöhnlichen Erscheinungsformen auf physischer Ebene.

Es gibt aber noch eine zweite Art des Klar-Sehens, das wir als subjektives Hellsehen bezeichnen können. Es handelt sich um eine Wahrnehmungsform oder um ein Erfassen, bei dem das Beobachtete nicht objektiviert, sondern eher im Innern gefühlt oder erkannt wird. Nehmen wir ein einfaches Beispiel.

Nur wenige Menschen besitzen die Fähigkeit, Auren zu sehen, das heißt vollkommen objektiv zu erschauen. Weitaus eher scheinen sie etwas zu spüren, ohne es tatsächlich zu sehen und die generellen Merkmale, wie Größe, Eigenschaft und Farbe zu erkennen. Sie scheinen gewissermaßen mit den geistigen Augen zu sehen.

Der umsichtige und erfahrene geistige Sucher wird in beiden Fällen äußerst vorsichtig und besonnen vorgehen und sehr zurückhaltend Stellung nehmen in Bezug auf das, was er sieht – oder denkt zu sehen – und was er fühlt – oder denkt zu fühlen. Wie es höchst töricht wäre und allen Grundsätzen wissenschaftlicher Methodik widerspräche, das Gesehene oder Wahrgenommene zu ignorieren oder allzu gering einzuschätzen, ist es wohl ebenso unklug und gewiss noch gefährlicher, alles, was man sieht oder wahrnimmt, unbedacht und ohne genaue Untersuchung zu akzeptieren. Das Unbekannte erkundend, sollte der Geistesforscher danach trachten, ein ausgewogenes Gleichgewicht zwischen Vorsicht und unbesonnener Hast zu bewahren, um zu echtem Wissen zu gelangen und auf dem mittleren Pfad zu bleiben, der oft auch als des Messers Schneide bezeichnet wird.

Die in den vorliegenden vier Bänden gemachten Aussagen alle unter eine objektive Beweisführung stellen zu wollen, wäre aus vielerlei Gründen unmöglich, wenn nicht sogar undurchführbar. Für einen sehr großen Teil des Inhalts könnte eine streng intellektuelle Beweisführung mit Sicherheit nicht erbracht werden, da es sie im Moment noch nicht gibt. Einige wenige Dinge – nach Ansicht mancher überhaupt keine – lassen sich einwandfrei beweisen. Fakten, Phänomene, Beobachtungen oder Aussagen sind eine Sache; der Beweis für solche Fakten und vor allem die Fähigkeit, einen solchen Beweis anzuerkennen, sind etwas völlig anderes. Bislang scheint der Mensch noch nicht in der Lage zu sein, ein System zu ersinnen, mit dem er bestimmte Dinge auf ihre Wahrheit oder Unwahrheit überprüfen kann, ein System, das sich als ebenso zuverlässig erweist wie eine Waage zur Gewichtsmessung.

Unter all den Phänomenen des Lebens gibt es viele Dinge von höchster Bedeutsamkeit, über die sich eine Mensch seine Meinung bilden sollte, will er als rationales Wesen leben und sein Leben wirklich selbst gestalten. Er kann nicht auf eindeutige, klare Beweise warten. Nur aufgrund ungenügender Beweise könnte er das Risiko eingehen, möglicherweise wahre Informationen, die unermesslichen Wert für ihn besitzen, zurückzuweisen.

Es scheint nur eine einzige vernünftige und richtige Einstellung zu geben. Selbst ohne Beweise müssen wir uns für den einen oder anderen Weg entscheiden. Fehlt der intellektuelle Beweis, ist es oft ebenso dumm, nicht zu glauben wie zu glauben. Es gibt einen Aberglauben des Unglaubens wie es einen Aberglauben des Glaubens gibt, und es ist zweifelhaft, unter welchem Aberglauben die Menschheit zurzeit am meisten leidet.

Heutzutage ist der Beweis vielleicht für jeden Menschen eine individuelle Angelegenheit. Es gibt eine durch Beweisführung und Erfahrung erhärtete Theorie, nach der sich ein Mensch dahingehend üben kann, dass, wenn er mit einer Wahrheit zum ersten Mal konfrontiert wird, etwas in ihm sie sofort als solche erkennt und begrüßt. Man mag es Intuition nennen oder mit einem anderen Ausdruck belegen; es hat viele Namen, aber es ist ein Phänomen, das von jedem bestätigt werden kann.

Annie Besant meinte dazu: „Wenn sich dieser höhere Sinn in dir, der die Wahrheit sofort erkennt, allmählich entfaltet, wirst du die Wahrheit in zunehmendem Maße in dich aufnehmen können. Es wird sich eine tiefe, innere Überzeugung bilden, und sobald du einer Wahrheit gegenüberstehst, wirst du sie sofort erkennen. Dieser Sinn entspricht der Sehkraft auf physischer Ebene. Es ist die Eigenschaft von Buddhi, reiner Vernunft."

Der weise Mensch beobachtet solche Phänomene in sich selbst und in anderen, und ihre ungeheure und weitreichende Bedeutung erkennend, bemüht er sich absichtlich, diese Fähigkeit in sich zu entwickeln. Vor allem in seinem psychischen und geistigen Leben besitzt sie einen unermesslichen Wert für ihn.

Seltsam und ungewöhnlich, vielleicht sogar unmöglich, wie manche Aussagen in diesen vier Bänden für einige Leser klingen mögen, wäre es klüger, sie nicht einfach aufgrund der Tatsache fehlender Beweisführung zurückzuweisen, sondern vorläufig „zur späteren Bezugnahme abzuheften", sollten sie innerlich nicht ganz spontan als wahr erkannt werden. Diejenigen Leser, die bejahend darauf reagieren, mögen sie zumindest vorübergehend als mögliche Wahrheiten akzeptieren.

Immer mehr esoterische Schüler stellen fest, dass sie mit der

Zeit und mit sich zunehmend entwickelnden inneren Kräften fähig sind, zahlreiche Aussagen selbst zu bestätigen, die sie Monate oder Jahre zuvor nur aufgrund der Glaubwürdigkeit anderer akzeptieren konnten.

So viel zu der schwer verständlichen und komplizierten Frage der Beweisführung hinsichtlich der uralten Weisheitslehre im Gewand moderner Theosophie.

Was den ethischen Aspekt des in dieser Buchreihe Besprochenen betrifft, wird der Leser zweifellos bemerkt haben, dass moralische und ethische Überlegungen, die sich aus dem Studium der geistigen Konstitution des Menschen ergaben, nur als zweitrangig gestreift wurden. Dies ist absichtlich geschehen, da Tatsachen für sich selbst sprechen und ihren eigenen moralischen Anspruch erheben. Falls der Mensch sich wie beschrieben zusammensetzt, einen ätherischen, astralen, mentalen und kausalen Körper besitzt, steht außer Frage, wie er, selbst in seinem eigenen Interesse, leben und sich seinen Mitmenschen und der Welt im Allgemeinen gegenüber verhalten sollte. Wie er sich letztendlich verhält, das liegt vollkommen bei ihm.

Im Folgenden wird besonders der Schüler der Esoterik und die Art und Weise angesprochen, Zugang zu der in dieser Buchreihe besprochenen Thematik zu finden.

Die Uralte Weisheit kann in vielerlei Weise ihre Darstellung finden; eine materialistische Welt wird sie gänzlich anders bewerten als der Künstler, und die wissenschaftliche Darlegung wird sich von der eines Dichters oder Mystikers grundlegend unterscheiden. Die Wiedergabe der ewigen Wahrheiten wird immer dem Typ oder Temperament eines Menschen, seinen Qualifikationen und seinem Wissen entsprechen.

Daher mag eine gewisse Bedrohung in der Darstellung eines anderen liegen. Manche mögen die in diesen Büchern gegebenen Ausführungen als mechanisch oder sogar materialistisch bezeichnen. Es liegt in der Natur der Sache, dass jedes Phänomen, gleichgültig wie geistig es sein mag, einen mechanischen und einen materiellen Aspekt besitzt, denn Geist und Materie gehören zusammen. Der wahre esoterische Schüler wird sich hüten, sich in einem rein mechanischen System zu verfangen. Sein „ordentlicher“ Geist mag sich an Kategorien und genauen Tabellen der Fakten erfreuen, sie dürfen ihm aber nicht zu einem Gefängnis mit zugenagelten Fenstern werden, das seine Sicht beschränkt und sie nur in ganz bestimmte, enge Bahnen lenkt.

Zergliederung, Analyse und Klassifikation sind für den Intellekt unerlässlich, bilden letztendlich aber nur das Gerüst für das zu errichtende, vollständige Gebäude. H. G. Wells erklärte: „Diese Dinge – Zahl, Definition, Klassifikation und abstrakte Form – sind bloß unvermeidbare Gegebenheiten mentaler Aktivität; eher bedauerliche Umstände als wesentliche Tatsachen. Unsere geistige Pinzette ist eine plumpe Zange und zerquetscht die Wahrheit ein bisschen, wenn sie zugreift.“ (First and Last Things, Book I, „Metaphysics“)

Das Wissensgebäude bildet ein einziges Ganzes, das dennoch größer ist als die Summe seiner Einzelteile und in seiner Totalität eine Funktion erfüllt, die keines seiner Teile oder eine Gruppe von Teilen erfüllen könnte.

Ebenso verhält es sich mit dem Menschen. Zum Zwecke seiner Erforschung und um ihn zu verstehen, unterteilen wir ihn in Monade, Ego und Persönlichkeit, seine Körper in physisch, ätherisch, astral, mental und kausal – doch der Mensch selbst ist keiner von ihnen, nicht einmal sie alle zusammen. Es handelt sich nur um Hilfsmittel, durch die er Teilbereiche, Aspekte oder Funktionen seiner selbst zum Ausdruck bringt; er selbst aber bleibt ein Wesen, in Wahrheit ein Mysterium, das sich von all jenen Kategorien, in die wir ihn einteilen, unterscheidet und sie übersteigt.

In Die Wissenschaft der Sakramente gibt C.W. Leadbeater ein passendes Beispiel. Lässt man in einer mit Quecksilberdampf gefüllten Röhre einen elektrischen Strom durch eine Spule aus Neusilber um einen Eisenstab kreisen, werden Magnetismus,

Hitze und Licht erzeugt. Der Strom bleibt derselbe, aber seine Manifestationen variieren entsprechend der Materie, die er durchfließt. Ebenso verhält es sich beim Menschen. Der Lebensstrom in ihm teilt sich entsprechend der einzelnen Körper, durch die er sich zum Ausdruck bringt, in verschiedene Manifestationen auf. Wir erforschen die Körper und ihre Funktionsweise, der Mensch selbst aber, das, was sich in den einzelnen Körpern als jeweiliges Bewusstsein niederschlägt, ist das hinter all diesen äußeren Erscheinungsformen stehende Geistige. Ebenso wie sich die wahre Natur der Elektrizität unseren Wissenschaftlern immer noch entzieht, bleibt uns das wahre Wesen des Menschen verborgen.

Wahrscheinlich könnte man aus Sicht des Bewusstseins eher eine deutliche und vollständige Darstellung der Uralten Weisheit geben als aus Sicht der Formwelten und ohne Erwähnung von Âtmâ, Buddhi, Manas oder die Fülle anderer technischer Begriffe. Der wahre Schüler, der echte Liebhaber der Wahrheit, wird die Wahrheit erkennen, gleichgültig in welches Gewand sie sich kleidet oder in welchem „Jargon“ – um ein unangenehmes Wort zu benutzen – sie ausgedrückt oder verhüllt wird. Vor allen Dingen aber sollte er freundlich und tolerant sein, denn alle Wege führen zu demselben Ziel; jeder Wanderer finde seinen eigenen Pfad und folge ihm, indem er rückhaltlos und ohne Gönnerhaftigkeit allen jenen Pilgern, die einen anderen Weg beschreiten, Wohlwollen, Freundschaft und Liebenswürdigkeit entgegenbringt.

Im Hinblick auf die innere Fehlerhaftigkeit intellektueller Prozesse und Klassifizierungen sollte sich der geistige Sucher hüten, den Diagrammen allzuviel Glauben zu schenken, so nützlich sie für den sich abmühenden Geist auch sein mögen. Sie dürfen lediglich als Gerüste dienen, Leitern, die er hinaufsteigt, die aber niemals zu Käfigen werden dürfen, die ihn gefangenhalten. Ist sein Verständnis echt und vollständig, wird seine Synthese einer weit höheren Welt angehören als der Welt der Formen oder der

Konzepte. In dem Augenblick aber, in dem er seine Idee in den niederen, klassifizierenden Geist senkt, werden sich zahllose Formen und Gestalten entsprechend der Materie, die er wählt, aus seinem Wissensreservoir ergeben. Das, was ist, was die Wirklichkeit ist, entzieht sich ohnehin allen Beschreibungen und Definitionen; und wie alle Formen und Kategorien, sind auch Diagramme bewundernswerte Diener, aber tyrannische Herrn.

Der Autor der vorliegenden Zusammenstellung, die viele Jahre in Anspruch genommen hat, hofft, den Lesern zumindest einige Vorstellungen erläutert, ihnen vor allem aber Begeisterung und eine immer tiefer werdende Liebe für das Brahmâ-Vidyâ vermittelt zu haben, für die erhabene Wissenschaft, das Wissen über Gott und den Menschen. Aus Wissen entsteht Verstehen; aus dem Verstehen kommen die Gelassenheit und der Friede, die alles Wissen und Verstehen weit überragen.

„Der Wert des Wissens", schrieb Dr. Annie Besant, „wird an der Kraft erprobt, das Leben zu läutern und zu adeln. Alle ernsthaften Schüler verlangt es danach, das durch ihr Studium der Theosophie erworbene theoretische Wissen auf die Entwicklung ihres eigenen Charakters und der Unterstützung ihrer Mitmenschen zu verwenden...Die Begeisterung, die zu einer rechtschaffenden Lebensweise treibt, ist halb vergeudet, wenn das klare Licht der Intelligenz den Pfad des Verhaltens nicht erleuchtet. Denn wie ein Blinder, ohne es zu bemerken, vom Weg abkommt, bis er in die Gosse fällt, so wendet sich das durch Unwissenheit verblendete Ego vom rechten Wege ab, bis es in den Pfuhl der üblen Tat stürzt. Avidyâ – der Entzug von Wissen – ist wahrhaftig der erste Schritt aus der Einheit in die Getrenntheit, und nur ihre Überwindung lässt die Trennung verschwinden. Wenn sie völlig aufgelöst ist, wird der ewige Frieden wiederhergestellt sein."

Arthur E. Powell
Der Ätherkörper
Das feinstoffliche Energiesystem des Menschen
Taschenbuch, 160 Seiten
ISBN 978-3-89427-643-0

Der Astralkörper
Der Gefühlskörper des Menschen und seine Fähigkeiten
Taschenbuch, 298 Seiten
ISBN 978-3-89427-645-4

Der Mentalkörper
Die Gedanken und ihre Auswirkungen
Taschenbuch, 376 Seiten
ISBN 978-3-89427-644-7

Annie Besant
Raja-Yoga
Hardcover
ISBN 978-3-89427-648-5
Der königliche Yoga-Weg aus der Sicht der großen spirituellen Lehrerin. Die Weisheit des Ostens meisterhaft erklärt für den suchenden Menschen des Abendlandes!

Annie Besant
Der geistige Pfad
Hardcover, 180 Seiten
ISBN 978-3-89427-647-8
Die Gesetzmäßigkeiten des esoterischen Weges und die unvergänglichen Bedingungen für inneres Wachstum. Ein Grundlagenbuch für ein zeitgemäßes spirituelles Leben in der technisierten Welt des 21. Jahrhunderts.

Perlen der Weisheit

Franz Hartmann
TAO – Die Weisheit des Laotse
Das Tao-te-King
Hardcover, 180 Seiten
ISBN 978-3-89427-652-2
Ein inspirierender Kommentar zu einem der größten spirituellen Meisterwerke der Menschheitsgeschichte. Die einfühlsamen und tiefsinnigen Erklärungen erschließen neue Wege zum Verständnis der Weisheit von Laotse.

Annie Besant
Der Pfad zum Tempel der Weisheit
Hardcover, 198 Seiten
ISBN 978-3-89427-238-8
Annie Besant beschreibt in ihrer kraftvollen und bildreichen Sprache die Stationen des inneren Weges, welchen die geistig strebende Seele durchlaufen muss, ehe sie am Portal zum „Tempel der Weisheit“ anklopfen darf. Sie durchschreitet die Stufen der Läuterung, der Gedankenbeherrschung und der Charakterbildung, bis sie nach einer gleichsam alchemistischen Verwandlung reif geworden ist, um in die zeitlosen göttlichen Geheimnisse eingeweiht zu werden.